U0943862

本书为国家社会科学基金教育学青年课题“当代过程哲学思潮与中国课程思想及其实践研究”(CHA130161)的成果。

过程哲学思潮与课程变革研究

王洪席 著

中国社会科学出版社

图书在版编目(CIP)数据

过程哲学思潮与课程变革研究 / 王洪席著. —北京：中国社会科学出版社，2021.3

ISBN 978-7-5203-7868-0

Ⅰ.①过… Ⅱ.①王… Ⅲ.①过程哲学—课程改革—研究—中国
Ⅳ.①B089

中国版本图书馆 CIP 数据核字(2021)第 023283 号

出 版 人 赵剑英
责任编辑 周怡冰 宫京蕾
责任校对 秦 婵
责任印制 郝美娜

出 版 中国社会科学出版社
社 址 北京鼓楼西大街甲 158 号
邮 编 100720
网 址 http://www.csspw.cn
发 行 部 010-84083685
门 市 部 010-84029450
经 销 新华书店及其他书店

印刷装订 北京君升印刷有限公司
版 次 2021 年 3 月第 1 版
印 次 2021 年 3 月第 1 次印刷

开 本 710×1000 1/16
印 张 15.75
插 页 2
字 数 250 千字
定 价 88.00 元

目　录

绪　论

课程变革需要课程观念的历险

一个种族要保持它的精力，就必须怀抱有既成现实和可能事实的真正对比，就必须在这一精力的推动下敢于跨越以往稳健保险的成规。没有冒险，文明就会全然衰败。

——怀特海

观念停滞是危险的，也就是说，仅为心灵接受但不加以利用，不进行实验的观念，或者不投入新鲜成分的观念，是危险的……伴随停滞观念的教育，不但没有益处，而且是有害的……除了智力上的偶尔激动之外，过去的教育，可以说一直都深深浸染着停滞观念的病毒……

——怀特海

自改革开放以来，当北美的课程研究正遭遇着种种合法化危机，并试图通过“学科化”与“国际化”来寻求课程领域的“智力突破”和学术发展的时候，[①] 我国的课程理论研究与实践变革却迎来了一个十分难得的历史发展机遇。尤其是伴随着2001年新一轮基础教育课程改革的启动，以及后现代主义课程思潮的涌现和国外诸多著名课程学者学术著作的翻译，最终使我国的课程研究经历了一段十分耀眼、亘古未有的

---

① 派纳此处所言的“学科化”（discipline）是指它不是在规范化和监督等意义上的对课程研究的规制，而仅仅是一种学术的发展以增进我们对这一领域的认识和理解。它具体包括两个维度：纵向维度（verticality）——关注课程研究的历史发展；水平结构（horizontality）——关注课程研究的当下情境。而课程研究的国际化诉求，则意味着它要在各国独特的课程研究文化基础之上，通过跨越国界的对话和课程研究的共同体来深化人们对于本土课程研究的理解和发展。具体请参阅屠莉娅《课程研究的学科化与国际化：一个领域的智力突破及其可能的未来——威廉·派纳教授访谈录》，《全球教育展望》2008年第12期。

“花样年华”。随后，我国的课程研究取得了一大批影响深远的理论成果和实践成就，“课程人”的思想状况亦开始努力摆脱依附心态，彰显主体地位，寻求发声渠道。回顾与检讨这段极不平凡的课程变革实践历程，可以发现，人们课程观念上的不断历险、突破、深化和建构，是课程变革实践不断取得显著性成就的重要基石与力量源泉。因此，一言以蔽之，没有课程观念的历险，也就无所谓的课程变革创新。

一 观念历险属于人类文明的本质

怀特海在其经典著作《观念的历险》中，开宗明义地谈到了观念历险在人类文明进化与社会有序、和谐发展中的重要作用。“事实上，这本书是对文明概念的研究，试图理解文明的存在物是如何起始的。全书始终强调一点，即人类为促进和保持文明而进行的观念历险的重要性。”① 在怀特海看来，人类文明的演化、蜕变、进步与创新，需要诉诸诸多内外部因素的交织、角力和博弈。而在其中，能充分发挥积极推动、促进和正向引领作用的变量或要素，无疑是人类观念的不断历险、开拓和突破。可以说，正是人类观念能不断冲破、解构种种教条化、机械化、封闭性思想壁垒的规约、束缚和控制，进而形成了某种常态化的“新陈代谢”机制，才使得人类文明得以相沿不辍、历久弥新，从而使人类不断由野蛮、愚昧、无知、混沌缓缓走向文明、智慧、真诚、善良和美好。

针对现代西方人一味沉溺于过去的美好，过度迷恋昔日的辉煌，而对由现代科学革命所催生、涌现出来的新思想、新观念、新精神等视而不见的做法，怀特海提出了十分严厉的批评。在他看来，“今天，世界正进入一个它存在的新阶段，新知识和新技术已改变了事物之间的均衡。……而且我认为古希腊人本身并不是向后看的或是裹足不前的。与他们的邻居相比，他们是极其非历史的，他们勤于思考，富冒险精神，追求新事物，我们所能做的最为非希腊化的事情便是模仿希腊，因为他们肯定不是模仿者”。② 所以，人类文明的进步绝非只是靠机械模仿，

① ［英］怀特海：《观念的历险》，洪伟译，上海译文出版社 2013 年版，序言。
② 同上书，第 260—261 页。

简单因循旧例陈规所能驱使，它内在的根本动力就在于人类对未知世界的渴望与好奇心，以及对僵化、垂死、呆滞思想观念的不断历险和突破。进而，怀特海将“历险”品质视为文明的内涵或构成要素之一，并与“真”“美”“艺术”与“和平”等概念等量齐观。“我提出一个文明的普遍定义，即文明的社会展示了真、美、历险、艺术、和平这五种品质。”① 因此，可以说，观念的历险是保持人类文明始终处于蓬勃向上、积极进取、勇于开拓与创新之精神状态的重要源泉和“不二法门”，它可以使我们摆脱长期以来所形成的故步自封、墨守成规的思想陋习，可以不断地激发我们的想象力、洞察力和直觉，进而使人类文明得以永葆青春活力和生命力。

人类文明是在人类思想观念的不断突破与创新中得以历久弥新的。而人类社会的发展与进步亦是如此。任何企图静止的、一成不变、机械保守地维持人类社会的内在和谐与完善都不过是一厢情愿，在根本上也是行不通的。对此，怀特海极为深刻地指出：“理解社会学理论——理解人类生活，这一整个行为的基础就在于要明白：要静止地维持完善是不可能的。这一规律根植于事物的性质之中。不进则退，人类只能在两者中作出选择。纯粹的保守主义者反对的实则是宇宙的本质。”② 所以，人类社会发展的根本动力源于其自身的创造性进化本质，它拒绝封闭、僵化、保守、机械、静止的“垂死观念”，而拥抱创新、自主、多元的海纳百川式的开放心灵。因此，人类社会秩序的维护与发展的诉求，需要摒弃静止不变的思想观念，因为唯有不断的历险、创新，人类社会才可能避免式微、衰败、倒退和消亡。“进步的艺术就是在变化中保持着秩序，同时又在秩序中保持着变化。生命拒绝以防腐剂来保持活力。在单调僵滞的系统秩序中，停滞不前的时间越长，僵死社会的崩溃造成的冲击就越大。”③ 自然，在新的时代背景下，我们要建构一种科学、民主、开放、多元、包容、合作、探究、对话的课程文明，必然离不开课程观念的历险、突破和创新，并要积极规避“停滞观念”

① ［英］怀特海：《观念的历险》，洪伟译，上海译文出版社 2013 年版，第 261 页。

② ［英］怀特海：《观念的冒险》，周邦宪译，贵州人民出版社 2007 年版，第 255 页。

③ ［英］怀特海：《过程与实在》，杨富斌译，中国人民大学出版社 2013 年版，第 432 页。

的危害。

二 课程变革要规避“停滞观念”的危害

作为过程哲学的创始人，同时又撰写出《教育的目的》一书的怀特海，其对西方教育理论与实践的影响是极为深远和广泛的。美国最高法院大法官法兰克福特在怀氏去世后撰文，“怀德海教授有一个和蔼可亲、高雅华美的气质与形象，他的声调、用字与句法，使得英语演讲具有音乐性的美感；他的幽默使得肃穆者散发希望愉悦的光彩；他的谦让使得愚昧者更加聪慧，同时也激发了沉默寡言者的智慧。二十多年来，怀德海教授产生了如此伟大的影响力，许多人因为他而来到哈佛。就美国大学而言，在这个时代中，没有一个人能像他那样，造成如此广泛的影响”。[①] 针对西方传统教育实践长期受“停滞观念”的束缚、规约和羁绊，而所造成的不可逆危害，怀特海具有十分清醒的认识和判断。对此，他深刻地指出：“……观念停滞是危险的，也就是说，仅为心灵接受但不加以利用，不进行实验的观念，或者不投入新鲜成分的观念，是危险的……伴随停滞观念的教育，不但没有益处，而且是有害的……除了智力上的偶尔激动之外，过去的教育，可以说一直都深深浸染着停滞观念的病毒……”[②] “使人类走向伟大、崇高的每一次知识革命无不是对这种呆滞思想的激烈反抗。然而，遗憾的是，我们对人类的心理特点茫然无知，于是某种教育体制自身形成的僵化思想重又束缚了人类。”[③] 因此，教育实践的进步必然是对“停滞”教育观念的质疑、批判和反思，而这无疑是教育精神的蜕变与创新。所以，真正的教育不是让人处于思想上的懈怠、僵化、封闭和保守之中，更不是让人在机械、盲目模仿中因循守旧、墨守成规，而是要让受教育者在各种复杂多样的情境中，在无穷无尽的探究以及充满智慧和想象力的创造中，去不断地尝试、发现、体验和感受，使其持续接受外在环境的不断“刺激”和挑

---

① 朱建民：《现代形上学的祭酒——怀德海》，允晨文化实业股份有限公司 1982 年版，第 26 页。

② ［英］怀特海：《怀特海文录》，陈养正等译，浙江文艺出版社 1999 年版，第 312—313 页。

③ ［英］怀特海：《教育的目的》，徐汝舟译，北京师范大学出版社 2018 年版，第 2 页。

战，进而激发或激励受教育者创造的激情和卓越的想象力。

课程变革作为最具有创新性、价值性和意义性的教育实践活动，自然要努力超越这种缺乏想象力与创造力的刻板、僵化、停滞观念，尽力规避其对课程变革的阻碍、禁锢和危害。正如我国学者韩震所说："没有冒险，就没有发生状态；没有发生状态，也就没有未来；没有未来，也就没有新事物的诞生。冒险的价值就在于引导发生状态，发生状态的价值就在于开辟未来的可能性，激发人们的创造力。"① 从某种程度上来说，历险精神的产生来源于人类创造的想象力，这种创造的想象力使得我们的身体活动与内心活动都处于一种丰富、充盈、朝气蓬勃的状态，从而充分意识到事物"现实状况"（what is）与"可能状况"（what might be）之间的对比，进而为创造新的可能性提供契机与条件。所以，在新时期，课程变革要极力规避课程思想观念上的保守、僵化和封闭，进而积极解放思想、与时俱进，努力将中西方教育改革实践所创生出来的新思想、新观念、新理论在批判性扬弃的基础上吸纳进来，唯有此，才能真正保持课程变革实践的朝气、生机与活力。总之，没有课程观念的历险，也就不可能开辟新的课程未来和可能性。

三　"思想市场"的培育激发课程观念历险

在当下的基础教育课程变革中，如何让崭新的、具有鲜活生命力的课程观念脱颖而出，进而发挥其根本性的指导和引领作用，也就决定了未来课程变革的成败与走向。对此，答案只有一个，就是努力驱动新旧课程观念展开正义、公开、平等、透明的自由竞争（而非通过外部力量进行打压、消解和控制），进而优胜劣汰，最终"完胜对手"。而这就需要我们培育、建设出一个开放、宽容、成熟、完善且充满生机与活力的课程思想市场（market for ideas）。② 从某种程度上来说，没有高度自由、竞争的思想市场的构筑，也就很难有新型的课程观念的历险、涌现

---

① 韩震：《冒险的价值——我读怀特海》，《学术研究》2002 年第 9 期。

② 此中的 Idea 是念头、想法、点子、创意、新概念之意，而不是 Thought、Ideology，它仅具有产业属性而不具有意识形态属性。具体可参阅朱相远《科斯"思想市场"涵义正解》，《北京日报》2014 年 4 月 14 日。

与传播，从而使整个课程变革进程陷入种种困顿和窘境之中，进而失掉了课程变革的动力与源泉。因此，它是疏解当代中国课程研究困局的根本路径之一。事实上，自由思想市场的萎缩、无序、衰落和缺位已渐成为制约中国基础教育课程变革与发展的一个最为致命的思想障碍、软肋和桎梏。

那么，什么是思想市场呢？在科斯等看来，“思想市场也是一个生产要素市场。在思想市场里，知识能得到开拓、分享、积累和应用”①。也有学者指出：“所谓思想市场，就是学术、观点、言论、信仰的表达和它们相互之间的平等竞争。它既包括思想在生产上的自由竞争，也包括思想在接受方面的自由竞争。它意味着没有行政和法律的力量规定人们可以研究什么、不可以研究什么、可以说什么、不能说什么；它也意味着每个人有权选择任何一种理论和观点，不同的理论和观点只能通过说理的方式争夺市场。”② 这里，我们可以从以下三个方面来概括思想市场的蕴含。第一，思想市场与思想自由同义；改革首先要从解放思想开始，如果思想不自由，处处受制于某些条条框框，坚持“本本主义”，那么，改革也就只能是“穿新鞋走老路”，难逃中途夭折或最终失败的厄运。“市场的本质有二：一是自由，二是交易（交换、交流、交往，含义相近、相通、相同）。思想是最自由的，任何压抑和阻挠可以禁止它表达和交流，但不能禁绝人们思考；但是，如果思想不能交流和交往，也就没有什么意义。反过来，如果有交流和交往而不自由，交流就会受到压抑和阻碍，就会扭曲和变形。”③ 第二，思想市场是一个“生产要素”市场；也就是说，在思想市场中，任何一种思想都只是一种“生产要素”，而不具有某种预设、先在的权威性、真理性和霸权性。这种认识论也就打破了某一种思想独占或独霸整个思想领域的局面，而促使各种思想学说“平起平做”，而毫无某种优先性。第三，思想市场是不同思想、理念、立场充分进行开放性竞争与交锋的重要场域；某一种思想其追随者多少，不是被官方意识形态指定。它要想取得

① ［英］科斯、王宁：《变革中国——市场经济的中国之路》，徐尧、李哲民译，中信出版社 2013 年版，第 254 页。

② 张维迎：《思想市场推动中国变革》，《中国新闻周刊》2014 年第 13 期。

③ 张曙光：《边缘革命、区域竞争和思想市场——读〈变革中国——市场经济的中国之路〉》，《读书》2014 年第 2 期。

足够多的“市场份额”，就需要与其他的思想学说展开竞争。这样，通过市场遴选和淘汰机制，孰优孰劣，自然也就不难见分晓了。进而，科斯等又极为深刻地指出：“思想市场之所以重要，是因为只有在与无知和偏执的无尽无限的斗争中，真理才会展现其面目；并且，没有真理可以一劳永逸地赢得胜利，也没有权威能够作为真理的决断者。由于人类自身易犯错误，而且求知过程中人类的无知不可避免，开放思想市场才成为最能帮助人类接近真理的工具。”① 无疑，在课程变革领域，课程观念的不断历险、课程思想的自由竞争以及新课程知识的创造离不开这样的思想市场。正是有多种不同声音的交响、和鸣、博弈，才在某种程度上加大了变革的保险系数，促进了人们对课程认识的不断丰富、深化和提升。

首先，通过思想市场可以有效促进新型课程观念的创生。市场的本质是多样性、多元化和异质性。因此，思想市场也就是要允许各种思想、观念或主张都能得以呈现、表达和传播。所谓“百花齐放、百家争鸣”就是最鲜明的写照。正是在各种思想学说“你方唱罢我登场”的情形下，新型课程观念的孕育和创生才得以可能。“一个健康的思想市场一定鼓励新知识、新思想的产生，同时通过竞争，优胜劣汰，存精去粗，淘汰陈旧过时甚至错误的知识和思想。没有任何权威可以事先预测什么新知识、新思想是正确的；新知识、新思想的产生必然是一个不断尝试，不断在错误和失败中学习、改正的过程。任何知识和思想都必须放在阳光下考问，因此，一个没有思想市场的社会在创新上必定是只跛脚鸭，寸步难行。”② 因此，可以说，正是由于思想市场的存在，才使得知识创新、思想创新成了一种常态。否则，整个学校教育系统就会因思想市场的虚化与贫瘠，而丧失变革的主动性、能动性和创造性。

其次，通过思想市场可以有效驱动新旧课程观念展开自由竞争。如何衡量或判断某种课程观念较之于另一种课程观念，更具有时代价值和教育学意义呢？事实上，针对此问题，我们无法给出一个明确的回答。因为对某种观念“好”与“坏”的判定，并没有一个抽象的、先验的

① ［英］科斯、王宁：《变革中国——市场经济的中国之路》，徐尧、李哲民译，中信出版社 2013 年版，第 257 页。

② 王宁、刘颂杰：《中国转型：思想市场至关重要》，《时代周报》2013 年 1 月 24 日。

标准或规范值得我们信赖。或许有人会说，通过课程实践来检验某种课程观念的“合法性”不就可以了吗？“但实践的检验只能是事后的，而理念一定是要超前的，如果理念没有超前的话，那么变革是不可能发生的。所以当一种新的理念提出的时候，其实是没有任何实践可言的。人类面临的一个很大的挑战，就是我们没有办法先验地就知道是哪一个理念对，哪一个理念错。这就是我们需要思想市场的原因。一种理念正确与否，只能通过思想市场、观念市场的竞争来检验。”① 由此可见，针对在课程领域涌现出的种种课程观念，我们不能主观臆测、判定或假定它是否“正确”或“合法”，而只能通过思想市场、观念市场的竞争（而不是思想纷争）来检验，进而大浪淘沙、去粗存精，最终使正确的课程观念得以胜出。

最后，通过思想市场可以形成宽容开放的课程研究氛围。课程变革实践的深化与拓展，离不开宽容、开放、自由的课程研究氛围。只有课程学者们能大胆、合理地运用自己的理性来开展研究，才能发现真理，形成卓越的课程学术，进而形成百家争鸣的局面。事实上，回顾历史，中国的“思想市场”在不同的历史时期有着不同的命运，进而对中国历史的整体发展产生了不同的影响。如在春秋战国时期，中华大地出现了众多不同的思想流派，当时诸子百家各相诘难、彼此争锋，创造了熔铸中华民族精神气质的灿烂文化。在改革开放后，我国开展的关于“真理标准的大讨论”，在很大程度上打破了思想意识形态上的禁锢和枷锁，使人们从陈旧观念的羁绊与桎梏中释放了出来；而在某些时期，像秦始皇的“焚书坑儒”以及汉武帝的“罢黜百家，独尊儒术”政策，无一不是对思想市场的强力打压、摧毁和破坏，也就使整个社会陷入了无尽的黑暗之中。科斯指出：“开放、自由的思想市场不能防止错误思想或邪恶信念的产生。但历史已经表明，就这一方面来说，压制思想市场会遭致更坏的结果。一个运作良好的思想市场，培育宽容，这是一服有效的对偏见和自负的解毒剂。在一个开放的社会，错误的思想很少能侵蚀社会的根基，威胁社会稳定。‘钱学森之问’清晰表明，一个充满活力的思想市场不仅是学术卓越的一个先决条件，也是开放社会和自由经济

① 张维迎：《思想市场推动中国变革》，《中国新闻周刊》2014 年第 13 期。

不可缺少的道德和知识基础，没有这样的思想市场，人才的多样性必将枯竭。”①

以此思想市场视角来检讨我国新一轮基础教育课程变革领域中的“思想状况”，不禁让人欣喜与困惑交织。令人欣喜的是，此次课程变革似乎并不缺少科斯所谓的“思想市场”。也就是说，赞同或支持课程变革的人与抵触或排斥课程变革的人，都能在相应的学术平台上公开发表自己的思想主张和学术观点。并且，政府作为“后台老板”，也没有出于管制或管控的目的对其采取“封杀”策略，而是任其争论与辩护，这不能不说是在课程变革领域“思想解放”“百家争鸣”春天的到来。然而，让人感到困惑、遗憾与不解的是，这些所谓的争鸣，虽锣鼓喧天、热热闹闹，却难觅那些有洞见、有张力、有深度，能堪称思想的声音。迷失于众声喧哗，也就难掩思想的肤浅、贫困和苍白了。自新课改启动以来，课程思想界似乎陷入了一种混乱、无序的纷争状态。并且，争论的双方逐渐变得严重对立，各执己见的学者鲜少共同参加学术会议，能坐在一起对话、协商、交流和沟通几乎是不可能的事，从而呈现出一种典型的“门户式”纷争和个人的情绪化、非理性冲突。“关于新一轮课程变革的论战，却因排斥性而呈现出明显的‘门户式’纷争现象。……这场争鸣与辩论不仅更多地停留于批判、质疑、攻击与责难，而且望文生义、断章取义现象十分普遍，甚至为了驳倒对方，不惜以窄化教育丰富的价值、功能、内容与方法为代价，设定论域圈套、虚设靶位、部署博弈格局，乱扣帽子、乱打棍子、强加偏见，强制对方接受被指定的、被分配的立场与位置，无视某一学术研究成果在论述过程中的具体背景与特定情境，不顾对方的基本主张与出发点、立足点，无视对方的解释与辩护，片面地、武断地、狭隘地诠释对方的立场与观点，将对方置于‘缺乏常识’与‘无知’的境地，而自己所极力论证与辩护的却大多是基本常识而已。”② 可见，健康、良性的思想竞争却幻变成了离散、无序的思想纷争，课程变革由此陷入种种窘境、迷失和混乱也就不难理解了。

---

① ［英］科斯：《中国的市场转型只是起步》，《财经》2012 年 7 月 8 日。

② 郝德永：《新一轮课程改革：我国基础教育的“长征之旅”》，《课程·教材·教法》2013 年第 1 期。

培育成熟、完善的思想市场对于激发课程观念的不断历险、促进课程变革不断走向深入和制度化等方面，其教育学价值与时代意义是显而易见的。但仍需进一步指出的是，我们需要培育出一种什么样的“思想市场”呢？这里，相关学者的观点足以借镜：“其一，它应是能够为实践证明的‘思想’，同时是能为公众接受、有‘市场’的价值观念。其二，它应是成体系的、有前瞻性的和开放式的。只有如此，价值体系才能自我更新并具有生命力和凝聚力。”① 反映到课程领域，一言以蔽之，健康、成熟、开放的课程思想市场打造应满足于以下两个条件。(1) 课程学者们所“生产”出来的课程思想应紧扣鲜活的课程变革实践。它不能仅停留于抽象的理论思辨和玩弄文字游戏上，而是要“有市场”，能为最广大的教师与学生群体所认同和接受。事实上，课程变革的真正本质是课程思想观念的博弈与竞争。在此过程中，我们需要为社会提供有力道、有价值、有创新力量的思想产品。(2) 课程人的思想创造应具有高度的“文化自觉”。受制于时代发展的局限和课程人个体素质的束缚，每一位课程人所能形成的课程思想观念都具有历史性、阶段性和局限性。针对思想的这种可以说是先天性的流弊与不足，每一位课程人都应有高度的“文化自觉”和批判反思精神。也就是说，课程人应对自身的思想体系有着高度的警惕和自知之明，并使其具有不断自我纠偏、自我完善、自我发展的能力。一味因循守旧、抱残守缺、不思进取，只能被日新月异的社会变革实践遗弃或抛弃。总之，在未来的课程变革中，我们应努力架构课程变革的知识基础——培育思想市场，进而为新型课程观念的历险、创生和思想创造提供出一个完备的制度保障。而课程变革的持续拓展、深化也必将受益于课程观念的历险与更新、课程思想的自由讨论和竞争，以及课程思想市场的成熟与完善。

四　课程观念历险推动课程变革创新

一部课程发展史就是一部课程观念的不断嬗变、演进、更迭和历险史。在课程研究领域，随着世界各国课程理论的多元发展以及课程改革

① 徐立凡：《中国需要怎样的“思想市场”》，《观察与思考》2006 年第 18 期。

实践的深入推进，人们对课程的认识日趋丰富、充盈与多样，随之而形成或构建出来的课程观念得以不断刷新和重塑。无疑，这种课程观念的历险与创新在很大程度上推动了课程领域的智力突破和学术发展，更加确证了课程论学科的合法性地位，实现了课程理论与实践的不断拓展和深化。

如在早期的课程观念里，我们将课程定性为一种名词化的“跑道”（race-course）。根据这一隐喻（metaphor），课程常被视为某种“学习的进程”或“学习的路线”（course of study）。这一理解尽管十分通俗易懂，且具有一定的合理性与适切性，但其所潜隐的根深蒂固的实体化、机械化、静态化的思维模式，仍是昭然若揭的。在这种褊狭的课程观念里，课程被简单划定为种种离散性的学科，其课程目标是早已被预设的，其课程组织是“高度统一”的，其课程实施是“完全一致”的，其课程评价是“忠于目标”的。所以，从某种程度上说，“课程是‘跑道’似乎已成为定势，它是预定的、统一规划的，学生只需按要求进入跑道，根据规定的时间、速度和距离，按时到达终点即可。在这种情况下，学生实际是在课程之外，而不是在课程之中，学生是‘容器’而不是‘反应堆’，教育是强制而不是自由，教学是灌输而不是对话，教师是权威而不是合作者”。①

在当代，作为课程理论概念重建学派代表人物之一的派纳（Pinar）首先对此课程观念发难，认为对课程的理解应回归到“currere”的动词意义上，即应强调其“奔跑”的维度。这是因为，如果将课程看作名词形式上的、预设的、固定的跑道，也就意味着课程就是为不同学生设计不同的轨道，进而将其“圈养”其中。而如果将课程看作动词形式上的奔跑、体验和活动，那么，课程的关注点就会投向学生个体经验的自我建构与生成上。因此，学生学习的主动性、能动性和创造性将会受到更大程度上的重视、促进和激发。小威廉姆·E. 多尔在《后现代课程观》中指出：“课程不再被视为固定的、先验的‘跑道’，而成为达

① 汪霞：《皮亚杰的新生物学世界观与转变课程思想的丰富隐喻》，《比较教育研究》2003 年第 8 期。

成个人转变的通道。”[1] 这种课程是“一种形成性的而不是预先界定的，不确定的但却有界限的课程”。[2] 由此可见，由于所选择词根的不同，人们会形成迥异的课程观念和课程理解，进而会产生出一种完全不同的课程理论和课程实践。“‘currere’作为名词形式意为‘跑道’，由此课程就是为不同学生设计的不同轨道，从而引出了一种传统的课程体系；而‘currere’作为动词则指‘奔跑’，这种理解下的‘课程’的着眼点就会放在个体认识的独特性和经验的自我建构上，强调课程的生成性、动态性、过程性和个体性等，这就会产生出一种完全不同的课程理论和相应的课程实践。”[3] 根据以上分析，可以发现，从传统静态的“跑道式”课程观念，到派纳等的“奔跑式”课程观念，可看作课程观念的一次历险与突破，进而推动了课程变革实践的进步和创新。事实上，如杜威的经验课程理论建构，便打破了课程作为僵化知识的陈旧认识，而形成了基于受教育者生活经验的课程观念。多尔的后现代课程理论建构，是建立在皮亚杰的平衡化模式、普利高津的耗散结构以及怀特海的过程哲学思想之上的理论创新，即通过解构传统根深蒂固的实体性课程定性定位，而确立了基于关系性思维与“事件性”思维的过程性课程观念（如“4R”“5C”“3S”），等等。无疑，这些新型课程观念的诞生和构筑，也就重新刷新了人们对课程本质的认识与理解，对我国的基础教育课程改革产生了深远影响。

怀特海说：“哲学的有用性功能就是促进文明思想最普遍的系统化。……通过提供一般概念，哲学应当使人们更易于理解那些孕育在自然母腹中尚未成为现实的无限多样的特殊情况。”[4] 也就是说，哲学理论建构并非无用的；相反，它的核心价值、功能与旨趣主要在于能提供“一般观念”，而这种一般观念能让我们对“经验事实”的体认、理解和洞察更加系统化、清晰化与理性化。怀特海进一步指出，在西方哲学发展史上，例如从古希腊时期的柏拉图哲学，到近现代的康德和黑格尔

---

① ［美］小威廉姆·E. 多尔：《后现代课程观》，王红宇译，教育科学出版社 2000 年版，第 6 页。

② 同上书，第 250 页。

③ 胡乐乐、肖川：《再论课程的定义与内涵：从词源考古到现代释义》，《教育学报》2009 年第 1 期。

④ ［英］怀特海：《过程与实在》，杨富斌译，中国人民大学出版社 2013 年版，第 21 页。

哲学，诸多哲学理论建构所形成的一般观念并非一成不变、停滞不前的，实际上，它们一直处于不断的演化、历险和创新之中。由此，“文化史的一个重要时期就是有关各种普遍性概念的增长时期。在这样一个重要时期，人们可以看到旧的普遍性概念如同古老的山峰被风吹日晒不断侵蚀，高度不断降低，并被后起的山峰所超越”。① 所以，从某种程度上来说，哲学理论建构的“有用性功能”之一，即是在根本上推动、促进了哲学一般观念的不断开拓、更新和进步，而“一种新观念通常会引入一种新选择，而且我们即使采纳了一位思想家所抛弃的选择，我们对这位思想家依然应当怀有感激之情。在经由一位哲学大师的思想冲击之后，哲学再也不会回到其原先的状态了”②。自然，课程理论建构同样承载着提供和构筑“一般观念”，进而推进课程观念不断历险与变革的重要使命。

在此研究中，本人尝试借用当代过程哲学思潮的理论资源和观察方式，来重新认识我国的课程理论建构与实践探索。它既关注于过程哲学思想元素在我国课程研究领域中的应用，同时，也着力于深化过程哲学思想在实践领域中的创造性转化，这亦可看作一次十分艰难却又充满教育学价值与意义的智力突破和观念历险之旅。怀特海说：“当思想走在实现之前时，向新型式文明的快速转变才是可能的，这样民族的活力进入想象的历险，可以预先考虑探索性的实际冒险。世界先梦想一些将要来到的事情，然后激发自己在适当的时候促成它们的实现。确实所有始于预定目的的物质性冒险包含着将事情看作尚未实现的思想历险。在哥伦布出航去美洲之前，他曾梦想过远东，梦想地球是圆的，梦想人迹罕至的海洋，冒险很少达到预设的目标，哥伦布永远没有到达中国，但他发现了美洲。”③ 此言不虚，只有课程思想观念的历险与变革走在当下现实之前时，我们才可能实现课程领域的知识进步和学术创新，才可能驱动课程理论与实践的不断拓展和深化，进而缓步走进新的课程文明与新的课程时代。

同时，借助某种具有时代精神的哲学观念来阐释其对我国课程理论

① ［英］怀特海：《过程与实在》，杨富斌译，中国人民大学出版社2013年版，第12页。
② 同上书，第13页。
③ ［英］怀特海：《观念的历险》，洪伟译，上海译文出版社2013年版，第265页。

建构与实践变革的启示意义，这种研究思路也是我长期以来所比较喜欢的一种学问方式。自己沉醉其中，亦自得其乐。但是，怀特海过程哲学理论体系的晦涩复杂、抽象难懂是众所周知的，深陷于此领域确实让我如坠迷雾之中，“难辨东西”。幸运的是，随着过程哲学在当今世界诸多学科的有效运用以及越来越多研究者的加盟，其思想的核心旨趣、价值观念和实践诉求等被逐渐明晰化、条理化、系统化，其与中国文化传统、教育改革实践等范畴的相关性渐趋得到进一步的彰显和强化。正是在此蓬勃发展的时代背景下，本人通过广泛阅读相关的过程哲学研究文献，受到了种种教益与启发，进而真正开启了此次当代过程哲学思潮与中国课程理论建构和改革实践创新的对话之旅。事实上，本人自“遇见”怀特海以来，一直被其卓越的思辨力和想象力吸引，自己的思想也得以不断地丰富、充盈与完善起来。偶有所得，便会与别人对话、交流和分享，以图增进己所不能。当然，本人亦深知，这一学术努力所预设的目标可能过于宏观、庞大，在本书中所提出的诸多学术观点或所研究出来的所谓“学术成果”其价值几何，进而对课程改革实践的贡献有多大，自有待诸多方家及读者多多批评指正。但这种尝试与努力，其本身却仍是充满诱惑和迷人魅力的。既然如此，我们不如真正沉下心来，坐几年冷板凳，披荆斩棘，若真是下了功夫，自然就会开出花来，定会“瓜果满园粮满仓”，必将有所收获。

第一章

“新的生长点”：当代过程哲学思潮概论

> 过程哲学对机体、关系、共同体及生态等问题的关注，具有积极的建设性、创造性和广泛的包容性，是当代哲学发展的一个新的生长点。
>
> ——柯布

> 为什么怀特海的思想容易被我们接受？因为东方的传统文化一向比较反对两极化的思想，反对主客两分的思维方式，……要想解决教育中的困惑和问题，就一定要解决思维方式的禁锢。如果不从这种分割化的、碎片化的思想中走出来，就永远没有办法走出现实的困境。我们必须回到整体性，否则人类没有出路。
>
> ——朱小蔓

马克思说：“任何真正的哲学都是自己时代精神的精华，是文明的活的灵魂。”而我们今天所阐述的过程哲学，就可被看作这种“时代精神的精华”，因为它被视为建设性后现代主义的理论基础和重要源泉，其立足于相对论、量子力学、复杂性科学等现代科学研究成果基础之上，而构筑的一种新的“过程—关系”有机宇宙论，以及所勾勒、描绘出的一幅动态生成、生生不息、有机互联的世界图景和其积极彰显的过程性、关系性、“具体性”思维方式等，对现时代的诸多学科领域都产生了广泛而积极的影响。鉴于此，有学者指出：“过程哲学对机体、关系、共同体及生态等问题的关注，具有积极的建设性、创造性和广泛的包容性，是当代哲学发展的一个新的生长点。”① 我国课程研究作为

① 曲跃厚：《过程哲学：当代哲学发展的一个新生长点——柯布教授访谈录》，《哲学动态》2002 年第 8 期。

人文社会科学领域中的重要组成部分，自然亦受到这种哲学思潮的冲击、影响与辐射。所以，在新时期，立足于当代过程哲学思潮的基本原理和方法论，通过揭示实体性课程理论与实践的内在症结、流弊和不足，并努力促进我国新型课程理论的学术建构，进而探寻我国课程改革实践发展的另一种思路、可能与路径，是一项极具挑战性但又充满无限希望的“观念历险”和“智力突破”。事实上，这项工作的开展已渐成效，并日益呈现出越来越蓬勃的发展生机与活力。在课程研究领域，我国课程学者凭依丰富、精深的过程哲学思想，已“生成”了诸多极富卓越性与生命力的课程理论成果和实践创新典范，进而极大促进了我国课程研究的知识积累与学术发展。无疑，这种着力于课程变革的“哲学之思”，并基于此提出一些解决我国课程发展困境的理性化方案、对策与方法，是一件非常值得我们努力尝试和作为的事情。它对于丰富我国课程科学研究的理论宝库，增进我们对课程“质的丰富性”的理解，进而深化我国素质教育的有效实施，都是大有助益的。

本章重点阐述三个问题：一是从整体上对当代过程哲学思潮的发展轨迹和脉络作一概览和描述，以期给大家呈现一幅系统性、全景式、立体化的完整图像。过程哲学又称有机哲学或机体哲学，其创始人是被誉为“七张面孔的思想家”——怀特海。他在哈佛大学授课期间所撰写的著作《过程与实在》，全面、集中、翔实地阐释和表征了其视野宏阔、旨趣高远、博大精深的过程哲学思想。如果按照美国著名汉学大师、过程哲学研究专家安乐哲教授等“根据一个思想家思想波及的人数来判断其影响力”① 的标准，来审视怀特海及其过程哲学的话，那他可看作在现代西方哲学家中最有影响力的人物之一。二是重点介绍几位具有代表性的领军人物。怀特海说：“理智的力量是伟大的，它对人类的生活具有决定性的影响。伟大的征服者从亚历山大到恺撒，从恺撒到拿破仑，对后世的生活都有深刻的影响。但是从泰利斯到现代一系列的思想家则能够移风易俗、改革思想原则。前者比起后者的影响来，又显得微不足道了。这些思想家个别地来说是没有力量的，但最后却是世界的主

① ［美］安乐哲、罗思文：《〈论语〉的哲学诠释：比较哲学的视域》，余谨译，中国社会科学出版社 2003 年版，导言。

宰。"[①] 受惠于怀特海的过程哲学思想，一大批过程思想家，如小约翰·柯布、大卫·格里芬、杰伊·迈克丹尼尔、王治河、杨富斌、曲跃厚等学者持续推动了过程哲学思想的理论研究和实践转化，并继而提出了建设性后现代主义的思想主张与洞见（以格里芬为代表），以区别于一味批判、颠覆、摧毁、否定为根本诉求的解构性后现代主义（事实上，怀特海过程哲学是孕育、滋养建设性后现代主义哲学从无到有、由弱变强，进而逐渐生根发芽，并日趋枝繁叶茂的丰厚沃土和极为重要的思想营养基）。无疑，这些思想家的学术研究极为前沿、扎实、丰硕，相关研究成果独具魅力、各领风骚，已成为我们更好地理解、体悟过程哲学思想之内在价值和核心旨趣的必读文献。三是具体说明当代过程哲学思潮的核心思想、价值观念分别是什么？以及此"思想资源"对我们重新审视当下如火如荼的课程变革实践和推进课程思想观念历险、思维方式变革等方面具有哪些重要启示。

一 当代过程哲学思潮的发展脉络

当下，学界对过程哲学的认识和理解有不同的维度、视角与层次。从对其的叫法上来看，过程哲学又被称为"有机哲学"或"机体哲学"。到底该如何区分这种稍稍的差异与不同呢？对此，有学者指出："从关于现实世界纵向发展的意义上说，我们可以把这种哲学叫作'过程哲学'；从关于现实世界的形态结构和有机关联的意义上说，我们可以把这种哲学叫作'有机哲学'。……在我们看来，把这两个名称综合起来，譬如称之为'过程—有机哲学'或'过程—关系哲学'，似乎更能全面地反映与揭示怀特海哲学的本质特征和精髓。"[②] 而若从整体上来把握过程哲学的话，它又有广义和狭义之分。"广义的过程哲学泛指哲学史上一切以过程思想为特征的哲学流派，如古希腊赫拉克利特的哲学、德国黑格尔的哲学、法国柏格森的哲学等。狭义的过程哲学特指英国哲学家怀特海（A. N. Whitehead，1861—1947）及其继承者的哲学，

① ［英］怀特海：《科学与近代世界》，何钦译，商务印书馆1959年版，第229页。

② 杨富斌、［美］杰伊·麦克丹尼尔：《怀特海过程哲学研究》，中国人民大学出版社2018年版，第35页。

这种哲学又称‘有机哲学’。这里所说的过程哲学主要是狭义上的过程哲学。”[①] 在本书中，我们所阐述的“当代过程哲学思潮”主要是指这种“狭义上的过程哲学”，它始于怀特海“哈佛时期”的创立与构筑，后经哈茨霍恩、小约翰·柯布、大卫·格里芬、杰伊·麦克丹尼尔等的推动，而渐形成的一种具有建设性意义的哲学思潮，并最终构成了建设性后现代主义的哲学基础。同时，在王治河等的积极倡导与努力下，过程哲学思想在中国“场域”得到进一步的深化和发展。

（一）始于怀特海“哈佛时期”的创立

阿尔弗雷德·诺思·怀特海（Alfred North Whitehead，1861—1947），20世纪英国著名的数学家、哲学家和教育学家。其一生纵横于诸多学科领域，且取得了骄人的建树和成就。日本怀特海研究专家田中裕教授赞誉怀特海为“七张面孔的思想家”——数理逻辑学家、理论物理学家、柏拉图主义者、形而上学家、过程神学的创造人、深邃的生态学家和教育家立场的文明批评家。[②] 在我们看来，田中裕教授对怀特海的评价是十分中肯的。

在哲学方面，怀特海是过程哲学的创始人和奠基者，可谓功勋卓著。我国哲学家谢幼伟对其赞誉有加，认为在“现代哲人中，在哲学上真能戛戛独造，自辟蹊径，不为传统思想所束缚，而能有所树立者，舍怀氏外，恐无第二人。……惟怀氏思想，不落故常，因而时有新颖独到之言，足发人深省”。[③] 1924年，从伦敦大学教授职位退休的怀特海，接受了来自哈佛大学哲学系主持哲学讲座的邀请，从此开启了其最为系统化的过程哲学理论体系建构。从某种程度上来说，哈佛大学时期是怀特海学术生涯最为出彩、绚烂、辉煌的一段时期。在这一阶段，他出版和发表了《科学与近代世界》《过程与实在》《观念的历险》《思维方式》《理性的功能》等一系列影响深远的著作。其中，《过程与实在》

---

① 赵光武、黄书进主编：《后现代哲学概论》，首都师范大学出版社2013年版，第101页。

② ［日］田中裕：《怀特海有机哲学》，包国光译，河北教育出版社2001年版，第3—18页。

③ 谢幼伟：《现代哲学名著述评》，山东人民出版社1997年版，第139页。

一书，被视为“最近两个世纪以来最重要的哲学著作之一”，也是“历来最为复杂并最富创见的哲学论著之一”。[①] 怀特海对其在哈佛大学工作的经历念念不忘，如他在《自述生平》中写道：“我无法用语言来充分表达哈佛大学校方、我的同事、学生及我的朋友们给予我的鼓励和帮助。他们对我妻子和我关怀备至。我出版的书中疏漏和错误一定不少，这完全由我个人负责。在此，我大胆引用一句适合所有哲学著作的评论：哲学试图用有限的语言表述无穷的宇宙。”[②] 如今，怀特海所创立的过程哲学，以其睿智性、深刻性、原创性、超越性、多元性和广泛性，已在政治、经济、文化、生态、教育等诸多领域得到建设性的阐释，并被后现代思想家视为建设性后现代主义哲学的重要理论资源。

（二）历经过程哲学“四代传人”的推动

哈茨霍恩（C. Hartshorne，1987—2000），是怀特海在哈佛大学授课期间的主要助手，因而其对怀特海的过程哲学思想有着更为深刻的理解和洞察。从过程哲学思潮发展的历程上看，哈茨霍恩无疑“是过程哲学史上承上启下式的人物。承上，是指他继承了怀特海的过程思想，创立了过程神学；启下，是指他启迪了后来的柯布和格里芬，对建设性后现代主义具有重要影响”。[③] 作为过程哲学的第二代传人，哈茨霍恩明显继承了怀特海的过程哲学思想。除此之外，他又将怀特海的过程哲学思想拓展到了其他领域，这是难能可贵的。“他的主要贡献是从过程神学的视角深入研究和阐发了怀特海过程哲学思想，特别是系统阐发了过程哲学的宗教观、宗教与科学的关系、宗教在社会发展中的作用等。”[④]

小约翰·柯布（John B. Cobb. 1925— ），芝加哥大学哲学博士，美国国家人文与科学院院士，美国加利福尼亚州克莱蒙研究生大学终身

① ［美］小约翰·柯布、［美］大卫·格里芬：《过程神学》，曲跃厚译，中央编译出版社1999年版，第177页。

② ［英］怀特海：《教育的目的》，徐汝舟译，北京师范大学出版社2018年版，第128页。

③ 赵光武、黄书进主编：《后现代哲学概论》，首都师范大学出版社2013年版，第107页。

④ 杨富斌、［美］杰伊·麦克丹尼尔：《怀特海过程哲学研究》，中国人民大学出版社2018年版，第33页。

教授，美国过程研究中心创会主任，怀特海过程哲学的第三代传人，长期从事过程哲学、后现代文化和生态文明的研究，现任美国中美后现代发展研究院院长，是西方社会“绿色 GDP”的最早提出者之一，是一位具有世界性影响的当代思想家。柯布对过程哲学的贡献主要体现在其所提出的“后现代生态学世界观”上，他被视为世界上最早提出此种理念的学者之一。“他所倡导的后现代生态学世界观诉诸的是怀特海式的整体的、有机的、过程的世界观，它既要求充分有效地运用自然资源，又要求善待自然，并反对以大规模地破坏其他物种和未来人类的享受为代价的所谓‘进步’。他坚信，这种生态学世界乃是正在形成的建设性后现代世界观的主要载体和基本要素。”①

大卫·格里芬（David Ray Griffin），世界著名过程哲学家，建设性后现代主义的创始先驱和代表性人物，长期从事过程哲学的研究，被视为怀特海过程哲学的第四代传人。现任美国中美后现代发展研究院副院长，美国过程研究中心执行主任。“虽说是后现代思想家，但格里芬却无意专务批评不事建设，这使他与同时代的许多热衷于解构的后现代主义者区分开来。”② 作为建设性后现代主义者的格里芬，凭借其卓越的哲学思想和较高的学术成就在西方学术界闻名遐迩，他所提出的建设性后现代主义思想，以及对现代科学观的剖析与批判，引发了国内外学界的广泛关注和讨论。

王治河，山东人，长期从事后现代哲学、过程哲学、中西文化比较的研究工作，被视为过程哲学的第五代传人。③ 他本科、硕士均就读于北京大学哲学系，师承著名哲学家朱德生先生，研习西方哲学。后赴美留学，在美国加州克莱蒙研究生大学（Claremont Graduate University）获哲学博士学位，师承美国著名建设性后现代思想家格里芬教授和柯布博士。出国前曾在中国社会科学院工作，任研究员、《国外社会科学》杂志副主编，现任美国中美后现代发展研究院常务副院长。作为中青年

① 赵光武、黄书进主编：《后现代哲学概论》，首都师范大学出版社 2013 年版，第 108 页。

② 王治河：《后现代精神与后现代思想家的风骨——从敢于向霸权说“不”的格里芬谈起》，《浙江工商大学学报》2009 年第 2 期。

③ 杨富斌、[美] 杰伊·麦克丹尼尔：《怀特海过程哲学研究》，中国人民大学出版社 2018 年版，第 34 页。

学者，王治河博士所取得的成就是可圈可点、有目共睹的。他先后出版中英文学术著作多部，在《哲学研究》《中国社会科学》《人民日报》等刊物发表论文80余篇。其中，《扑朔迷离的游戏——后现代哲学思潮研究》《第二次启蒙》等学术著作最为我国学者所熟悉。作为代表性作品，这两部著作事实上也反映了王治河博士对后现代哲学思想研究所处的两个不同阶段。前者是对解构性后现代主义思想的总体阐述与评价，后者则从一种观照世界的新视野，即过程思维和建设性后现代主义的视角出发，提出了第二次启蒙的一些包括“深度自由”“道义民主”“厚道科学”“有机教育”“和者生存”“互补并茂”等诸多浸透着中西智慧的别开生面的概念，并认为第二次启蒙可为即将来临的生态文明和后现代转折提供坚实的理论基础。[①] 这些论断思想深刻、观点独到，对于我们重新认识、理解当代过程哲学及其建设性后现代主义思想提供了有益的视角和启示。

总体来看，当代过程哲学思潮的产生与发展共经历了“五代人”的努力和贡献。这些“弄潮儿”，除了怀特海、哈茨霍恩已过世之外，其他学者均还活跃在当下的学术界，积极为过程哲学思想的深化研究和创造性转化鼓与呼。

（三）在中国“场域”的深化与发展

怀特海过程哲学与中国传统文化的内在契合性、相关性或相通性，是众所周知的。他本人就曾明确表示：“就这种一般立场来看，有机哲学似乎更接近于印度或中国的某些思想传统，而不是更接近于西亚或欧洲人的思想传统。前一个方面把过程当作终极的东西，而后一个方面则把事实当作终极的东西。”[②] 例如，中国传统哲学中的“变动不居”“生生不息”“不舍昼夜”的流变观念就是最朴素的过程思想。美国著名过程研究专家费劳德在谈及怀特海哲学与中国传统文化和美学的相关问题时，极有智慧地指出：“每当我想到传统的中国美学，我就会想到一些巨幅山水画及其无声而美妙的色彩。薄雾笼罩的山脉，山雾所达到、唤起和意喻的有限所环绕的无限，以及流经山间的溪流、瀑布。一切都在

① 王治河、樊美筠：《第二次启蒙》，北京大学出版社2011年版，封底页。

② ［英］怀特海：《过程与实在》，杨富斌译，中国人民大学出版社2013年版，第9页。

变化和运动，过去流入了未来，未来也将变成过去。……换言之，怀特海的哲学与中国传统美学和传统思想息息相通。”① 事实上，正是由于怀特海过程哲学与中国传统文化之间内在的亲缘性和相通性，使得早期留学欧美的我国哲学家对其有一种天然的亲近感。“耐人寻味的是，中国现代哲学史上的风云人物，如熊十力、牟宗三、方东美、唐君毅、金岳霖、贺麟、张君劢、张申府、张岱年、谢扶雅、罗光等人都曾与怀特海哲学密切接触，将之作为沟通中西哲学的桥梁。在中西哲学比较中，他们揭示了中国哲学与怀特海哲学具有相似的反实体主义和有机主义的特质。”② 无疑，这种历经百年的历史联结所缔造出来的丰硕果实，对于我们进一步深化中国的过程哲学研究，进而实现当代过程哲学思潮与中国传统文化的会通和整合，具有极为重要的价值与意义。

在新时期，随着生态文明的勃兴，怀特海的过程哲学思想受到我国学者越来越多的关注和重视。2002 年 6 月，由北京师范大学价值与文化研究中心和美国过程研究中心共同举办的“价值哲学与过程哲学国际学术研讨会”在北京召开。这次会议的主题是研讨价值哲学与过程哲学的重大课题，探讨怀特海过程哲学与中国文化的关系，以及二者对人类文明的发展可能做出的贡献。我国北京师范大学的袁贵仁教授、钟秉林教授、韩震教授，以及来自美国的小约翰·柯布博士和大卫·格里芬教授等一百六十多位中外专家学者参加了会议。③ 此次会议影响深远，极大激励了怀特海过程哲学在中国“场域”的深化研究，开启了其与中国传统文化对话的新格局。随后，诸多与过程哲学以及建设性后现代主义有关的国际学术研讨会纷纷召开，它涵括了哲学、法学以及教育学等学科。同时，“过程思维研究中心”在我国二十几所大学成立，诸多以过程思想为理论基础的硕博士学位论文得以出版，一大批年轻有为的研究者得以迅速成长。可以说，正是在我国学者的辛勤耕耘和努力下，我国的过程哲学思想研究才取得了丰硕的理论成果，形成了良好的学术研究氛围与格局。正基于此，柯布教授才不由得赞叹：“怀特海学术研究

① ［美］费劳德：《怀特海过程哲学及其当代意义》，《求是学刊》2002 年第 1 期。

② 王琨：《怀特海与中国哲学的第一次握手》，北京大学出版社 2014 年版，封底。

③ 寇东亮、郑伟：《“价值哲学与过程哲学国际学术研讨会”综述》，《哲学动态》2002 年第 8 期。

的中心正在转向中国。当然，我并不是说这个转向已经完成，而是说各种情形表明，人们渴望这种转向已经发生。"①

二 当代过程哲学思潮的代表人物

在当下，过程哲学以其有机性、包容性、生态性等品质和特点正吸引着越来越多学者的关注与青睐。"在国外，过程哲学被看作是一切新思想的渊源。作为一种相互依赖的宇宙观、过程思想，关注社会、政治经济、生态公正、教育等问题，并向一切领域渗透。过程哲学倡导个人的、全球的、环境的责任，倡导尊重性别、伦理、文化和种族多样性，倡导非暴力，倡导生态与经济的可持续性。"② 其中，怀特海是过程哲学的创始人和奠基者，哈茨霍恩、小约翰·柯布、大卫·格里芬、王治河等进一步拓展、深化与传播了此哲学思想。下面我们就以怀特海等人为例，介绍一下他们对过程哲学思想的贡献，并简要阐述其对我国教育及课程变革所具有的启示意义。

（一）怀特海

哈耶克在《头脑的两种类型》一文中区分了两种不同的科学思维类型，即所谓的"自己专业中的大师"（master of his subject）和"困惑型"（puzzler）。大师的特点是"总是能够随时掌握自己学科的全部理论和所有重要的事实，随时可以回答他所属领域中的一切重要问题"，这样的人堪称完美。而困惑型的头脑则"常与困惑相伴"，他们往往对习以为常的现成套话或论证不以为然，并善于从中发现"某些漏洞或隐蔽的错误前提"。他们在处理世界纷繁复杂的各种问题时，更倾向于依赖某个"更具普遍性的概念"，并一以贯之。为佐证自己的判断，哈耶克不无得意地援引怀特海的话——"独立思考之前的状态就是头脑糊涂"来为自己"打气"。这里，哈耶克以罗素、怀特海为例，来猜想这

① 杨富斌、[美] 杰伊·麦克丹尼尔：《怀特海过程哲学研究》，中国人民大学出版社2018年版，序言。

② 李世雁、曲跃厚：《论过程哲学》，《清华大学学报》（哲学社会科学版）2004年第2期。

两位合作者是否也是这“两种思想家类型的另一个例子”。显而易见的是，哈耶克将罗素看作一位大师型的人物，而怀特海的“大困惑者”形象也呼之欲出。事实上，怀特海的确是一位“大困惑者”。“他们在不同领域的许多具体想法，可能都是来自某个更具普遍性的概念，他们最初对此并无察觉，只是由于后来他们在处理不同问题的方法上的相似性，才使他们恍然大悟。”① 怀特海不仅乐于执拗于某些“普遍性的概念”的探寻，更善于以此为逻辑起点，来构建某种更为系统性、整体性、有机性的哲学理论体系。无疑，对于这种“最具创见性的头脑”，我们需保持应有的敬意。限于本书研究主题及篇幅，下面我们仅就怀特海作为“数理逻辑学家”“教育家立场的文明批评家”面孔作一简要介绍。②

（1）“数理逻辑学家”

怀特海在数学领域造诣颇深，这得益于其在剑桥大学学习和工作的不凡经历。在这一时期，他发表了诸多颇有影响力的数学著作，如《泛代数论》《物质世界的数学概念》等。其中，他与得意弟子伯兰特·罗素（Bertrand Russell，1872—1970）合著的《数学原理》，对数学和逻辑演绎的结构进行了原理性的剖析，将人类的逻辑抽象思维推向了又一新的时代高峰。田中裕教授指出：“《数学原理》应用于哲学研究上而著名的论文，例如‘摹状词理论’（the theory of description）和‘类型论’等都是由罗素发表在各种哲学杂志上，人们只知道《数学原理》是罗素与怀特海合著的，可是却忘记了在数学上罗素是怀特海的学生。”③

（2）“教育家立场的文明批评家”

尽管怀特海并非一位严格意义上的教育家或教育学家，但其教育世家的出身，并长期在世界顶尖级大学从事教学、教育管理的经历与积淀，再加上其天赋特有的敏锐和洞察力，使他对根植于现代工业文明中

---

① ［英］哈耶克：《哈耶克文选》，冯克利译，江苏人民出版社 2006 年版，第 554—560 页。

② 注：由于本书重点阐释对以怀特海为主要代表的过程哲学思想之于我国课程变革的启示性意义，所以，在全部章节中都将谈及怀特海的过程哲学思想，故这里就不再对其作为“柏拉图主义者”的面孔单独介绍。

③ ［日］田中裕：《怀特海有机哲学》，包国光译，河北教育出版社 2001 年版，第 8 页。

的教育问题的哲学思考高屋建瓴、别具一格。其结集出版的《教育的目的》（*The Aims of Education*）一书，自问世以来，受到了越来越多教育工作者的重视与青睐。如今，随着其影响力的日渐扩大，西方许多国家纷纷引入其教育思想，无疑也导源了目前国际上方兴未艾的“过程教育”的滥觞。例如其对现代大学教育的论述与阐释就极为深刻和富有建设性意义。

（二）小约翰·柯布

柯布教授著作等身，最为我国学者所熟悉的作品有（与学生格里芬等合著）：《超越解构：建设性后现代哲学的奠基者》《后现代科学》《后现代精神》等。其中，《为了共同的福祉——面向共同体、环境和可持续未来的经济》一书（与赫尔曼·达利合著），曾获美国国家图书奖。樊美筠、王治河等在《柯布自传》的“代序”中称柯布是一位真正意义上的思者，是我们这个时代所稀缺的精神贵族。[①] 柯布的哲学思想极为丰富和充盈，但限于本书的研究主题及篇幅，这里，我们选择其最具代表性的哲学观点以及教育思想作一介绍。

第一，深化了怀特海过程哲学研究。柯布教授是一位令人敬重的过程哲学家，其对过程哲学研究的突出贡献是进一步发展、深化了此种理论体系，并努力以一种通俗易懂的方式让更多的学习者来更精准地理解怀特海过程哲学的精义和旨趣。为此，他在退休之后，撰写了《“过程与实在”术语解释》一文。该文现收录在杨富斌所翻译的《过程与实在》一书的附录Ⅱ中。该文语言凝练、行文优美，将深奥难懂的过程哲学思想核心概念以一种简约、深入浅出式的表达方式作了很好的解释与分析，因此，此文可看作我们进入怀特海过程哲学理论体系的必读文献。另外，柯布在一篇与中国学者的访谈中，简要概括了怀特海过程哲学的主要原则，即“①哲学的任务在于提供对实在的一种全面的理解。②这种哲学是由一些总是面向进一步的检验的假说和理论构成的。③西方思想一直是以‘世界是由有属性的实体构成的’这一信念为基础的，但最好是把世界当作一个事件的领域。……⑤较大的事件可以被分解为

① ［美］小约翰·柯布：《柯布自传》，周邦宪译，华文出版社2018年版，代序。

较小的事件，基本的事件包括瞬间的人类经验。……⑩机遇中所具有的创造性的新质取决于那些不只是由过去提供的可能性的有效在场，这些可能性的源泉乃是实在中的神圣要素”①。无疑，柯布教授的这种总结与概括是全面的、系统的，是我们整体性了解、研究怀特海过程哲学思想的一把“金钥匙”。

与以德里达、福柯、利奥塔等为代表的解构性后现代主义不同的是，柯布和其学生格里芬一起继承了怀特海过程哲学中的“建设性”基因，并发展出了一种“建设性的后现代主义”。在柯布看来，这种建设性的后现代主义具有以下特点。第一，它以怀特海过程哲学为理论基础，克服了人类社会与自然世界的“二元对立”，所以，建设性的后现代主义参与建构的是一种后现代科学。第二，建设性的后现代主义认为我们应努力寻找一种不能被称为霸权的世界观，这种世界观可以给居住于此星球上的人提供生活的意义，并可以更加公正地对待那些不同经验的人。第三，与解构性后现代主义要抛弃对于“理性”的过度信任相左，建设性的后现代主义者主张“对于理性的深度使用”。这样既可以规避理论理性的局限，又可以将“可靠性”和“统一性”作为我们理解世界的尺度。② 总体来看，柯布对建设性后现代主义的阐述是深刻的、全面的、系统的，是对怀特海过程哲学的进一步丰富和拓展。总之，“在建设性后现代思想家看来，当今世界迫切需要一种高远的整合精神，需要一种能把各种零碎知识整合为一种综合远见的学说，而以怀特海的过程哲学为理论基础的建设性后现代主义恰恰满足了这一要求。……在这种背景下，建设性后现代主义和怀特海的过程哲学或机体哲学便以其整体性、生成性、共生性、多元性、创造性、开放性、内在相关性、互依互动性和现实关怀性等特质，日益成为世界哲学中的一门显学。”③

---

① 为避免大量引用所可能造成的不必要的麻烦，这里只是择要摘录了相关核心观点，具体请参阅曲跃厚《过程哲学：当代哲学发展的一个新生长点——柯布教授访谈录》，《哲学动态》2002 年第 8 期。

② 欧阳康：《建设性的后现代主义与全球化——访美国后现代思想家小约翰·柯布》，《世界哲学》2002 年第 3 期。

③ 王治河：《后现代精神与后现代思想家的风骨——从敢于向霸权说“不”的格里芬谈起》，《浙江工商大学学报》2009 年第 2 期。

第二，构筑了建设性的后现代生态文明观。柯布教授的过程哲学思想是对怀特海过程哲学思想的继承与发展，他在继承怀特海过程哲学思想的同时，又进一步提出了自己的哲学理念。在他看来，“既要抛弃传统的人类中心主义，克服现代工业化和现代科学所带来的各种弊端，同时又要利用现代科学的积极作用，用之为人类造福，重建新的生态文明社会，以共同体建设为目标，使人们在具有亲密感的共同体中寻求生活的幸福”①。因此，面对现代西方社会愈演愈烈的生态危机的冲击和挑战，柯布以怀特海过程哲学为思想基础，构筑了一种建设性的后现代生态文明观。柯布所关注的是整个世界的存在及发展问题，所寻求的是人与人、人与自然界之间的和睦共处、共同发展。而这就需要坚持生态文明建设之路，综合全人类的优秀文化，并借用全人类之力来实现此目标。

自 1969 年，柯布开始关注生态环境问题及人类的可持续性发展问题。他反对传统经济学的基本原则，希望能够将全部生命的共同福祉作为人类活动的优先考虑项，竭力寻找以人类与自然界共同福祉为发展目标的后现代经济，以实现人与自然的和谐共生。柯布教授明确指出：“现代性的发展观念是造成生态危机的根源，想从生态危机中解脱出来，对待自然的态度就必须从思维观念上进行彻底转变；而要进行思维观念的转变，则必须从哲学基础上对人与自然的关系进行全新的思考和定位。”② 在此观念的指导下，他将过程哲学与生态问题相关联，在理念和实践方面为人类建构了一个能够更好地实现人与自然共同福祉的模型——生态共同体。他坚持认为：“只有当我们不再将自身作为独立的个体，并认识到我们与其他共同体相互连接在一起的时候，我们的个体目标才会实现。我们彼此之间的内在连接，不仅支持个体之间的相互竞争的趋势，同时也支撑社会共同体建设生存的趋势。这种道德因素推及人与自然的关系中同样适用。”③ 也就是说，只有自然生态得到了良好的保护，人类种族才能得以延续和发展。而人类与自然界是可以达到和

① 杨富斌：《寻求超越西方现代文明的新途径——美国建设性后现代哲学家柯布教授访谈录》，《江苏社会科学》2014 年第 1 期。

② 李雪姣：《小约翰·柯布建设性后现代自然观及其生态批判》，《南京工业大学学报》（社会科学版）2018 年第 2 期。

③ 同上。

谐共生，实现共同福祉的。所以，要想达到此目标，需要人类意识到整个生态圈的和谐于人类发展的重要意义，具有与自然生态“一荣俱荣，一损俱损”的思想意识，建立更广泛、包容性更强的，更大意义上的共同体，即“从团体、民族、国家到地球等不同层次的共同体构成——共同体组成的共同体”，再加以尊重、敬畏及爱护，以便实现生命体的共同福祉，促进生命圈的共同繁荣与发展。

受以柯布为代表的建设性生态文明观念的影响，教育领域出现了一种全新的教育形式——生态教育，其倡导要创建一种以“创造性和谐”为价值取向，以有机统一为根本特征的新文化，以调整和改善当前人们不合理、不科学的生活行为方式，“新文化是以承认每一种被创造出的文化都有特定的价值为前提，要求人类理解其他文化，接受其他文化，多种文化和谐共存并不断创新”。[①] 具体而言，借助教育创造性的吸收、融合、创新形成新文化，教育人们形成科学的世界观和价值观，以使人们从内心深处热爱自然、尊重自然，自觉改变生活方式来实现人与自然的和谐共处。正如柯布教授所指出的那样：“智慧的观念失落了。现在是该建立一种完全不同的教育体系的时候了，其中一部分人可以在高度专业的学科方面进行研究，但在寻求生态文明的转型中，大多数人应当在许多领域成为服务于社会的全面的人。”[②] 近年来，中国敢于承担生态环境保护责任，不断转变发展理念，坚持走可持续发展之路，在世界各国行动之前率先提出要“建设生态文明”，直接将生态文明建设作为国家的一项基本战略决策，持续转变经济发展方式以实现人与自然的和谐共生，显现出了作为世界政治经济大国的责任和担当。由此，柯布认为中国致力于生态文明建设，在世界范围内树立了良好的榜样，并强调“生态文明的希望在中国”。中国坚持走生态文明建设道路，将生命体的共同福祉作为发展的重要考量指标，这既是中国践行科学发展观、实现和谐社会的具体举措，也为世界范围内克服生态危机作出了表率，是扭转世界范围内“现代性”发展观念的良好开端。

---

① 丁通通：《建设性后现代主义生态教育思想研究》，硕士学位论文，哈尔滨师范大学，2015 年。

② ［美］小约翰·柯布：《为什么需要学校?》，《深圳大学学报》（人文社会科学版）2014 年第 4 期。

第三，提出了建立“怀特海式大学”的思想。在高等教育领域，柯布教授尝试将怀特海的过程哲学思想运用于“后现代大学”的建立上来，以区别传统封闭、僵化的“现代大学模式”，并意图克服现代大学“条块分割”的流弊和症结。为此，柯布将这种大学模式称为一种“怀特海式的大学”。在柯布看来，现代西方大学是建立在狭隘的功利主义、个人主义基础上的，它恪守“价值中立”，追求自身利益，忽视道德教育，因而造成了现代大学教育的困难重重。而基于怀特海过程哲学的视点，所谓的个体只有处于关系和共同体（community）之中，进而强调人与人之间的彼此关爱与关怀，才真正符合人类的共同利益或福祉。所以，“怀特海式大学”一定是高度重视对受教育者的道德教育，是以“关注世界命运、服务人类共同福祉”为根本宗旨的。[①] 柯布对21世纪怀特海式大学的构想，得到了中西方教育学者的认可与响应。如在美国北亚利桑那大学福特教授看来，立足于怀特海学派的观点，“大学需要另一种转变——从经济转到道德与审美以及地球及其居民的健康上来”。即在新时期，我们应“超越现代大学模式，构建怀特海式大学”[②]。福特指出，怀特海过程哲学的核心议题之一即是认为万事万物的存在都有其内在的宝贵价值。所以，只是褊狭地认为人类的诉求是最根本的，而不深度关怀其他现实存在物（如环境、卫生、住房、城市建设等）的存在，就会造成一系列的灾难和痛苦。而“以怀特海理念建立的大学应该肯定全部人类，全部生物体（即为环境）的内在本质价值，并且肯定所有事物的内在关联性。其教育的基本理念在于对世界的敬畏以及提高价值的道德义务责任”。这既是怀特海式大学办学目标的根本定位，同时也是其区别于其他“现代大学”之办学理念的独特使命与价值观所在。这是“因为这些大学依循的世界观没有肯定宇宙的价值性与关联性。他们非常狭隘地定义了他们的使命：服务于基督教信仰，服务于国家，服务于研究，服务于市场。而怀特海式大学的世界观大为不同，它肩负的使命也更为广泛，即致力于促进全体物种的共同利益。这种类型

① 成长春：《21世纪的怀特海式大学——柯布博士访谈录》，《全球教育展望》2007年第1期。

② ［美］马库斯·福特：《超越现代大学模式　构建怀特海式大学》，《盐城师范学院学报》（人文社会科学版）2005年第2期。

大学的建立将使世界大为改观，而这种改观是当前迫切需要的"[①]。我国西北师范大学岳珂、张广财等对"怀特海式大学"的理念进行了解读。在他们看来，建设这种"怀特海式大学"就是要建构一种富有"想象力"的大学，它包括要培养学生的"智慧"品性，要培养学生对"风格"的欣赏，要训练学生对生活的探险，要培养学生对世界的责任感和敬畏感，等等。[②] 综观全文，他们的分析与阐述较为周全、翔实，有助于我们更深入地理解柯布所提出的"怀特海式大学"理念。总之，柯布关于"怀特海式大学"的思想对于我们重新认识大学教育的内涵、使命和根本任务，提供了有益的智力资源。

（三）大卫·格里芬

格里芬一生致力于探索真理，对相关研究领域作出了突出贡献，著作颇丰。出版《后现代科学——科学魅力的再现》《怀特海的另类后现代哲学》等学术著作。综合相关材料，格里芬的思想贡献主要集中在以下两个方面。

第一，对现代科学观的分析与批判。与解构性后现代主义者倡导的全盘否定不同，格里芬对现代科学观的批判是建立在全面分析的基础上。首先，他肯定了现代科学观中的积极成分，认为科学技术本身并无过错，我们所反对的不应该是科学本身，而是过度崇尚自然科学而带来的观念上的异化。从某种程度上来说，正是科学的发展进步加深了人们对自然规律的认识、增加了社会物质财富、提高了人类文明程度。我们应当正视科学，不可矫枉过正，否定科学的一切贡献。其次，格里芬还看到了现代科学观中存在的种种缺陷，对科学主义所衍生的机械论、还原主义、客观主义进行了猛烈的抨击。他认为这种观念会导致价值对立，进而引发人类思维的异化，以及整个自然界的全面"祛魅"。虽然有限的客观化与祛魅是科学发展的前提，但过度的祛魅，会"将世界描

① ［美］马库斯·福特：《超越现代大学模式　构建怀特海式大学》，《盐城师范学院学报》（人文社会科学版）2005 年第 2 期。

② 岳珂、张广财：《"怀特海式大学"理念解读及启示》，《中国研究生》2008 年第 8 期。

绘成一架机器，使现代意识背离了目的、责任和整体”[1]，进而能够将人类与自然置于割裂的境地，从而造成一系列的现代性危机。可见，现代科学观亟待突破，否则“我们及地球上的大多数生命都将难以逃脱毁灭的命运”[2]。格里芬对现代科学观的分析与批判，使我们清晰地认识到单向度的机械科学观，所可能造成的生态危机与精神文明衰落的危险后果，从而为我们构建更富有机性、生态性的科学观提供了一条新思路，进而能够更从容地超越人类中心主义，实现人类与自然的和谐相处。

格里芬对人类未来的命运满心忧虑，他力图打破“科学与祛魅携手并进”[3] 的现代共识，构建一个建设性的后现代科学观。建设性后现代科学观是对现代科学观的一次突破，它不仅辩证地吸收了解构性后现代主义中的批判精神，还将“建设性”作为重点，竭力寻求科学与人文的相互融合、人类与自然的有机统一。与现代科学观相比，它具有以下特征：其一，反对二元对立的机械论，强调社会秩序与自然法则的统一；其二，强调有机和自觉的因果关系；其三，倡导生态自然观；其四，强调整体有机论的思维方式。[4] 可以说，和谐共处是建设性后现代科学观的核心所在，它期望实现人类与自然的平等对话、科学精神与人文精神的辩证统一。在这种观念中，人类早已不是自然界的主人，而是一个与自然相互依存、荣辱与共的有机整体。用 F. 费雷的话来说，“世界的形象既不是一个有待挖掘的资源库，也不是一个避之不及的荒原，而是一个有待照料、关心、收获和爱护的大花园”[5]。

建设性后现代科学观的构筑是格里芬等后现代主义者的一次积极探索，它从理论层面上解决了科学与人文的融合问题，为未来人们挣脱现代科学观的桎梏提供了一条可行性路径。此外，格里芬等对后现代主义

① 于洁、枫叶：《奥康纳生态观的建设性后现代主义意蕴》，《河南社会科学》2014 年第 2 期。

② ［美］大卫·格里芬：《后现代科学——科学魅力的再现》，马季方译，中央编译出版社 1998 年版，第 19 页。

③ 同上书，第 9 页。

④ 黄瑞雄：《大卫·格里芬对科学和人文的整合》，《科学技术辩证法》2000 年第 3 期。

⑤ ［美］大卫·格里芬：《后现代科学——科学魅力的再现》，马季方译，中央编译出版社 1998 年版，第 133 页。

的深入探究以及所取得的高质量研究成果，使得更多学者注意到建设性后现代主义思想所潜在的巨大研究价值，鼓舞了更多学者从事相关研究，为后现代科学思潮的发展注入了新鲜血液。值得一提的是，建设性后现代科学观对于我们反思我国“现代性”教育中存在的各种偏差具有十分重要的意义。从某种程度上来说，“现代性”教育中存在着的诸多流弊与症结唯有从建设性后现代科学观中寻医问药，方能“药到病除”。

第二，阐发了有机整体论思想。有机整体论思想是格里芬建设性后现代主义思想的核心命题，正是凭借有机整体论，格里芬才得以缓和科学与人文之间的冲突，为实现二者的和谐统一提供了可能。依据格里芬有机整体论的主要思想，张洪齐将其总结为以下几层意思：“1. 世界是一个由有机体和无机体密切相互作用的网络，整体与部分、部分与部分之间都是相互包含的；2. 在每一系统中，较小的部分只有置身于它们发挥作用的较大的统一体中才是清晰明了的，整体运动是第一位的，而分离运动是第二位的；3. 整体中的每一部分除与其他部分以及与整体的关系外，还有更为重要的产生自决的、主体性的内在关系；4. 事物的活动除对相邻的活动产生影响外，还对不相邻的活动产生影响。”① 需要指出的是，这一思想所倡导的整体性与统一性并不是部分与部分的简单相加所生成的整体性，而是强调部分与部分、部分与整体间的相互融合，这种统一是“你中有我、我中有你”式的有机统一。“有机，是指趋向性的、连续性的、不可分割的动态生成；整体，是指相互之间内在的、本质的、构成性的必然联系。”② 因此，在有机整体论思想的观照下，整个世界，包括整个宇宙都是一个完整的整体，“我们不仅包含在他人中，而且包含在自然中，事实上可以说，世界若不包含于我们之中，我们便不完整。同样，我们若不包含于世界之中，世界也是不完整的”。③

格里芬继承了怀特海的过程哲学思想，以过程哲学的本体基础——

① 张洪齐：《超越与回归——读〈后现代科学〉》，《国外社会科学》1996 年第 2 期。

② 朱文林：《大卫·雷·格里芬的有机整体论——兼谈传统文化中的有机整体论》，硕士学位论文，南京航空航天大学，2008 年。

③ ［美］大卫·格里芬：《后现代科学——科学魅力的再现》，马季方译，中央编译出版社 1995 年版，第 7 页。

泛经验论为有机整体论作了本体意义上的说明。泛经验论“打破了经验与非经验、心与物、内在与外在之间的二元对立”[①]，主张自然是由创造性的、经验着的事件所构成，这就为格里芬的平权多样思想的生发提供了可能。他明确指出：“每种东西都具有自在和自为的价值和重要性。没有任何东西是仅仅从我们的目的看才有意义的。每种东西都理应受到尊敬。”[②] 可见，在格里芬的世界里，每一个个体都具有内在的价值，都是有机整体中不可或缺的一部分，个体之间地位平等且特性多样，具有差异性。在我们看来，有机整体论作为建设性后现代主义思想的核心，对于思考现代教育问题极具启发性。例如，用平权多样论的视角来审视我国的教育状况，很多问题依次浮现。平权多样论强调个体之间的平等性与差异性，因而学生之间理应地位平等、特性多样。教育应尊重每一个学生的性格特点，促进学生的个性化发展。但我国在教育评价制度上依旧以标准测验为主，缺乏个性评价；在科目设置方面，课程大多同步统一，缺少选择性课程；在教学方法上，也无法做到因材施教。这样一来，学校就容易沦为“考试工厂”，抑制学生的天性特长，制造出一批批极具相似的“产品”。由此可见，我国教育还存在着很多的现代性教育问题。透过有机整体论思想，从哲学层面上审视教育问题、寻觅解决途径，不失为良策。

（四）王治河[③]

在教育哲学领域，王治河博士立足于当代过程哲学的理论视域，形成了诸多颇有生命力和影响力的教育理念与卓越洞见。综合相关论述，有以下思想值得我们重视和反思。

第一，探讨了怀特海的过程教育哲学思想。过往的教育哲学研究很少涵括怀特海的过程教育哲学思想，这不能不说是一种缺失与遗憾。为

---

① 李立群：《“理论”的嬗变与自然之“魅”：一种实践哲学进路》，《马克思主义与现实》2014 年第 1 期。

② ［美］大卫·格里芬：《后现代宗教》，孙慕天译，中国城市出版社 2003 年版，第 41—43 页。

③ 注：我国从事怀特海过程哲学及建设性后现代主义的学者还有很多，如杨富斌、曲跃厚、周邦宪、丁立群、温恒福、杨丽等。限于篇幅，这里只是简要介绍王治河博士的相关研究成果。但在论及某些议题时，也会适当涉及其他学者的一些观点或论断。

弥补这种不足，曲跃厚、王治河在《哲学研究》发表《走向一种后现代教育哲学——怀特海的过程教育哲学》一文，首次阐述了怀特海的过程教育哲学思想，引发了学界的关注和讨论。在他们看来，怀特海的过程教育哲学，既具有能够克服现代教育之种种弊端的能量，同时又构筑了一种更具建设性意义的后现代教育模式，因而其对教育的良性、有序发展能起到巨大的促进作用。具体而言，它包括“超越僵化观念”“克服二元对立”“注重教育过程”“把握教育艺术”等方面。综而论之，怀特海的过程教育哲学所提供的是一种建设性的后现代远见，为我们超越西方现代教育的发展模式，找到一条适合中国国情的后现代教育路径，提供了一个有益的参照。[①] 总之，曲跃厚、王治河教授对怀特海过程教育哲学的阐释和解读，对于我们学习、掌握过程教育哲学提供了新的视角，并为运用过程教育哲学解决现代教育所面临的诸多教育问题提供了全新的路径和方法。与王治河的思考路径相似，怀特海《过程与实在》一书的翻译者杨富斌教授，在其《怀特海过程哲学研究》著作中，也谈到了怀特海的过程教育哲学思想。进而，他从教育的目的、本质、方法和手段、效果和评价四个方面，阐述了怀特海对教育哲学的理论贡献。它包括“教育的目的是使人具有活跃的智慧”“教育的本质是培养人的责任感和崇高感”“教育的金科玉律是设法唤起学生的学习兴趣”“成功的教育是培养全面发展的人”等。[②] 无疑，王治河、杨富斌等学者所阐述的过程教育哲学思想对于我们反思“现代性”教育的流弊与症结具有重大的启示意义。

第二，呼唤一种奠基于有机哲学之上的“有根”教育。樊美筠、王治河认为，由于机械性思维的作祟与横行，现代教育在根底上是无根的，也可以说是一种“无根教育”或“断根教育”，因为它割断了学生、学校和教育与自然、社会、传统和实践的血脉联系。它使得我们教育出来的学生失去了深邃的归属感。此种批评可谓一针见血，十分有见地。众所周知，在“现代性”教育的规训与控制之下，受教育者往往

① 曲跃厚、王治河：《走向一种后现代教育哲学——怀特海的过程教育哲学》，《哲学研究》2004 年第 5 期。

② 杨富斌、［美］杰伊·麦克丹尼尔：《怀特海过程哲学研究》，中国人民大学出版社 2018 年版，第 391—405 页。

过多关注由语言和符号堆积起来的冷冰冰的知识体系，而对外在客观世界的“神奇性”与“奥秘”缺少应有的关注和兴趣。由此，受教育者往往沦为了一种“单向度”的存在。针对此困境与症结，樊美筠、王治河等提出了建设性后现代教育应呼唤一种奠基于有机哲学之上的“有根”教育。而这种有根教育旨在恢复、激发和培育学生的归属感，包括对大自然的认同和对本民族文化传统的认同，并学会感恩。[①] 无独有偶。在基础教育课程改革领域，有学者谈到了要选择什么样的课程思想作指导，是决定课程改革成败的关键。如在张晓瑜看来，在当前教育领域存在着的关于课程思想的“维稳派”与“激进派”之争，并没有很好地解决现代课程思想的本土性和“预见性”问题，因而都存在着自身难以规避的矛盾与症结。对此，张晓瑜指出，课程改革要呼唤“有根有翼”的课程思想。唯有此，才能有效地指导课程改革的顺利实施。按照他的分析，所谓有“根”，是指这些思想能立足特定的时代背景，针对本土课程的弊病陋习，是基于实践的理性反思，而不是迷信教条或书斋式的闭门造车；所谓有“翼”，是指这些思想着眼未来，高瞻远瞩，不受眼前教育乱象所蒙蔽，具有前瞻性和预见性，能充分体现观念的超前与思想的创新。具体而言，这种“有根有翼”的课程思想包括以下观点，即强调课程思想的本土化和原创性，重视课程与生活的联系，鼓励学生学会探险和创造，谋求知识与智慧的协调发展，倡导课程活动的知行合一，等等。[②] 总之，无论是奠基于有机哲学之上的“有根”教育，还是“有根有翼”的课程思想，其实都表达了教育与课程改革要扎根于自身的历史文化传统和社会生活实践之中，要“接地气”，要重视与日常教育生活的联结等。无疑，这些教育思想和卓越洞见对我们持续深化教育与课程改革具有重要启示。

第三，推崇一种具有中国特色的厚道发展观。相较于解构性后现代主义所秉承的一种与历史进行彻底决裂的虚无主义态度，建设性后现代思想家在批判、继承、吸收、借鉴现代西式发展观的基础上，提出了一

① 樊美筠、王治河：《呼唤“有根”教育——对建设性后现代教育“根”性的思考》，《中国教育报》2016 年 4 月 7 日。

② 张晓瑜：《课程改革呼唤“有根有翼”的课程思想》，《课程 · 教材 · 教法》2013 年第 10 期。

种兼具批判性和建设性的后现代发展观。对此，王治河指出，所谓后现代发展观是一种厚道发展观，它是以人与自然的共同福祉为宗旨，以人的幸福为鸿图的。这是一种具有道德内涵的、人性化的和谐发展观，它不仅有助于我们克服现代发展观的各种弊端，而且有助于我们找回生命中久违的意义感、归属感和幸福感。[①] 王治河对西式现代发展观进行了客观、公正的分析和评判，在肯定其取得成绩的同时，也明确指出其带来的严重问题，特别是对自然环境的破坏。在他看来，现代西式发展观是一种“榨取型的发展”，一种竭泽而渔式的发展。而在建设性后现代主义者看来，后现代发展观应以人与自然的共同福祉为旨归，以人的幸福为目的，注重推动地方共同体经济，强调发展的可持续性。人与自然是一个有机的整体，人类社会的栖息、繁衍、发展与自然环境息息相关，不能以生态环境的破坏为代价来换取人类社会的发展。社会的发展是以人的幸福为最终目的的，即经济的发展和社会的进步必须惠及每一个人，提高人们的生活质量和水平。因此，应以可持续发展的理念致力于推动地方共同体经济，从而推动整个人类社会的发展。所以，在新时期，我们应借鉴建设性后现代发展观的理念来推动我国社会的可持续性发展。当今的中国社会在寻求进一步发展的同时，应思考经济发展和环境保护之间的关系，在两者之间找到动态的平衡，不能再遵循过去那种粗放式发展的理念。现在所提出的内涵式发展应跳出现代线性发展观、现代虚无主义的束缚和禁锢，在注重发展的同时，确保生态文明建设的成效。总之，凭依建设性后现代主义所恪守的多元发展理念，我们应在充分考虑国情的基础上，坚持可持续的科学发展观，进而探索出一条不同于西式现代发展观的具有中国特色的厚道发展之路。

第四，呼唤一种热土教育。作为现代工业文明的重要组成部分，以升学为手段求职为目的的现代教育是一种城市导向的齐一化教育，在根底上它是一种离土教育，使得我们教育出来的学生失去了厚重的责任感和深邃的归属感，产生孤独感，导致鲜活生命的萎谢。[②] 在此教育观的

---

① 王治河：《走向一种具有中国特色的厚道发展观》，《江苏社会科学》2015 年第 1 期。

② 王治河、樊美筠：《生态文明呼唤一种热土教育》，《深圳大学学报》（人文社会科学版）2014 年第 4 期。

荫庇和统辖之下，学生成了一种被灌输的机器存在，掌握机械的、客观的、已然明了的知识成为学习的全部，整个学习生活往往被人为地割裂于丰富多彩生活的客观世界之外，学生亦成了学习知识、掌握技能的“套中人”，以满足现代工业文明发展的需要。但这种齐一化教育忽视了学生个体鲜活的生命情感诉求，当这种真实客观的需求无法得到满足时，学生内心便会产生强烈的疏离感，进而演变为校园生活的种种异化的诸如暴力、冷漠、讥讽等行为，并最终导致人文精神的沦丧和崇高理想的失落。对此，王治河教授指出，作为现代文明超越者，后现代生态文明需要新型人才，因此它呼唤一种热土教育。所谓“热土教育”是指一种以地方共同体的共同福祉为旨归的有根教育。它是对现代离土教育的反拨，是标准化、单一化、市场化的现代全球教育的抵抗者，它注重增强学生与世界的联系感，把培养学生厚重的责任感和深邃的归属感作为教育的目的。热土教育是一种有根的教育、是一种服务社区的教育、是一种特色教育、是一种整合教育。[1] 由此，在此生态化、本土化的热土教育观下，学生学习知识的方式必将得到改变，不再为学而学。学生亦会回归其作为珍贵而独特个体的本色，学校教育会更加关注学生情感需要的满足，学生个体也将找到久违的归属感。

三　当代过程哲学思潮的核心思想

对于日趋勃兴、影响力逐步彰显的当代过程哲学思潮而言，我们必须从根底上明晰其最为核心的宇宙论观点、思维范型、观念意识与基本原理等分别是什么？由此，我们才能进一步阐述其对我国课程变革所具有的重要价值和意义。过程哲学家柯布对当代西方人仍然漠视或无视过程哲学思想所蕴含之巨大能量的无知与傲慢态度，提出了严肃的批评。在他看来，“这种西方式的无知具有可怕的后果，会导致对其视为理所当然的哲学前提缺乏审视。这种无知的结果是，与启蒙运动有关的各种哲学前提，即使在有关启蒙运动的各种具体观念已陈旧不堪、不再适用

---

① 王治河、樊美筠：《生态文明呼唤一种热土教育》，《深圳大学学报》（人文社会科学版）2014 年第 4 期。

之时，依然在现实中发挥着作用”①。而要规避这种“西方式的无知”的最佳途径就是对其展开深度的研究、挖掘和批判性发展，并依据新近出现的各种证据材料而形成新的理论假定。综合各种材料以及我们的理解，当代过程哲学思潮的核心思想包括有机宇宙论、关系性思维、整合化意识和“创造性原理”等方面，其对我国课程理论建构以及实践创新均具有巨大的教育学意义。

（一）有机宇宙论

与诸多传统形而上论者略有不同的是，怀特海凭借其深厚的哲学功底和良好的科学素养，精心构筑了一种万事万物始终处于创造性进展的有机性宇宙论体系，进而给我们呈现、勾勒出了一幅生生不息、动态生成的过程性世界图像。对此，怀特海坦率地指出：“这些演讲的目的是要阐述一种严密的宇宙论观念，通过探讨各种经验论题来揭示这些宇宙论观念的意义，最后建立一种适当的宇宙论，使所有特殊论题都能根据这种宇宙论获得自身的内在联系。”② 在怀特海看来，关于有机、过程和关系的哲学思想事实上早在古希腊时期就已萌生，如赫拉克利特“万物皆动”“万物皆流”的哲学理念，即为证明。但随着机械论思维方式的强势和霸权，人们对宇宙以及世界有机性、生成性、关系性、动态性的认识和理解渐趋弱化与式微。所以，为纠正和扬弃这种偏误，怀特海“以重新发现从笛卡儿开始到休谟为止这个阶段的哲学思想为基础”，致力于阐述、建构一种被称为“有机哲学”的宇宙论体系。“有机宇宙论则以世界是由具有内在结构和动态生成元素的现实存在所构成，创造性是现实存在固有的内在动力，自然以及整个宇宙因此表现为创造性进展和永无止境的过程，万物内在相关，整个宇宙表现为一个有机协同体。”③ 也就是说，我们栖居于其中的现实世界并不是传统牛顿机械力学所描绘的静态、封闭性世界，诸多生命要素只是处于恒定不变的“简

① 杨富斌、［美］杰伊·麦克丹尼尔：《怀特海过程哲学研究》，中国人民大学出版社2018年版，序言。

② ［英］怀特海：《过程与实在》，杨富斌译，中国人民大学出版社2013年版，“前言”第2页。

③ 杨富斌：《怀特海有机宇宙论及其对机械宇宙论的批判和启示》，《特区实践与理论》2018年第2期。

单位置”之中。相反，它们富有生命的律动、生机与活力，始终处于不确定性的创造进化过程之中。因此，这种宇宙或世界就是一种活生生的、彼此交织的有机性宇宙。“从这个意义上说，整个宇宙就是无数现实存在相互摄入而生成的一个巨大的、无限的协同体，是一个无缝的宇宙网络，一个有机的宇宙整体。宇宙中每一现实存在在一定意义上都通过相互作用、相互制约和相互影响而存在于其他每一现实存在之中。”① 无疑，怀特海的有机宇宙论是对传统机械、静止、单一性宇宙论的批判、扬弃和超越，它启示、引领我们应从有机性、关联性、生成性的视角来看待、观察、理解现实世界中的万事万物。

无疑，我们对教育以及课程世界的研究与洞察亦需立足于怀特海的有机宇宙论。但是，令人惋惜的是，由于受实体性宇宙观以及本质主义思维方式的规约和束缚，我们对课程的体认与理解过于偏狭和单一了，以至于遮蔽与扼杀了其丰富性、有机性和多样性。基于当代过程哲学思想视域，它为我们描绘、勾勒出了一个生生不息、朝气蓬勃，始终处于创造性演进的过程课程世界。由此，课程具有无限的“质的丰富性”，它不再是一个机械性、静止的、垂死的、无机性的存在，而是一个动态的、变化的、生成性的过程存在。这种过程性、关系性、生成性的课程样态，就为我们进一步拓展、增进课程“质的丰富性”，进而重新检讨轰轰烈烈的课程变革实践提供了新的观察方式和思维方式。

（二）关系性思维

哲学家维特根斯坦曾言：“洞见或透识隐藏于深处的棘手问题是艰难的，因为如果只是把握这一棘手问题的表层，它就会维持原状，仍然得不到解决。因此，必须把它‘连根拔起’，使它彻底暴露出来；这就要求我们开始以一种新的方式来思考。……一旦我们用一种新的形式来表达自己的观点，旧的问题就会连同旧的语言外套一起被抛弃。”② 可见，任何问题的解决都必须从思维方式上加以改造。没有思维方式的变

① 杨富斌：《怀特海有机宇宙论及其对机械宇宙论的批判和启示》，《特区实践与理论》2018 年第 2 期。

② 转引自［法］皮埃尔·布迪厄、［美］华康德《实践与反思——反思社会学导引》，李猛、李康译，中央编译出版社 1998 年版，第 1—2 页。

革、转化与“连根拔起”，任何层面上的变革就仍会循于守旧、机械、封闭的思维方式，而使变革流于形式、表面与虚妄。因此，任何的课程认识或课程改革唯有从思维方式上加以彻底的转型与转化，才有可能使新的视角、新的观念、新的认识融汇其中，从而指导与引领课程实践的积极性、建设性嬗变。

在怀特海看来，过程哲学学说“涉及到生成、存在和各种‘现实存在’的联系。……但是，笛卡儿在他的形而上学理论中仍然坚持亚里士多德主义关于‘性质’范畴支配着‘关系’范畴的观点。而根据本书这些演讲中的观点，‘关系’支配着‘性质’”。[①] 同时，他在其《思维方式》一书中谈道：“联系是一切类型事物的本质。它是类型们的本质，因为它们本应该是连结着的。对联系的抽象包含着被思考的事实中的一个本质因素的省略。没有什么事实仅仅是它自身。”[②] 可见，在过程哲学的观念世界里，怀特海将事物与事物之间的“关系性”摆在了更加重要的位置上，关系性的观念占据着重要地位。它既是外在客观世界的真实存在，又是人们参与社会实践中的真实体验。也就是说，对于一切现实存在物而言，孤立性、不与其他现实存在物发生联结与“合生”的事物是不可能存在的，其一以贯之的思维方式即是一种关系性思维方式。

这种关系性思维方式对我国课程研究的深化与发展具有重大的意义。事实上，由于传统实体思维的局限性，课程研究往往不能够认识到事物的联系性、动态性。而“关系思维就是从事物与事物的关系中去理解事物，具体地说，就是理解一个事物时，不是从此事物去理解此事物，而是从与此事物相关的其他事物去理解此事物，即从彼事物的存在去把握相关的此事物，或从此事物的存在去把握相关的彼事物”。[③] 关系性思维是与实体思维相对应的一种思维方式，在面对现实时，关系性思维能够从研究对象出发，从现实的事物之间的辩证关系（主要是二元关系）出发，不进行终极性的“本体论承诺”，而是以动态的、真实的

① ［英］怀特海：《过程与实在》，杨富斌译，中国人民大学出版社 2013 年版，前言。
② ［英］怀特海：《思维方式》，刘放桐译，商务印书馆 2006 年版，第 12 页。
③ 王智：《马克思主义哲学中的关系思维》，《广东教育学院学报》2009 年第 2 期。

“关系”思维关照动态的关系性“对象”。[①] 简言之，关系性思维正是从普遍联系的角度出发，多角度、多层次地去认识课程研究。由于关系性思维强调的是从不同事物之间的关系中去理解该事物，因而课程研究需将课程本身与实际生活联系起来，与家庭、社会进行沟通，与不同文化进行对话，最终实现课程的创生。例如，在世界民族音乐课程的实施中，由于我们对于世界各个民族音乐文化认知的陌生，我们如果以实体的思维方式来理解各个不同地区、民族的音乐必然会出现一叶障目的现象，从而导致文化认知理解的偏颇。如果以开放的视野来面对这些我们所不熟悉的音乐，我们就需要从其文化等方面来认知，这样就必然会产生不同文化之间的对话，从而达到“视界融合”，这种融合就是一种创生。[②] 总之，在新时期，课程论研究应打破传统实体性思维的窠臼——将“课程事实”条块分割、孤立式开展研究的思路，进而深植于这种“关系性”思维之中，积极强化对课程系统内外部诸多“事件”或因素的交互与联结，从而形成更富有鲜活性、生命力和有机性的研究结论。

（三）整合化意识

根据怀特海的过程哲学思想，万事万物的存在都是相互关联、彼此摄入、不可分割的，它是一种内在的属性与“规定性”，而不是外在力量所强加和赋予的。怀特海指出：“促使诸多存在进入一种现实之中，成为一种实在的合生之中的要素的潜在性，是所有现实的和非现实的存在都具有的一种普遍的形而上学特征；这个领域中的每一项要素都与每一种合生相联系。换言之，潜在性属于‘实有’的本质，因此对每一种‘生成’来说，它都是一种潜在性。这就是‘相关性原理’。”[③] 所以，基于过程哲学视域，我们所栖息的世界是一个关系性、有机性、互联性的生态式存在。所有的现实存在物都彼此摄入、相互作用、相互影响，离开了这种关系性和互摄性，任何事物都是不存在的。由此，对任

① 王洪波：《从实体性到关系性：思维方法之互补或超越——以个体与整体的关系为例》，《南昌大学学报》（人文社会科学版）2016年第2期。

② 刘小红、朱玉江：《从“实体”到“关系”：当代音乐课程论研究思维的转向》，《音乐教育》2018年第3期。

③ ［英］怀特海：《过程与实在》，杨富斌译，中国人民大学出版社2013年版，第28页。

何一种事物的研究都不能割裂其所处环境的影响及其与另一事物的联结关系，我们只有开展某种综合性、系统性、有机性的整合化研究，才真正有可能穷尽、真实反映我们所生存的现实世界。

柯布指出："当今世界迫切需要一种令人信服的综合远见——一种能把多种零碎的知识整合为一个一般的、内在一致的统一体的思维方式。"[①] 在碎片化思维占主导地位的时代，过程哲学要求我们把各种零散的关于科学的、道德的、审美的、宗教的思想整合为一种一以贯之的世界观，以应对人类今天所面临的异常复杂的社会现实。过程哲学的丰富内涵和强大包容性对解决当今复杂的社会问题提供了一个可资借鉴的途径和方式，这一点已引起诸多学者的重视和认可。[②] 针对我国课程研究而言，长期以来，我们固守事物的实体性特征，只是从某一物体的"简单位置"出发，开展的是一种碎片化、原子式的分割性研究，致使所得出的结论缺乏联结性和整合性。所以，在新时期，我们更应突破这种"分割化"的思维方式禁锢，有意识开展一种系统化的整合研究。"为什么怀特海的思想容易被我们接受？因为东方的传统文化一向比较反对两极化的思想，反对主客两分的思维方式，……要想解决教育中的困惑和问题，就一定要解决思维方式的禁锢。如果不从这种分割化的、碎片化的思想中走出来，就永远没有办法走出现实的困境。我们必须回到整体性，否则人类没有出路。"[③] 例如，在课程研制方法论层面，有学者依此整合化意识，对课程研制方法论的茧式多元化现象展开了批判，并创造性地提出了一种新型的、统合化的、开放性的人化—整合课程研制方法论范式。"这一方法论理论力图超越以往单一化、绝对化的理论来源所造成的以点代面的狭隘的课程研制的逻辑、原则与方法，立足于教育学的视野、反对课程研制的'非教育学化'倾向。以培养学生的'大成智慧'为导向，全面吸收人类在哲学、社会科学、自然科学、人文科学研究领域之精华，避免'两种文化'的分裂与缺失，实现课程研制方法论由茧式多元向一体化的转换，为经历了长期的冲突、

① ［美］小约翰·柯布：《为什么选择怀特海》，杨富斌译，王治河、霍桂恒、任平：《中国过程研究》第2辑，中国社会科学出版社2007年版，第214页。

② 王治河：《过程哲学：一个有待发掘的思想宝库》，《求是学刊》2007年第4期。

③ 朱小蔓：《整合教育学习模式：对教育的另一种理解》，《中国教育报》2005年9月23日。

对峙后而处于迷惘、彷徨状态的课程研究领域提供新的机制及思维与活力，使课程研制走出困境。”① 这种立足于整合化意识所作出的方法论建构尝试，对于过往课程研究中只是破坏而不图建设的偏激做法不仅是一个极佳的反驳，同时对于其他研究者以此为模型与框架，来建立一套崭新的课程理论学说，无疑能起到很好的参考与借鉴作用。

（四）“创造性原理”

在《过程与实在》中，怀特海明确地指出：“在所有哲学理论中都有一种终极的东西，这种终极的东西通过自身的种种偶然性而成为现实的。只有通过其自身种种偶然性的具体体现，这种终极的东西才能具有各种特征，而脱离了这些偶然性，它便没有现实性。在有机哲学中，这种终极的东西叫作‘创造性’。”② 在怀特海看来，世界万事万物之所以存在的本质属性与内在规定就在于它的创造性，其内在的创造性基质构成了事物不断走向新颖性、异质性的动因与根源。“一切事件都包含了无数可能性的实现。当我们把宇宙之过去的、分离的杂多融入一个新的、未来的统一体之中时，亦即把先前表现为主观形式的多种可能性融入一种经验的客观内容时，就会产生一种丰富了经验并增进了经验享受的新质（novclty），这种新质即过去未曾实现过的可能性就是创造。”③ 因而，可以说，怀特海过程哲学在本质上就是一种创造性哲学，其根本旨趣就是对新事物、新世界、新精神的追求与探寻。

怀特海过程哲学中所蕴含的“创造性原理”，对于我们重新审视“课程实施”这一事件具有启发性意义。它意味着课程实施的过程即是一种课程创造或课程创生的有机过程。众所周知，实体性思维控制下的课程实施是基于“结果取向”“目标取向”的实施过程。这种实施方式强调课程目标的先验性、预成性和精确性，在实施过程中遵循僵化、机械的“输入—产出”式的运行程式，在对其进行评价或评定时，则看其是否“忠实”地达致预期的目标。无疑，这种“传递式”“灌输式”的课程实施严重遗漏了其实施过程中的复杂性、情境性、偶然性因素。

① 郝德永：《课程研制方法论》，教育科学出版社2000年版，第17页。

② ［英］怀特海：《过程与实在》，杨富斌译，中国人民大学出版社2013年版，第8页。

③ 曲跃厚、王治河：《走向一种后现代教育哲学》，《哲学研究》2004年第5期。

事实上，在课程实施过程中，并非像蓝图设计中的那样简单和无机化，而是存在着大量不可预期、控制和认识的课程事件。从某种程度上来说，正是这些课程事件的存在才为受教育者的转变、转化和成长提供了契机与可能，因而具有不可估量的教育学价值和意义。而结果取向的课程实施却无视这些看似无关却意义重大的课程事件，从而导致受教育者在人生的拐点和岔口处处于迷惘与困惑状态。基于怀特海过程哲学的“创造性原理”思想，课程实施不再是一个将静态、预设、计划好的课程方案硬性、机械、僵化地投入课堂教学实践的线性传输行为，而是“师生以预定的课程计划或具体的教学材料为媒介，通过创造性的课堂实践联合创造有意义的教育经验的过程”。[①] 首先，它恪守“主体性”精神。怀特海认为，学校教师在课程开发与实施中享有充足的主体地位，认为未经教师许可的课程方案原则上不能用于学校教学。因此，与以往课程实施中教师基本上处于话语权丧失的情况相比，创造取向的课程实施更凸显了教师的主体地位和能动精神，从而充分调动了其主动参与课程方案修正与改进的积极性和创造性。其次，它坚持节奏性原则。怀特海把受教育者的心智发展和认识进程划分为浪漫、精确和综合运用三个阶段，每一个阶段都有不同的特点与倾向。浪漫阶段侧重于感觉与直观、精确阶段侧重于慎思与明辨、综合运用阶段侧重于统整与综合。所以，在课程实施中应遵循和顺应这种节奏与韵律，采用不同的实施策略与方法，真正做到“因时施教”。事实上，“无论是中学还是大学，在传统的教育计划中，精确阶段都是唯一的学习阶段”。[②] 这样，由于忽视或无视这种特点，过多地注重于精确阶段，结果是培育了大量的“书呆子”和单向度的人。总之，基于“创造性原理”的课程实施因其对教师主体能动精神的呵护和受教育者认知特点的关注，而必将成为一个促使受教育者不断打破种种陈规之羁绊而走向生命解放的过程。

---

① 夏正江：《论课程观的转型及其对新课改的影响》，《课程·教材·教法》2005 年第 3 期。

② ［英］怀特海：《教育的目的》，徐汝舟译，三联书店 2002 年版，第 60 页。

第二章

症结剖析：实体哲学视角下的课程发展困境

在这种情形下现代哲学就被推翻了。它以极复杂的方式在三个极端之间摇摆。一种说法是二元论，认为物质与精神具有同等的地位。另外两种都是一元论，其中一种把精神置于物质之内，另一种则把物质置于精神之内。但这样玩弄抽象概念并不能克服17世纪科学思想方法中“具体性误置”所引起的混乱。

——怀特海

我们的西方语言是实体取向的（substance-oriented）语言，因此，大多词汇都相关于描述和诠释一个由非连续性（discreteness）、客观性（objectivity）和恒久不变性（permanence）所界定的世界。但是，描述和诠释像中国这样一个基本上以连续性（continuity）、过程性（process）和生成性（becoming）为特征的世界，这种西方话语就不免用错了地方。

——安乐哲

怀特海在其《过程与实在》的“前言”部分明确指出：“哲学史揭示了在不同历史时期支配着欧洲思想的两种宇宙论，这就是柏拉图的《蒂迈欧篇》表达的宇宙论和17世纪的宇宙论，后者的主要代表人物有伽利略、笛卡儿、牛顿和洛克。”[①] 而本章所阐述的实体哲学即是怀特海所论及的“17世纪的宇宙论”。在他看来，这种宇宙论是以牛顿力学为基础，是一种机械的、静止的、僵化的宇宙观，没有看到宇宙世界的有机性、关联性和过程性。无疑，根植于实体哲学范畴，传统课程研究

---

① ［英］怀特海：《过程与实在》，杨富斌译，中国人民大学出版社2013年版，“前言”第4—5页。

受制于实体性思维方式、实体性语言以及“主义化”逻辑的规约和束缚，从而呈现出某种难以规避的流弊与症结，进而陷入严重的合法化危机之中。

一 实体性思维与课程知识的“确定性”旨趣

（一）实体性思维释义

实体哲学其根深蒂固的思维方式是一种实体性思维方式。“所谓实体思维就是强调世间存在着独立不依、永恒不变的终极实在。”[①] 它“以‘本体论承诺’为前提：无限复杂的宇宙可以还原为某些基本实体，即具有既定或固有质的绝对本体；绝对本体超感性超现实，却是现实和感性世界的基础。”[②] 这种思维方式肇始于古希腊哲学家对“世界是什么”这一本原性问题的苦苦追寻与探问，他们试图将某一类恒定、不变、实在、自足、先验的单一物质，作为世界的本原或万物的始基。如泰勒斯所谓的“水”、赫拉克利特所言的“火”、色诺芬尼所说的“土”、阿那克西美尼所称的“气”、毕达哥拉斯所讲的“数”，以及德谟克利特所发现的“原子”等理论或学术观点的提出，无一不是这种思维方式的最佳例证与反映。由此可见，“实体思维是一种微观不变的简单性观念。它承认并努力追寻某种或某些具有刚性不变性特质的构成世界的最基本的实体性元素。他们以种种刚性不变的实体性元素来揭示世界本性的简单性，并不等于他们不承认世界上有复杂性事物的存在。他们只是坚持说，复杂性事物是由种种简单性元素聚合而成的，按不同比例或元素的多寡组合方式的不同则是产生事物多样性的根源”。[③] 时间跨越到自苏格拉底以降，人们开始抛弃过往对自然界本原的探索，而渐转向对人自身本原的追问上。如柏拉图将“理念”视为世界的本原，再如奥古斯丁所提出的“上帝”，莱布尼茨提出的“单子”，康德提出

① 王治河：《作为后现代思想家的怀特海》，载王治河等编《中国过程研究》（第一辑），中国社会科学出版社 2004 年版，第 8 页。

② 孙美堂：《从实体思维到实践思维——兼谈对存在的诠释》，《哲学动态》2003 年第 9 期。

③ 邬琨：《复杂性与科学思维方式的变革》，《自然辩证法研究》2002 年第 10 期。

的“物自体”等，不一而足，均被命名者看作世界的本原或根基。这些命题的提出，其背后蕴含、折射与表征的其实是一种实体性或本质主义的思维方式。对此，有学者指出：“‘实体’概念从苏格拉底哲学以来一直是西方哲学的一个重要基石，中间虽有休谟怀疑论的质疑，但伴随着机械世界观的得势，实体概念仍深深地左右着现代西方人的思维。”①

（二）实体性的课程知识观失范

根植于这种“独立自洽”的实体性思维方式，知识被看作一种绝对化、客观性、普遍性、必然性的实体性存在，并将知识定性定位为是对外在客观世界的“镜式反映”。根据这种认识论，人类在对外在客观世界的探求活动中，遂形成了这种以不断获取关于事物的恒定性、确定性知识为根本目的与旨趣的思想观念和行为方式。基于此种思路与实践，反映在现实的学校教育中，知识的传授或传承被视为是毋庸置疑、不可挑战的教育行为，课程的存在性依据和根本使命就在于要传承这种普遍的知识与规律。这样，课程便化约为了一种知识的传递渠道，成为了真理性知识的代名词。所以，基于这种实体性的课程知识观，确定性、客观性知识被视为课程的内核与本质性存在，离开了知识的源泉、基础和支撑，课程的拓展、扩张与建构必将成为无源之水、无本之木。这样，确定性知识对课程的品质、价值、组织、实施和功能等都具有了某种先验性的“被选择”“被决定”意义，遂使课程内在的丰富性、多元性以及超越性品质、逻辑与旨趣丧失殆尽，从而使其诸多方面的教育性价值和意义日趋消散与式微，进而面临严重的确证性失范和合法性危机。

无疑，实体性的思维方式赋予了课程一种真理化、绝对化、客观化、标准化的知识性存在，从而否定了其内在的建构性、生成性、多元性以及超越性的逻辑与品质。在新时期，破解、扬弃课程的确定性知识定性定位，进而提升课程“质的丰富性”（多尔语），需自觉走向课程知识观的建构主义立场。唯有此，多样态、多向度、多价值取向的知识群落才能“闯入”课程建制的视野，课程的知识“支点”才会更加充

① 王治河：《后现代哲学思潮研究》，北京大学出版社2006年版，第320页。

盈、丰富和敦实。

二　实体性语言与课程过程性品质的消弭

任何思想和观念都需要通过对语言的选择、辨析与运用而得以表达、陈述和现实化。而语言作为一种文字符号系统，具有复杂性、开放性、歧义性、多元性的品质与性格。它不仅是文字和文字之间的联系、组合与融汇，同时也和意识形态、道德规范、审美旨趣、“权力”控制等缠结在一起。所以，由语言所堆砌和营建起来的理论议题并非想象的那样简单，而是充斥与承载着深层次的认知模式、思维范型和文化品格。从某种程度上来说，语言是思维活动的质料与承载，某种语言“范式”一经形成，便具有了相对的独立性、规约性和强迫性，对人们的思想观念、思维范型与行为方式发挥着牵引、导向和控制的功能与作用，从而构成了对思维形式的限定和约束。当我们在接受、认可、运用与操纵某种语言体系时，事实上，也在慢慢去接受、适应、顺从、服膺这种语言所承载的文化态度、生活经验和思维方式。

（一）安乐哲指称的“实体性语言”

美国著名汉学家、过程哲学研究大师安乐哲（Roger T. Ames）等指出：“在涉及世界、信仰和价值观的话语背后，存在着一些积淀于产生话语的特定语法之中的先验的预设。在历史文化研究中，唯一一件比进行普适性的文化概括更加危险的事就是文化简化论。因而，我们必须仔细确认并且精心分析这些预设。”[①] 因此，由于未能把这种“语言符号”放置于具体的“先验的预设”中给予辨析与考察，所以，我们也就很难把握、究诘其背后所承载的思想观念、思维方式以及价值取向到底是什么？安乐哲等在检讨西方翻译我国文化典籍的传统做法时发现，由于缺乏对中国“非本质性地体验世界”[②] 之哲学观与生存方式的理解和洞察，以致不加反省、未经批判地使用西方传统哲学话语和日常语言来诠

① ［美］安乐哲、罗思文：《〈论语〉的哲学诠释：比较哲学的视域》，余瑾译，中国社会科学出版社2003年版，第21页。

② 同上书，第22页。

释中国古老的宇宙论观念，也就不可避免地导致了一些严重的误导性曲解与偏差，进而也就遮蔽、消解了中国古老智慧的丰富性、精深性和无限性。如在对《道德经》中“有”“无”概念的翻译，用“Being”和“Non-being”来指称，即可见其拙劣、肤浅与贫乏了。为什么会出现这种“言不达意”“言不尽意”的困境呢？在安乐哲等看来，“我们的西方语言是实体取向的（substance-oriented）语言，因此，大多词汇都相关于描述和诠释一个由非连续性（discreteness）、客观性（objectivity）和恒久不变性（permanence）所界定的世界。但是，描述和诠释像中国这样一个基本上以连续性（continuity）、过程性（process）和生成性（becoming）为特征的世界，这种西方话语就不免用错了地方”。[①] 安乐哲等的这种论断可谓一语中的，十分具有启发性，他其实已指明了实体哲学所凭依的语言工具即是一种实体性语言。而这种实体性语言的风行与“霸道”已导致我们对一个充满过程性、流变性、生成性世界的遮蔽和忽视。

（二）“实体主义视角”下的课程语言困境

以此理念来检视我国传统的课程语言样态，我们可以获益良多。课程语言是人们进行课程理论建构和实践探究的物质载体与符号表征，它反映了学者群体（或个体）对课程“经验事实”的感官认知、理性洞察和价值判断。在这只有“短暂的历史”的课程发展脉络中，不同课程理论流派的奠基者为清晰表达、阐述自身所构筑的“普遍观念”，便打造、创生出了诸多迥异、别样的课程语言。然而，通过检视课程语言背后所预设的哲学理念和思维范型，可以发现，传统课程语言在本质上是一种实体性课程语言。如将课程指称为“一种跑道”“制度化的学科”“一种学习计划”“预设的方案”“一系列表现性目标”等，其在本质上都是一种“植根于实体主义（substantialist）视角”（安乐哲语）的语言，它所反映、表征的是基于实体性思维主宰下的更具机械性、恒定性、静态性、封闭性的课程世界。事实上，基于我们对课程有机论系统或课程“转变性”愿景更具过程性、动态性、生成性、事件性、开

① ［美］安乐哲、郝大维：《切中伦常：〈中庸〉的新诠与新译》，彭国翔译，中国社会科学出版社 2011 年版，第 26 页。

放性品质与逻辑的体认和理解，可以发现，这种浸淫于机械论宇宙观的实体性课程语言，已严重丧失其应有的描述性、预测性与解释力，在根底上难以呈现、彰显日常我们所感受、体验到的充满生机、活力、灵动的过程性、事件性课程世界。

另外，实体性课程语言十分强调自身的确定性、预设性、客观性和逻辑自洽性，这一弊窦也就造成了其与受教育者的感觉经验和生活世界的支离与阻隔，进而强化了教育行为的支配性、压迫性和强制性特征。休伯纳（Huebner）就对“泰勒原理”中过分强化语言的实体性、目标性以及控制性提出了严肃的批评。在他看来，这种“语言是目的（而不是经验）和学习（而不是理解）。目标性的语言遮掩了生活经验的新鲜性与不确定性。视可观察的行为变化为学习的语言阻碍儿童理解自身的存在。对休伯纳来说，目的和学习的语言排除未知性与神奇性，致使生活的灵性干涸，从而控制一切。……必须驱除才能够将现在的潜能从已有的传统中解放出来，超越性的存在才能够得以显示”。[①] 史密斯（Smith）同样对“把课程理解为制度文本”（如目标、能力）的传统课程语言表达了不满与抗议。在他看来，这种语言“很少考虑儿童的体验，事实上也很少考虑教师的体验。他猜想，许多教师创造了一种‘精神分裂症式的妥协’……史密斯认为教师的任务是重新塑造生活形式，尤其是语言形式，使他或她以更适合的方式融入儿童的生活”。[②] 在课程评价领域，艾斯纳指出，为了更好地揭示、呈现教育经验的丰富性、延展性和超越性品质，以更为艺术化地深度描述评价结果，我们必须运用一种非推论性的课程语言作为表达工具。“作为一种先于逻辑的概念的表达方式，……（推论性语言）适合去描述和表达某一特定情境的特定品质，并能表现人的情感，给予这一情感以一定的形式。这类语言本身能直接呈现语言符号内而不是符号外所拥有的观念、表象或者情感。非推理性语言是晦涩的，我们使用这一类语言的目的并不是为了移向其所指称的对象，而是为了从它们那里直接获取其所展示的意义。它

① ［美］多尔、［澳］高夫主编：《课程愿景》，张文军等译，教育科学出版社 2004 年版，第 349—350 页。

② ［美］派纳等：《理解课程》（上），张华等译，教育科学出版社 2003 年版，第 441 页。

采取的主要形式包括文学叙事、散文、诗歌、摄影、录像、电影等，涉及的修辞手法则包括隐喻、暗喻、暗讽、类比、设问、意象、象征、主题等等。”① 可见，实体性课程语言只是抽象、冰冷、机械地揭示出课程体系固有的理性秩序、普适模式以及运行程序，而没有将受教育者日常生活经验的丰富、充盈以及种种潜在的可能性融纳其中，致使受教育者在此语言霸权的笼罩之下处于缺席与失语地位。事实上，“学生在语言学习的过程中，在无意识或潜意识中，同时将该语言所蕴含和规定的文化模式、思维方式以及行为模式一同接纳下来。这些使学生的行动总是呈现某种固定的样式，正如沃尔夫（Whorf，B.）所认为的，‘一个人的思想方式是受他所没有意识到的语言型式的那些不可抗拒的规律支配的’”。② 同时，在课程开发与建设上，研制者通常将科学性、技术性、确定性课程语言视为唯一“合法化”的语言形式，从而使课程的精神性、隐喻性、生活性、游戏性和超越性等内在品格与旨趣被进一步消弭和弱化了。

针对实体性语言的内在局限与困境，安乐哲、郝大维等主张运用一种过程性语言［（又称为“焦点与场域的语言”the language of focus and field）］来描述和诠释流动性的过程世界。“这种语言假定了一个由有关各种过程和事件彼此相互作用的场域所构成的世界。在那样的场域之中，并不存在一个最终的因素，只有在现象场域之中不断变化的焦点，并且，每一个焦点都从各自有限的角度出发来聚焦整个场域。”③ 在他们看来，较之于西方哲学传统中所惯常使用的实体性语言，此种语言具有以下显著优势。首先，它允许用一种过程和事件的相关性语言来替代那种有关个别客观事物的指涉性语言。其次，相对于那种要求将所有关系化约为外部行为关系的关于线性因果关系（Linear causality）的语言，这种语言可以更充分地理解有关自发的、交互性的各种关系的复杂关联的场域。最后，过程语言避免明确性、单一性和规定性的目标，这三种属性在一个追求实体化、量化、非连续性的语言中是被推崇的，相反，

---

① 马云多：《艾斯纳教育批评论中的语言》，《教育评论》2014年第11期。

② 李海英：《协商课程研究》，博士学位论文，华东师范大学，2006年。

③ ［美］安乐哲、郝大维：《切中伦常：〈中庸〉的新诠与新译》，彭国翔译，中国社会科学出版社2011年版，第27页。

过程语言容许了一种对于中国哲学话语的诗化的隐喻的更为充分的理解。[①] 安乐哲等对过程性语言或“焦点与场域的语言”的欣赏和推崇，其理论依据来源于怀特海的过程哲学思想，并认为从中国古汉语中所寻觅到的“过程语言”为反观自身的“西方感受性”（Western sensibilities）提供了新的视镜。“主流美国实用主义的思想要素一直以来都是在实体主义和分析主义的术语中来被认识的，但是最近，通过采用在翻译中国古代著作中获取了生命活力的过程语汇，那些思想要素获得了非常重要的新的诠释。”[②] 事实上，多尔（Doll）、派纳等对传统课程语言的改造与变革，亦受怀特海过程哲学语言观的深刻影响，这在他们的代表作《后现代课程观》《理解课程》中有鲜明体现。由此，我们可以达成这样的思想共识，即若要祛除、扬弃实体性课程语言的内在症结和流弊，我们有必要借助怀特海过程哲学的语言观，来构筑、创生出一种更具过程性、诠释性、事件性的课程语言。对于更真实地描述与阐释始终处于过程、发展、生成和转化的课程世界而言，这类语言或语词可能更具有联结性、延展性和衍生力。

三 “主义化”逻辑与课程范式的“单向度”症结

实体哲学由于偏执一端或“非此即彼”的认识论路线，使人们对万事万物的理解与认识遵循着一种“主义化”逻辑。例如，对某些哲学家所建构的理论体系总是企图冠之于某种主义派别之中，似乎不贴上这样的“符号”或“标签”就难以有明确的归属一样。无疑，实体哲学的这种“主义化”逻辑亦深刻影响到课程范式的营造和建构上。“自课程论成为独立的研究领域以来，任何一种课程理论流派无不冠之为某种主义，以至于‘主义化’的课程理论成为一种普遍的追求，似乎不谈主义就缺少明确的方向与标准。于是，以主义为准则的‘主义化’课程探究逻辑成为人们一种根深蒂固的思维方式与方法，它造成的安置之

① ［美］安乐哲、郝大维：《切中伦常：〈中庸〉的新诠与新译》，彭国翔译，中国社会科学出版社 2011 年版，第 28 页。

② 同上书，第 27 页。

道、归位之道、画地为牢现象使课程改革立场陷入难为境遇。”[①] 正是因循于这种“主义化”逻辑，传统课程范式呈现出某种“单向度”的病理与症结，进而造成了其教育学价值和意义的丧失与虚无。

21 世纪基础教育课程改革的精神特质旨在推动和促进学校课程范式的转型与变革。“真正具有深度和创意的课程变革，实质上就是新旧课程范式之间的革命性转换，而并非技术主义的形式化演绎。”[②] 那么，什么是课程范式呢？在当前学校课程领域中占据主导性、支配性和绝对性地位的旧课程范式是什么？它究竟呈现出什么样的弊端、矛盾与症结？在新课程改革背景下，新型课程范式的创设和构建将如何表征鲜活的时代精神诉求，进而如何应对复杂的教育实践需要，从而真正做到“为了每一位学生的发展”？本节拟对这些问题进行简要的梳理与探讨，以期加深、拓展我们对学校课程范式及其转型问题的整体性了解和认识。

（一）“范式”以及“课程范式”界说

研究课程范式首先要对范式概念及其内涵进行深入的分析与阐释。那么，什么是范式呢？进而，什么是课程范式呢？

范式一词来自古希腊文“paradigma”，其英文形式是“paradigm”，一般译为典范、规则、模型、模式、范例等。在柏拉图那里，范式大致是指某种基本观念、原理、模式或一般规则的范例化。20 世纪 60 年代，范式一词被现代美国科学哲学家、科学史学家托马斯·库恩（Thomas S. Kuhn）发扬光大，成为自然科学和社会科学研究中一个十分重要的概念。1962 年，库恩在其著作《科学革命的结构》（*The Structure of Scientific Revolution*）一书中，首次提出了范式这一概念，用以系统描述、阐释和揭示科学发展的内在规律、基本结构和动态图式。自此以降，库恩的范式理论迅速在诸多的学科领域中得以广泛运用，成为探析和说明学科发展的重要方法论工具。

---

① 郝德永：《超越左与右：课程改革的第三条道路》，教育科学出版社 2013 年版，第 130 页。

② 潘涌：《论语文课程改革的实质——范式转型的历史视角》，《语文建设》2008 年第 5 期。

库恩的范式理论给诸多学科的发展带来了一个全新的视角和思路，使学科有了新的研究切入点，有利于增强学科的基础理论研究。但需要指出的是，范式却是一个极富歧义性的概念，并由此产生了诸多的观点对立与纷争。一方面，这固然是缘自范式概念自身蕴含的复杂性、多元性和丰富性；另一方面，库恩自身对范式概念过于灵活多变的解释方式，也在一定程度上造成了人们对其"正确"理解、体认上的偏差和误读。但从整体上把握库恩对范式概念的相关论述，可以看出，他还是表达了一个基本思想，即"我所谓的范式通常是指那些公认的科学成就，它们在一段时间里为实践共同体提供典型的问题和解答"。[①] 同时，库恩还指出："我选择这个术语，意欲提示出某些实际科学实践的公认范例——它们包括定律、理论、应用和仪器在一起——为特定的、连贯的科学研究的传统提供模型。"[②] 针对关于范式概念的不同理解，库恩又对其作了详细的解释。在他看来，范式概念有两种意义不同的使用方式："一方面，它代表着一个特定共同体的成员所共有的信念、价值、技术等构成的整体。另一方面，它指谓着那个整体的一种元素，即具体的谜题解答；把它们当作模型和范例，可以取代明确的规则以作为常规科学中其他谜题解答的基础。"[③] 这里的"谜题就是特殊的问题范畴，它可以用来检验解谜者的创造力或技巧"。[④] 由此可见，库恩所讲的范式实际上包括了两个维度，即"信念整体"和"问题范畴"。

"信念整体"属于哲学或形而上学的层面，它是指从事某种特定学科的共同体在科学研究中所共同接受与认可的信念、约定、承诺和认识。这一共同信念规约着这一科学共同体（scientific community）在进行科学研究时所能确立的研究方向，所能采用的研究方法，进而在一定程度上影响着他们所恪守的世界观、价值观、知识观和方法论取向。库恩认为，一个科学共同体如果没有形成共同的信念和知识观，是很难开展有效的科学研究的。"对一个科学共同体来说，在它认为还没有获得像下面的问题的答案以前，有效的研究是很难开始的：宇宙是由什么样

① ［美］托马斯·库恩：《科学革命的结构》，金吾伦等译，北京大学出版社 2003 年版，序言。

② 同上书，第 9 页。

③ 同上书，第 157 页。

④ 同上书，第 33 页。

的基本实体构成的？这些基本实体是怎样彼此相互作用的？这些基本实体又是怎样与感官相互作用的？对这些实体提出什么样的问题才是合理的，以及在寻求问题答案中使用什么样的技术？至少在成熟科学中，对于像这样一些问题的答案（或答案的替代物）已坚实地植根于教学知识中，以便准备让学生去从事专业的实践。科学教育之所以能够这样做，就很好地说明了常规研究活动的奇特功效，也说明了常规研究活动在任何给定的时间内都有明确进行的方向。"[①] 因此，任何一个科学共同体只有具备了一套被普遍认同、接受的共同信念，才能为他们提供出一种共同的理论模型和解决问题的理论框架，从而使他们在一些根本性和关键性的问题上达成普遍的思想共识，进而群策群力，共同推进科学事业的发展。

"问题范畴"属于具体操作活动层面，是对具体问题的解答，是解决科学问题所形成的共同范例。科学共同体通过对成型范例的探究和学习来掌握范式，进而学会解决相类似问题的方法。它"囊括了常规科学搜集事实的所有活动。这项活动包括从事阐明范式理论的经验工作，解决范式理论中某些残剩的含糊性，以及允许解决那些先前只是注意到但尚未解决的问题"。[②] 所以，"范式既是科学家观察自然的导向，也是他们从事研究的依据。范式是一个成熟的科学共同体在某一段时间内所接纳的研究方法、问题领域和解题标准的源头活水"。[③]

在库恩看来，科学的发展与进步并不是逻辑实证主义者所主张的是一种连续的、累积的和线性的发展过程，而是常规科学和科学革命交替更迭的历史，是新旧研究范式结构性、革命性转换的结果。库恩发现，科学史上的进步往往是科学家在面对一些无法用现有的科学范式来解决问题时，勇于打破常规和惯习，并积极寻求新的解释方式的结果。当"旧的范式出现了持续的严重的危机，不能很好地解释和解决科学研究中一连串新事实和新问题；科学家们开始丧失对原有范式的信任，考虑其他的选择；原有范式强加于科学工作的限制在各个具体研究领域里被

① ［美］托马斯·库恩：《科学革命的结构》，金吾伦等译，北京大学出版社 2003 年版，第 4 页。

② 同上书，第 25 页。

③ 同上书，第 94 页。

突破，新的范式开始形成；在比较的基础上，彻底地抛弃原有的范式，接纳新的更有解释力的新范式，如新问题、新理论、新方法以及新的研究范例等。这种新的范式不是对原有范式的精确化或扩展，相反，它是从一个新的基础对某一领域的‘重构’（reconstruction），改变了这一领域研究的基本理论、方法与模式，甚至改变了这一领域的专业设置和教育”。[①] 这就是库恩所谓的范式转换（shift of paradigm）或科学革命（revolutions of science）。

库恩的范式理论现已被广泛应用于政治学、社会学、文化学、教育学等学科领域。课程研究领域自然也概莫能外。在我国，关于课程范式的探讨一直不绝如缕。如黄甫全认为："课程范式是特定时代里相互适切和有机联系在一起的一定的教育内容及其规范化结构程序、课程成就和课程观念的集合体。"[②] 张华等认为："课程范式是指一个课程共同体所共同拥有的课程哲学观及相应的具体课程主张的统一。"[③] 由此可见，我国不同学者对课程范式有着不同的理解和看法。依据库恩的范式概念，我们认为，课程范式应涵括"课程信念整体"和"课程问题范畴"两个维度。因此，我们倾向于这样的认识，即"课程范式可以从整体及其元素两方面加以界定。首先，课程范式是指课程共同体所共有的有关课程信念、课程价值、课程技术等元素构成的整体；其次，课程范式是指上述整体的一种元素，是对课程问题的解答，是解决课程问题形成的共有范例"。[④] 此界定较好地处理了这两个维度之间的关系。按照库恩的范式理论，新旧范式之间具有不可通约性（incommensurability）。科学革命就是一个新范式取代旧范式的过程，而这种方式通常是成熟科学的发展模式。那么，在课程研究领域，究竟存在着哪些课程范式呢？在当前学校课程领域中占据主导性的旧课程范式是什么？这种旧课程范式存在着什么样的流弊和症结，进而会被哪种新型的课程范式所取代与超越呢？

① 石中英：《知识转型与教育改革》，教育科学出版社 2001 年版，第 22—23 页。
② 黄甫全：《论课程范式的周期性突变律》，《课程·教材·教法》1998 年第 5 期。
③ 张华等：《课程流派研究》，山东教育出版社 2000 年版，第 6 页。
④ 傅敏：《论学校课程范式及其转型》，《教育研究》2005 年第 7 期。

（二）“单向度”：传统课程范式的内在症结

回顾课程发展史，在学校课程领域中，已经形成了诸多的课程范式形态，如学科课程范式、要素主义课程范式、结构主义课程范式、实践课程范式、课程开发范式和课程理解范式等。下面，我们以要素主义课程范式等为例，来剖析一下其内在的“单向度”症结与流弊。

（1）要素主义课程范式：控制化逻辑的僭越

要素主义（the Essentialism）是当代西方主要的课程思潮之一，又称新传统主义课程、保守主义课程。它产生于20世纪30年代，后在50年代成为美国教育的主导范式，在60年代末日趋式微与低落。所谓要素，也有人译为精粹、精华，即是指人类文化遗产中的精华。要素主义课程要求学校教育把人类文化遗产中的精华有效地传授给青年一代，并促进其智力成长。它站在当时美国占统治地位的进步主义教育的对立面，并在与进步主义教育课程的论争、对抗、博弈中渐成势力，成为影响美国教育教学实践的重要力量。此种课程范式的代表人物是美国哈佛大学教授巴格莱等人。

要素主义课程范式对美国乃至世界各国的教育理论和实践产生了重要影响。“即使今天的课程实践，所体现的主要还是一种要素主义精神，如果我们的课程实践还体现某种精神的话。”[①] 由此可见，要素主义课程范式具有恒久的生命力。首先，它系统确立了学科课程的理论形态。要素主义者主张要从人类文化的宝贵遗产中，精选出具有永恒性价值的共同知识和经验，来设计和编排出稳定而系统的课程，如语文、数学、外语、物理、化学、地理、历史等学科，并强调这些学科在教育过程中的地位，这是具有历史性的进步意义的。它确立了学科课程建立的理论基础，使学科课程从经验走向理论化。正如学者张华等所指出的那样：“如果说杜威的经验自然主义课程范式系统确立起了经验课程的理论形态的话，那么要素主义课程范式则是在总结长期课程实践的基础上系统地确立起了学科课程的理论形态。这恐怕是要素主义课程对课程发展的最大贡献。”[②] 其次，强化知识掌握的重要性。要素主义者十分重视学

① 张华等：《课程流派研究》，山东教育出版社2000年版，第106页。

② 同上书，第107页。

生对基础知识和基本技能的掌握，重视系统基础知识的传授。在他们看来，学生只有在掌握必要的专门知识的基础上，才有可能促进社会进步。针对进步主义教育淡化知识学习、轻视知识积累的倾向。要素主义者持坚决反对的态度，认为这种做法是“在流沙上建大厦”，必将导致教育的灾难。无疑，在学校教育中，让学生掌握并灵活运用科学文化知识是完全必要的。要素主义课程突出强调学校教育传递社会文化知识、让学习者获取种种技能的做法，并实行严格的学习成绩标准，这对促进儿童发展、提高教育教学质量具有积极的促进作用，这也是符合教育规律和社会发展需要的。

尽管要素主义课程范式在课程实践中产生了巨大影响，推动了课程理论的进步，但其局限性与不足也是十分明显的。事实上，自其产生之日开始，它就一直饱受诟病与责难。如要素主义课程的最大功绩是确立了学科课程的理论形态，但也正如批评者所指出的那样：“‘学科本位课程’是一个严密的知识实体，它构成了一个凌驾于教师和学生生活、经验之上的符号系统，兴趣、生活、经验和实践被排斥在这种课程体系之外。以学科逻辑体系来组织课程，人们最关心的是什么知识（概念、规律、原理、理论）最有价值，但却在课程的价值主体和课程内在价值等问题上争论得难解难分，甚至在‘学科本位课程’体系中，人们通常要依据某一学科课程的逻辑化、简约化程度以及‘科学化’程度，给它排一个‘座次’。”① 这样，将人类遗留下来的完整知识体系条分缕析地加以切割与分解，也就造成了人们认知经验结构与世界图景的失衡与不完整，而沦为“单向度”存在的人了。同时，要素主义者十分推崇教师的“教育宇宙”中心的地位，认为学生要完全服从教师的命令，不能质疑教师的观点。这种做法无疑扼杀了学生的主体性精神和创造性品质，是不能被接受的。“从根本上讲，要素主义课程哲学所体现的是一种控制逻辑，所指向的是对人的文化控制。它的观念论或实在论哲学内化了西方文化中自古以来的理性主义精神，由此而衍生出的‘符合论’的真理观和知识观必然要求通过课程与教学把个体精神纳入种族的理性精神的宇宙之中……它认为教师与学生是中心与边缘的关系，学生

① 母小勇：《论课程的文化逻辑》，《教育研究》2005 年第 11 期。

服从于教师的权威控制是理所当然的。……理解了要素主义课程哲学的控制逻辑就不难理解它作为一种'官方哲学'的根源。"① 另外，要素主义课程片面注重书本知识的传授，加重了学生学习负担，日益引起学生的不满和抵制，到60年代末，其影响力日渐减弱，失去了统治地位。

（2）永恒主义课程范式：对现实生活世界的忽视

永恒主义（Perennialism），又称为"古典文科教育""古典人文主义""新传统主义""新经院主义""新古典主义"等，其主要代表人物有美国的赫钦斯（R. M. Hutchins，1899—1977）、法国的阿兰（Alain，1858—1951）、马利丹（J. Maritain，1882—1973）和英国的利文斯通（R. Livinstone，1880—1960）等人。它因宣扬宇宙精神和教育的永恒性以及鲜明的"复古主义"色彩而得名。在早期，人们习惯性地称他们为"Great Book Boys"。对此，艾德勒略为不满，遂自称为"Perennialists"（永恒主义者）。

与要素主义课程范式产生的时代背景略为相似，永恒主义课程范式也孕育于那场沉重的经济危机时期。这场经济危机给美国造成了严重的灾难性影响，甚至震动了整个资本主义体系。政治混乱、经济萧条、社会矛盾加剧。面对这种日益加剧的混乱和动荡局面，一些教育哲学家挺身而出，针砭社会时弊，抨击社会腐败，寻求拯救之道。在永恒主义者看来，当时整个资本主义社会之所以陷入了种种无序和困境，就在于人们在剧烈的社会变革中丧失了"永恒的信仰"和真善美的本性，从而使人的人生信仰、道德观念、精神诉求等出现了紊乱和偏差，进而迷失了自我，导致了整个社会价值系统的崩溃。而在当时，在美国教育界占据支配和统治地位的进步主义教育理论，又对此危难境况束手无策。在这种现实背景下，为了挽救和重建混乱不堪的资本主义教育秩序，提高教育教学质量，我们需要在教育教学领域发动一场"道德的、理智的和精神的革命"，即恢复古希腊、古罗马和中世纪时期的永恒性教育信念，复兴人文主义教育传统，从而解决学生的永恒信仰、理性判断以及自制力等问题。这便是永恒主义课程范式产生的时代背景和内在诉求。

永恒主义课程范式的观点与主张具有一定的时代合理性。首先，重

① 张华等：《课程流派研究》，山东教育出版社2000年版，第106—107页。

视文化遗产的教化作用；永恒主义者把教育的根本旨趣定位为增强和发展人的永恒的理性、道德和精神力量。而欲达到此种目的，其最重要的途径之一就是让学生学习伟大的古典著作，学习先贤哲人看待问题、思考问题、解决问题的方法和技能，使其获得对宇宙永恒法则的掌握，培养学生良好的道德、情操和价值观，从而使其不至于在剧烈的社会变革中迷失自我。这种重视文化遗产的教化作用，强调对系统性古典文化知识学习的做法，在日趋实用化、功利化、技术化的现代教育教学中，无疑具有重大的现实意义。其次，教师绝对权威角色的消解。在永恒主义者看来，教师是学生学习的指导者和协助者，其权威的确立不是外在强加的，而更多的应是一种专业化、道德上的权威。马利坦指出："在教育工作中，成年人不必以长者的家长作风或者专横态度强迫儿童，以便把他们自己的形象铭刻在儿童身上，象铭刻在黏土上一样。但是，这一事业要求于他们的首先是爱，然后才是权威——我的意思是真正的权威，不是专横的权力——教学中理智的权威，和被人尊敬和倾听的道德的权威。"[①] 由此可见，永恒主义者对教师角色的定性定位，在今天看来，仍是十分难得与宝贵的。

但是，囿于某种历史的局限，永恒主义课程范式的流弊和缺陷也是十分明显的。其中，最主要的不足有两点。第一，人性假设的谬误；在永恒主义者看来，尽管人各有不同，却具有一个共同的永恒本性。这样，建基于"共同人性"假设之上的教育，也就具有了永恒不变的特点。显然，这种人性假设是不正确的。对此，辩证唯物主义认为，人是一种社会性的存在，是社会关系的总和。"人的本质并不是单个人所固有的抽象物，在其现实性上，它是一切社会关系的总和。"[②] 人性从来都是与社会发展的要求相适应的，从来都是相对的，而不是绝对的。因此，企图脱离具体的历史情境和复杂的社会关系来定性人的本质，或框定出某种"共同人性"，这显然是从实体、静态、机械的观点来考察变化中的人性和教育，否定了事物的变化、发展和运动的规律，这是一种谬误。第二，对实用学科的忽视。永恒主义者极端强调"永恒学科"

---

① 华东师范大学教育系等编译：《现代西方资产阶级教育思想流派论著选》，人民教育出版社 1980 年版，第 294 页。

② 《马克思恩格斯选集》第 1 卷，人民出版社 1995 年版，第 60 页。

在学校课程体系中的独占性，有忽视现代科学技术知识传授和现实生活世界之嫌。众所周知，尽管古典名著对学生的理智发展、情操陶冶、品德教化等方面具有积极作用，但随着现代科学技术的迅速发展和社会专业化进程的加快，社会对人才规格的要求越来越高，对学生的整体素质要求越来越迫切。因此，为了满足现代社会发展的需要，学生除了要具有良好的修为和优雅的举止外，还应具有能适应当下时代的科学知识和实践能力。所以，理想的课程愿景应注重关照当下社会的现实状况，增长儿童的社会适应能力，而永恒主义者对这些方面则语焉不详。杜威的批评可谓一语中的："试图把教育家们引回到科学方法发展前几百年的那种理智方法绘画理想方面上去。在经济上、情绪上、理智上普遍存在着不安全状态的时期，这条道路可能会取得短暂的成功。因为在这样的条件下，人心都强烈地希望依靠固定的权威。然而这是与现代生活的一切条件相抵触的，因此，我认为朝着这个方向去寻求补救的办法是愚蠢的。"①

（3）结构主义课程范式：儿童心智发展的贫困

在20世纪60年代，在课程领域又涌现出了一种重要的课程范式——结构主义课程范式。该课程范式因强调学科基本结构的重要性而得名，它是课程理论走向现代化的又一重要里程碑，其代表人物有皮亚杰、布鲁纳等。

1959年，美国国家科学院在马萨诸塞州伍兹霍尔召开教育改革会议，重点讨论中小学数理学科的课程开发问题。出席会议的有科学家、心理学家、教育学家、教育行政官员和部分教师代表。会后，作为大会主席的布鲁纳，在综合与会学者课程观点的基础上，撰写出了《教育过程》一书，该书遂成为美国结构主义课程改革运动的指导纲领。伍兹霍尔会议之后，美国人投入课程改革的热情空前高涨。在美国的很多州，许多学科专家以《教育过程》一书的结构主义课程思想为指导，开发出了一系列新课程，进而形成了影响深远的结构主义课程范式。

结构主义课程范式对世界许多国家的课程理论与实践产生了巨大影响。可以说，它是人类探索教育教学奥秘和规律进程中的一次重要尝

① 单中惠：《西方教育思想史》，山西人民出版社1996年版，第782页。

试，其价值和意义也是极为显著的。首先，重视学生对基本知识的掌握；结构主义课程论者视掌握学科的基本概念、原理或法则为其学说的灵魂。对这方面的强调其实就是重视学生要学习、领悟、理解学科的基本知识。对这一思想观念我们也是赞同的。这是因为，不管学生如何具有创造力和能动性，他都是在具备大量基础知识之上的综合和创造。没有基础知识的积累，是不可能有创造力的。其次，强调发挥学生学习的能动性。结构主义课程提出发现探索法这一课程实施形式，无疑是对学生学习主动性、能动性和创造性品质的尊重。事实上，针对学生学习成效而言，如果缺失了学生学习的能动性，学生获得的知识也只是别人硬性堵塞、机械灌输的，是死记硬背的知识，而不能活学活用。强调学生学习的能动性，也是我们值得提倡的。

然而，令人遗憾的是，这种课程范式的实施以及其所引发的最具专业化的课程改革运动，很快就折戟沉沙了，没有取得预期的效果。这不由得激起了当事人及诸多课程学者的反思。布鲁纳在回忆这段“往事”的时候说：“三十年后的现在回顾起来，觉得当时的我所专注的研究领域乃是内在心灵历程之中的一门独角戏，也就是认知历程，而我要解决的问题则是：认知历程如何能以合适的教育来襄助其发展。”① 由此可以看出，结构主义课程范式一个最致命的缺陷便是其仅关注于学生的认知过程，在唱“一门独角戏”，而忽略了学生的实际生活。这就使得学生学习的知识难度过大，从而导致学业成绩的下降。坦纳夫妇指出了结构主义课程范式的九大弊端。其中最有代表性的是：片面强调学术性知识和抽象理论，忽视实际问题和应用性知识；过分强调一部分科学课程（如数、理、化），忽视音体美类课程，造成课程结构不平衡；过于强调孤立的、分化的知识类型，忽视学科交叉的方法；否定学生和成年学者之间的智力差异，课程内容与学生智力发展的实际相脱离；未在学科结构的要素上取得一致意见，使学科结构流于空泛的抽象概念，难以有效地指导课程编制工作；把知识学习几乎完全局限于专门的学术领域，没有密切地联系个人和社会的现实问题；忽视了情感过程在儿童身心发

---

① ［美］布鲁纳：《布鲁纳教育文化观》，宋文里、黄小鹏译，首都师范大学出版社 2011 年版，第 92 页。

展中的重大作用。[①] 这几点着实抓住了结构主义课程范式的要害问题。

（4）社会改造主义课程范式：课程意图变革社会的虚幻

社会改造主义课程范式，又被称为社会中心课程理论。它产生于20世纪30年代的美国，是从进步主义课程和实用主义课程思想中分化出来的。改造主义有许多思想根源和社会根源，但其最主要的渊源还是要追溯到进步主义教育，其早期的代表人物有克伯屈、康茨和拉格等人；20世纪50年代后，是布拉梅尔德使改造主义以新的面貌出现，使其成了一种独立的教育思潮。这一课程理论范式因大肆宣扬学校教育的主要目的是"改造社会"而得名，它要求学校教育要正视现实社会所面临的普遍危机，关心社会各阶层人民的现实需要，学校教育要为建设一个开放、正义、公平、民主、平等的理想社会而努力。

社会改造主义课程范式具有显著的进步意义。首先，该范式强调课程建设要与社会生活紧密联系，认为学校课程应致力于社会变革和社会改造。这一观点反映了社会政治经济变革对学校教育的客观要求，深刻认识了社会因素对教育的制约作用。同时，社会改造主义课程范式深入挖掘了学校在政治、经济、文化、道德等方面的功能，使学校成了净化社会风气、调节社会平衡的重要推动力。因此，这种课程范式具有一定的社会价值与意义。其次，它强调要让学生积极地参与社会实践活动，了解社会的各种问题或矛盾，并通过教育的途径来寻求社会问题的解决。这种做法将传统的课堂搬到社会的大舞台之中，能使学生摆脱纯粹知识教学的狭隘，从而使其更多地了解社会、融入社会，增强分析问题、解决问题和社会实践的能力。总之，社会改造主义课程范式充分认识到了社会变革对学校教育带来的种种挑战，努力驱使学校教育能"与时俱进"，并考虑到了青年一代怎么去应对这种挑战，这些都是值得称道的。

但是，社会改造主义课程范式的理想主义色彩依然是相当突出和明显的。如它赋予了学校教育及课程更高的"职责、标准及主体地位"，企图通过学校教育来达到改造社会的目的，无疑，这一愿景在现实的社会生活中是很难实现的。并且，要想从根本上解决这些问题，恐怕还应当从教育之外寻找出路和答案。

---

① 廖哲勋、田慧生主编：《课程新论》，教育科学出版社2003年版，第130—131页。

第三章

基点澄清：过程课程愿景的理性阐释

> 一个现实存在是如何生成的，构成了这个现实存在是什么；……现实存在的“存在”是由其“生成”所构成的。这就是“过程原理”。
>
> ——怀特海

> 要根除各科目之间那种致命的分离状况，因为它扼杀了现代课程的生命力。……我们没有向学生展现生活这个独特的统一体，而是教他们代数、几何、科学、历史，却毫无结果；我们让孩子们学两三种语言，但他们却从来没有真正掌握；……以上这些能说代表了生活吗？
>
> ——怀特海

课程是什么？这是我们探讨课程问题需要首先加以面对的。如果连课程到底是什么都搞不清楚，说不明白，就只能表明我们对课程论的基本问题还缺乏最基本的认识和了解。可以说，对课程本质或定义的理解与把握是我们进入课程论堂奥的门径。“研究课程就应该对课程定义进行梳理、探析，以洞察课程背后蕴含的教育学、哲学、社会学乃至政治学意蕴，以推动课程改革的深入发展。”[①] 回顾课程发展史，人们对课程本质的体悟以及定性定位呈现出某种异质性、多元性和复杂性，但也造成了某种理解上的偏误或偏差。基于此，本章借用怀特海过程哲学中的相关过程思想，来探讨一种新型的过程课程愿景，以期形成一种新的分析视角和解释框架，进而为增益课程“质的丰富性”（多尔语）提供

---

① 郝明君：《论课程的政治向性》，《重庆师范大学学报》（哲学社会科学版）2006 年第 4 期。

些许的思考张力。

一　"过程原理"与课程的过程性本质定位

课程本质问题是课程理论与实践研究的基础性问题之一，它决定着人们对课程是什么的认识，也决定着课程评价的研究取向。课程研究领域中学派林立、异说纷呈，如儿童中心论课程观、学科中心论课程观、社会中心论课程观之间的冲突，课程开发的目标模式、过程模式、实践模式和批判模式之间的差异等无不起源于人们对课程本质内涵的不同理解。随着课程研究在教育研究中地位的提高，越来越多的人开始对课程本质进行探讨。而为了确立一种新型的过程课程本质观，我们有必要首先对已有的课程本质观作一检视和反思。

（一）对已有课程本质观的反思

课程是现代教育领域中含义最丰富、使用频率最高、适用范围最广的关键性、基石性概念之一。泰罗（Taylor，P. H.）和理查兹（Richards，C. M.）在《课程研究导论》（*An Introduction to Curriculum Studies*）一书中指出，课程是"教育事业的核心，是教育运行的手段，没有课程，教育就没有了用以传达信息、表达意义和说明价值的媒介"。[①] 然而，课程在教育事业中的核心地位和重要作用，并不意味着其本质之"内在规定性"的澄清和明晰。相反，迄今为止，虽然课程学者经常使用"课程"这个概念，但历经近百年的课程发展史也没有形成一个相对完整、普适、公认、精确的课程本质观。事实上，自课程概念产生之日始，对其的界说与阐释就一直不绝如缕。

早在1973年，美国学者鲁尔（Rule）在其博士学位论文《课程含义的哲学探讨》中就已经统计出至少有119种课程定义，[②] 以至于斯考特（Scotter，R. D. V.）等不得不宣称"课程是一个用得最为普遍但却是定

① Taylor，P. H. & Richards，C. M.，An Introduction to Curriculum Studies，Swindon：NFER Publishing Company，1979：11.

② ［美］乔治·A. 比彻姆：《课程理论》，黄明皖译，人民教育出版社1989年版，第169页。

义最差的教育术语”。[①] 美国学者奥利瓦（Oliva, P.）也认为：“与教育的其他方面诸如管理、教学和督导等行动定向的（action-oriented）术语相比，课程确实具有一种神秘的味道。”[②] 由此可见，不同学者由于学术背景、思想观念、研究旨趣和价值取向的迥异，对课程本质的理解也就呈现出“一人一义、十人十义”的局面。一方面，课程定义的这种众说纷纭、莫衷一是境况，固然会影响到课程论学科理论体系的构建以及课程实践的进一步拓展与深化；另一方面，这种貌似混乱、无序的纷争其实也未必是一件坏事，它是随着人们对课程理论研究和实践探索的不断深化，而呈现出来的一种必然状态。正如有学者所指出的那样：“定义众多显示课程领域各种观点充满活力。依据各自的思想方式、特定的意识形态、多样的教育学、独特的政治经验和不同的文化体验，这些观点对课程作出了不同的解释。”[③] 派纳等（Pinar）也认为，“成熟的学者和初学者一样都为太多的课程定义而哀叹。但我们并不将之视为一个可怕的问题。一个复杂的领域将会以复杂的、有时甚至是相反的方式运用其核心概念。定义的多元化并非一个要解决的紧迫问题。恰恰相反，这是一个需要承认的事态。在一个由多样化和自治性话语构成的领域，这种情况是不可避免的”。[④] 可以看出，人们对课程本质的认识具有多元性、多样性和复杂性。事实上，对任何事物企图给予一个绝对、恒定、不变、真理化的“本质界定”都不过是一种幻想，既无可能、亦无必要。对此，黄政杰教授指出：“课程工作者和研究者首先必须具有开放的心胸，承认各种课程定义的存在价值和贡献，而且必须认识自身所依附理论的限制所在。”[⑤] 甚至从某种程度上来说，课程本身是“不可定义的”，是概念描述所不能穷尽的复杂过程。因此，我们对课程本质界定的纷争状态应持一种开放、豁达、包容的态度，并应维持

---

① Scotter, R. D. V., et al., Foundations of Education: Social Perspective, New York: MacCmillan, 1979: 272.

② Oliva, P., Developing the Curriculum, Boston: Little, Brown & Company, 1982: 4.

③ ［美］艾伦·C. 奥恩斯坦、费朗西斯·P. 汉金斯：《课程：基础、原理和问题》（第三版），柯森主译，江苏教育出版社 2002 年版，第 13 页。

④ ［美］派纳等：《课程理解——历史与当代课程话语研究导论》，张华等译，教育科学出版社 2001 年版，第 25 页。

⑤ 李子建、黄显华：《课程：范式、取向和设计》（第二版），中文大学出版社 2002 年版，第 1 页。

这种百家争鸣的局面，因为这种现象反映了课程论研究范畴的复杂性，以及人们在课程思想观念和本质体认上的开拓性、创新性和历险性。

回顾课程发展史，人们对课程本质的认识主要有以下几种观点。

（1）知识本质观

课程的知识本质观具有悠久的历史渊源和深厚的社会民众基础。这种本质观念反映在具体的课程实践领域，就是我们所熟知的学科课程设置。所以，不论是中国古代的“六艺”，欧洲古代直到中世纪的文法、修辞、辩证法、算术、几何、天文、音乐等，无一不是把课程看作所教授的学科，强调课程中知识的传授和“教化”。直至目前，我们的学校课程体系仍然受到它的深刻影响。因此，对“什么样价值的知识”“谁的知识”“哪些最有力的知识”才能够进入课程的“领地”，历来是国家权力和“官方意志”实施社会控制与“行政权威”的有效工具和手段。

这种知识本质观在我国的教育教学领域，仍然是最具代表性和广泛性的。1963年3月，中共中央在颁布的《全日制中学暂行工作条例（草案）》中，就提出了“全日制中学必须以教学为主，加强基础知识的教学和基本技能的训练，为学生毕业后就业和升学打好必要的基础”。“使学生在小学教育的基础上，进一步掌握语文、数学、外国语等课程的基础知识和基本技能，并且具有一定的生产知识。”[①] 在1992年8月由原国家教委颁布的《九年义务教育全日制小学、初级中学课程计划（试行）》中，仍然强调，“所有学科都要加强基础知识和基本技能的教学，与此同时要重视培养和提高学生的能力，并根据各门学科的特点有机渗透思想教育，促进学生个性心理品质的健康发展，全面完成学科教学的任务”。[②] 由此来看，我国中小学普遍实行的学科课程及其在课程实施、课程评价中的基本思想仍然是以知识的积累为主要表现形式的，虽然近年来在课程研究领域有了一定的变化，但以知识作为课程本质的观点并没有根本性的变化。

---

① 瞿葆奎主编：《教育学文集·中国教育改革》，人民教育出版社1991年版，第405—415页。

② 国家教委基础教育司编：《九年义务教育教学文件汇编》，北京师范大学出版社1994年版，第11页。

另外，值得一提的是，近期西方著名课程学者麦克·扬所提出的，要传授、赋予学生“强有力的知识”（powerful knowledge）的课程理念，也在另一个侧面反映了这种课程本质观的根深蒂固。在麦克·扬看来，学校课程应将最“强有力的知识”传授给受教育者。所谓“强有力的知识”，是指经专家社群认定，并发展至今我们所能获取的“最好的”知识，它与一般性的实践性知识、日常性的生活性知识、特殊化的个体性知识有着截然不同的品质、定位和逻辑。“它在不同的领域有非常不同的形式，尤其是在人文科学和自然科学领域。在自然科学领域，它与预测、解释和推广有关；而在人文领域，它则是一种启发学生的想象力、促进他们‘思考未知领域’的资源，诸如伟大的小说、戏剧和诗篇的作用那样。”[①] 这种知识对青少年在学校教育中获得更为专业的知识积累、更为“有力”的专业经验，并为走向未来的职业成功具有卓越的价值、意义和魅力。

尽管麦克·扬关于“强有力的知识”概念的界定仍在形成之中，但其给出的几条标准仍值得我们关注与反思。在他看来，①它是理论性的学术知识，与我们从每天的经验中获得的常识知识不同；②它是体系化的，是通过概念在“学科”（discipline）或“科目”（subject）的形式下彼此系统关联的；③它是专门化的（specialized），是由明显有区别的学科/科目团体以定义清晰的探究焦点，在相对固定的边界内发展出来的。[②] 通过以上论述以及对其他相关文献的梳理，我们基本可以澄清以下观点与“事实”。

第一，“强有力的知识”概念较多强调知识的理论性、学科性、专业性、稳定性以及客观实在性的逻辑与品质，它与传统的机械性知识、情境性知识、经验性知识等不可“等值齐观”。这种知识观认为，学校课程的知识来源与构成应奠基于“强有力的知识”的概念之上，学校课程应将人类目前所能创造出来的“最好的”“最有力的”知识——而不是某些实践性知识、技能性知识、工具性知识——通过有效教学的方

① ［英］麦克·扬、张建珍、许甜：《从“有权者的知识”到“强有力的知识”——麦克·扬与张建珍、许甜关于课程知识观转型的对话》，《华东师范大学学报》（教育科学版）2017年第2期。

② 同上。

式传授给下一代。“学校不是学习实践性知识的专门化场所，实践性知识只能在工作中或通过经验得到更好的发展。然而，这并不意味着这些知识没有教育价值。……课程必须代表我们所拥有的最好的知识，它不应该包括实践性知识或学生的经验；而教学涉及支持课程传递的师生之间的关系，它必须认真对待学生的经验，因为这是教学的起点。然而，教学的目标是带领学生达至课程。”① 相反，如果广大学生在学校情境中，只是学会了一些细枝末节、零碎杂乱的技能性、日常性知识，则有可能会导致更大的教育不公平与社会不公正，社会阶层和权力结构的机械复制与再生产将不可避免地被再一次重演。

第二，“强有力的知识”概念并没有否定知识的社会建构性特征与逻辑，相反，它对知识的时代性、演化性、修正性、可改造性持非常开放、包容和乐观的态度与立场。在麦克·扬看来，某些学科领域中的专家社群是此类知识的创造者与建构者，他们基于自身的科学探究和实践而生产出来的这类知识，拥有充分的合法性基础与合理性依据，具有适切的辩护性和正当性。在某个具体的历史时期与阶段，它可看作最有权威、最可信赖、最为可靠的真理性知识。而教育最为紧要的工作就是，要将此类知识纳入学校课程的组织与设计之中，以便使学生学习到“最有价值的知识”。而随着专家社群研究的深入以及外部社会环境的不断变化，曾经被视为“权威的知识”受到了种种挑战与反叛。正是在此持续不断的斗争与博弈之中，“新的”知识开始萌生和涌现，并陆续被历史性地“建构”出来。基于此种理解与态度，可以看来，此类知识并非固守某块学科“领地”的壁垒和边界，而是在持续性的学术探索、发现与创造中不断地更新、重塑“自身”的。因此，它可称为是一种“开放性的学术知识”。对此，麦克·扬作了很好的说明、辨析与阐释，即从“强有力的知识”的产生来看，知识是某种专业社群建构的产物；从其传递来看，是专业社群与教师、教师与社会交互的过程，因而具有社会性特征；然而这并不能否定知识的客观性，相反正因为“强有力的知识”是专业社群在其领域范围经过不断的争论、质疑和检验的产物，

① ［英］麦克·扬、张建珍、许甜：《从“有权者的知识”到“强有力的知识”——麦克·扬与张建珍、许甜关于课程知识观转型的对话》，《华东师范大学学报》（教育科学版）2017 年第 2 期。

使得这些知识有别于日常经验的知识，超越了其社会起源而具有客观性，有助于其成为知识中“较好的知识”，有助于发展学生的“高阶思维”。①

麦克·扬关于“强有力的知识”概念与思想的提出，对于我们重新认识、反思“在学校课程中究竟应吸纳什么样的知识”这一根本性问题，又提供了新的理论资源、启示与帮助。按照麦克·扬的观点和逻辑，如果不对各类知识的内在价值作一甄别、区分和比较，只是一味地对处于弱势家庭背景的受教育者传递日常性的生活知识或技能性的操作性知识，则有可能会造成更大的教育不公平和社会不公正。麦克·扬的这一观点的确值得我们研究和反思。但从课程本质观的角度来看，其所辩护的仍是一种知识本位的论断，仍具有知识课程或学科课程的色彩。总体来看，这种课程样态具有以下特点：“课程强调受教育者掌握完整系统的科学知识，往往分科开设；课程的体系是以相应学科的逻辑、结构为基础组织的；课程是外在于学习者个人生活的，并且经常是凌驾于学习者之上的，学习者对于课程主要是接受者的角色；教师是课程的说明者、解释者。从心理基础而言，这样的课程主要关注学习者的认知过程。”②

这种以知识作为课程本质的基本观点是，为保证社会正常地延续和发展，需要把社会积累的精神和文化产品传递给下一代，课程应是体现社会选择和社会意志的，应为社会的文化传承服务。课程体系就是按照科学的逻辑体系组织起来的。学校开设的每门课程都是从相应科学门类中精心选择的，并按照学习者的认识水平认真编排。这种课程的外在形式一般表现为课程计划（教学计划）、课程标准（教学大纲）、教科书等。这种课程本质观虽然强调了课程的主体内容，但由于它把课程局限于学科的知识范围，强调了课程的社会制约性，这时的课程不仅外在于学习者，而且是凌驾于学习者之上，学习者只有服从课程，在课程面前是接受者的角色。依据这种课程本质观编制的课程虽然可以把课程编排

① 张建珍、许甜、［英］大卫·兰伯特：《论麦克·扬的“强有力的知识”》，《清华大学教育研究》2015年第6期。

② 丛立新：《知识、经验、活动与课程的本质》，《北京师范大学学报》（社会科学版）1998年第4期。

得十分合理，但由于它忽视了学习者的实际学习体验和学习过程，往往不能保证达到预期的效果。有学者认为它有以下不足：（一）未能包括学生在学校的活动中所获得的经验；（二）忽略智力发展、创作力表现和个人成长等度向；（三）未能包括课外活动和学校生活的经验；（四）忽略涉及课程设计的工作，如教学策略、顺序程序、引起动机的方法、内容的诠释等。①

（2）经验本质观

这种课程本质观是基于对知识本质观的反思提出来的。在理性主义、客观主义、标准主义被无限推崇和张扬的近现代时期，知识的既定性、先验性与自明性逻辑和品质受到了人们的一致认可与接受，而所有一切感知的、经验的、主观的、不确定的认知被统统拒之门外，难登大雅之堂。由此，在这种“二元对立”的思维框架中，知识的结果与过程被无情地撕裂开来，作为实体的物质与能动的精神形成了对峙和分化。

基于对此知识论的解构与反叛，杜威尝试用经验主义的理念和方法来化解两者的冲突与矛盾。在他的教育世界中，知识的本原根植于人与外在世界的对话、协商、交叉和互动作用。也就是说，正是在这种持续不断的实验、探究、体验和反思的过程中，人类的经验得以不断地加以改组或改造，并最终形成了学校教育所传递的知识体系。他在《经验与自然》一书中说：“经验方法的全部意义与重要性，就是在于要从事物本身出发研究它们，以求发现当事物被经验时所揭露出来的是什么……它们是被发现出来的，被经验到的，而不是利用某种逻辑的把戏推究出来的。当它们被发现之后，它们的理想性质对于一个关于自然的哲学理论来说，是和被物理研究所发现的特性一样合适的。”② 可见，杜威视野中的知识源于人类的实践活动以及经验改造，由此，“从经验中学习”“从做中学”便成了其经验知识观中的核心信条与价值旨趣。

在实用主义教育理论中，杜威认为，“教育是经验中，由于经验、

① 转引自李子建、黄显华《课程：范式、取向和设计》（第二版），中文大学出版社2002年版，第9页。

② ［美］约翰·杜威：《经验与自然》，傅统先译，江苏教育出版社2005年版，第4页。

为着经验的一种发展过程”[①]，“教育就是经验的改造或改组”。[②] 但儿童一到学校，多种多样的学科就把儿童自身的经验世界加以割裂和支解了。为此，杜威主张，“把各门学科的教材或知识各部分恢复到原来的经验，恢复到它所抽象出来的原来的经验”。[③] 这种经验课程观认为，教育就是儿童对自身经验的不断认识、反省与改造，就是让学生在能动的实践活动中受到教育的启示。它注重学生在学习过程中的主动探究精神和能动钻研意识，注重学生当前的知识水平和实践能力的结合与再造，从而有利于科学知识的内化和生成。这样，奠基在经验基础上的课程本质观也就构成了对传统学科式课程的解构与反叛。

杜威认为，传统的教育是在主客二分基础上的教育实践，完全割裂和切断了目的与手段、价值与效用的有机联结，并指出这种教育是一种忽视人存在的教育，是对人能动性、主动性、创造性的扼杀与湮灭，是对丰富、美好儿童心灵上的破坏与摧残，是一种僵化的呆板透顶、极端无聊的教育实践。受此观点启发，许多课程研究者从批评课程的知识本质观出发，强调课程中学生经验的重要性，遂把那些真正为学生经历、理解和接受了的东西作为课程来研究和认识。他的这一理论学说在我国新课程改革中得到了更为鲜明的体现与彰显，例如，在课堂教学中，更为积极地强调学生的主动探究，更加注重学生的能动创造，更加“在意”学生的自主发现，这样的教育行为成了当下教育环境中的一种常态，无疑是最佳例证。

当然，课程的经验本质观本身也经历了一个发展过程。最初杜威把所有学生的经验都作为课程，从 30 年代开始，课程的经验本质观开始有了一些变化。卡斯威尔（H. L. Caswell）和坎贝尔（D. S. Campbell）在 1935 年认为，课程不应是学科群，而是“儿童在教师指导下所获得的所有经验”。[④] 日本学者佐藤学指出：“课程被理解为教育行政规定的

① ［美］约翰·杜威：《杜威教育论著选》，赵祥麟、王承绪编译，华东师范大学出版社 1981 年版，第 351 页。

② ［美］约翰·杜威：《民主主义与教育》，王承绪译，人民教育出版社 1990 年版，第 82 页。

③ ［美］约翰·杜威：《杜威教育论著选》，赵祥麟、王承绪编译，华东师范大学出版社 1981 年版，第 89 页。

④ 郝德永：《课程研制方法论》，教育科学出版社 2000 年版，第 57 页。

教育内容的‘公共框架’；或者被理解为教师在学年之初制定的‘教学计划’，缺乏把课程作为师生在学校与课堂里创造的‘学习经验’加以理解的传统。不超越这种现实，要描绘学校的未来形象是不可能的。”① 我国课程学者靳玉乐在1995年提出课程是“学生通过学校教育环境获得的旨在促进其身心全面发展的教育性经验”。② 丛立新博士则在2000年进一步提出“课程的本质是经验”。③ 从这些论述来看，课程的经验本质观在课程理论研究中占有重要地位，受到越来越多课程学者的关注与认可。将课程看作受教育者的经验，极大突破、拓展了课程概念的内涵和外延，改变了人们对课程的单一化、机械化认识，更突出了学生的能动探究和参与体验精神。正如多尔教授所说：“公认的课程定义，已从学程的内容（content of courses of study），科目及学程表（lists of subjects and course），变为在学校领导或指导下给学习者提供的一切经验。”④ 我们认为，课程的经验本质观主要特点在于，课程是从学习者学习的角度出发设计的，所设计的内容与学习者的个人经验具有高度的关联性和紧密性。它的基本思想包括以下几个方面。①作为课程的经验，不仅要考虑学习者最终获得的经验，也包括学习者经验的过程，即体验、感受、获得、占有的过程。②作为课程的经验，是一种特殊的经验，具有极强的目的性，是在教育者的干预下实现的。③作为课程的经验，是在学校环境中实现的。它不仅区别于、高于学习者在日常生活中的经验，也区别于、高于学习者在学校其他条件下获得的经验。⑤

总之，课程的经验本质观看到了课程中学生个体经验的重要性，强调学生作为学习主体的作用，有助于提高学生学习的主动性、积极性。学生在课程中的角色也由原来的被动接受者转变为主动参与者和组织者。但这一课程本质观也有它自身的缺陷，如它过多看重了学生的主观体验及心理需求，把学生当下的现实需要当作课程存在的根本依据，这无疑否定和消解了教育的功用与价值，在一定程度上确有忽视系统知识

① ［日］佐藤学：《我对现代课程的研究与思索》，《中国教育报》2004年11月11日。

② 靳玉乐：《现代课程论》，西南师范大学出版社1995年版，第65页。

③ 丛立新：《课程论问题》，教育科学出版社2000年版，第82页。

④ R. C. Doll，Curriculum Improvement：Decision-Making and Process，Boston：Allyn and Bacon，1964：15.

⑤ 丛立新：《课程论问题》，教育科学出版社2000年版，第81页。

传授之嫌。对此，美国课程学者坦纳夫妇曾提出过四条批评意见：①未能提出何种经验应由学校或其他机构提供；②可能排除了系统化的知识；③即使在教师的指导下，亦可能包含好和不好的经验；④未能指出经验所要达到的结果。[①]

（3）活动本质观

这种课程本质观也是针对知识本质观的缺陷提出来的，它相对于经验本质观来说，更加强调课程的动态性质。这种课程本质观最早也可以说渊源于杜威。杜威认为，活动是联结儿童与社会桥梁的纽带，它是儿童认识世界的最主要路径之一。因此，课程应围绕儿童的综合实践活动而展开，而不是传统以学科为中心。“使儿童认识他的社会遗产的唯一方法是使他去实践”，“学校科目相互联系的真正中心，不是科学，不是文学，不是历史，不是地理，而是儿童本身的社会活动”。[②] 同时，在杜威的活动课程观中，儿童的兴趣与需要受到了足够的关注和重视。“兴趣是生长中的能力的信号和象征。我相信，兴趣显示着最初出现的能力。因此，经常且细心地观察儿童的兴趣，对于教育者是最重要的。”[③] 事实上，如果我们所开设的课程不能引起学生的兴趣和学习欲望，那么，学生就会存在学习的应付心理，对课程产生厌恶情绪。可以看出，杜威高度重视儿童主动的、能动的活动在其发展与教育中的重要作用。课程应关注儿童的本能、兴趣、情感、需要以及其他诉求。他认为，“一切教育活动的首要根基在于儿童本能的、冲动的态度和活动……儿童无数的自发活动、游戏、竞赛、模仿的努力，甚至婴儿的显然没有意义的动作——从前被看是微不足道的、无益的而被忽视了的表现——都可能具有教育上的用途，更确切地说，都是教育方法的基石”。[④] 这种思想后来被理解为有计划的学科活动和学生其他的学习活动。同时这一课程本质观也成为活动课程研究的理论基础。对此，有学者指出这一课程本质观的基本思想是：“课程是受教育者各种自主性活

① 靳玉乐、黄清：《课程研究方法论》，西南师范大学出版社 2000 年版，第 11 页。

② ［美］约翰·杜威：《杜威教育论著选》，赵祥麟、王承绪编译，华东师范大学出版社 1981 年版，第 6—7 页。

③ 同上书，第 10 页。

④ ［美］约翰·杜威：《学校与社会·明日之学校》，赵祥麟等译，人民教育出版社 1994 年版，第 86 页。

动的总和，学习者通过与活动对象的相互作用实现自身各方面的发展。从现有研究中可以看出，这种课程应当具有以下特点：强调学习者是课程的主体，以及作为主体的能动性；强调以学习者的兴趣、需要、能力、经验为中介实施课程；从活动的完整性出发，突出课程的综合性和整体性，反对过于详细的分科；从活动是人心理发生发展基础观点出发，重视学习活动的水平、结构、方式，特别是学习者与课程之间的关系。从心理基础而言，这种课程也强调全面性，即除了认知过程之外，学习者的其他心理成分同样是实施课程必须考虑的。”①

课程的活动本质观的主要特点是强调学习者是课程的主体，以学习者的兴趣、需要、能力、经验为中介实施课程；“儿童是起点，是中心，而且是目的。儿童的发展、儿童的成长，就是理想所在。……一切科目只是处于从属的地位，它们是工具，它们以服务于生长的各种需要衡量其价值。个性、性格比教材更为重要。不是知识和传闻的知识，而是自我实现，才是目标”。② 无疑，课程的活动本质观看到了儿童自身活动的重要性，充分调动了儿童学习的积极性、能动性和创造性，对于协调知识本质观和经验本质观之间的差异有一定的作用。但由于过度强调自发的儿童活动这一维度，从而使儿童的学习陷入肤浅的、零散的生活经验积累之中，是把课程作为外显的活动，容易导致把活动本身作为目的，而忽视活动真正的教育学意义与价值——为促进学生的发展服务。对此，我国课程学者郝德永对此作了深刻的批判：“从另一个方面看，把活动纳入课程的组成部分，从而使课程的本质内涵中融入了两类性质完全不同的对象，造成课程本质的混乱状态，混淆了课程及其途径的关系。因此，我认为活动不仅不能构成课程的组成部分，无论是有教育意义的活动，还是没有教育意义的活动，其本身都不是课程，而且，它更不能成为课程的本质，它对课程本质内涵的限定不构成任何依据。”③

（4）计划本质观

根据课程的预设性和制度性，有学者认为课程是受教育者在学校教

① 丛立新：《知识、经验、活动与课程的本质》，《北京师范大学学报》（社会科学版）1998 年第 4 期。

② ［美］约翰·杜威：《杜威教育论著选》，赵祥麟、王承绪编译，华东师范大学出版社 1981 年版，第 79 页。

③ 郝德永：《课程研制方法论》，教育科学出版社 2000 年版，第 59 页。

育环境中接受教育的计划。这一本质观是对单纯强调从学生的角度认识课程的进一步反思。虽然在杜威以后，持经验本质观和持活动本质观的人也认识到了课程的计划性，但他们都只是把计划作为限定经验和活动的一个词语。从20世纪60年代开始，一些课程研究者逐步把课程的本质确定为计划。美国课程研究者塔巴（H. Taba）认为，课程通过包括对目的和特定目标的阐述，对内容的选择和组织，还包括对结果的评估方案，所有这些，都可以归结为课程是一种学习计划。塞勒（J. G. Saylor）和亚历山大（W. M. Alexander）在70年代也提出课程是学校为学生提供的达到广泛目的和相关的特殊目标的一系列学习计划。奥利瓦（P. F. Oliva）则在80年代把原来所持的经验本质课程观转变为计划本质的课程观，他认为课程是学习者在学校指导下所获得的全部经验的计划和方案。[①] 普雷特（Pratt）认为课程的定义为："一组具组织的正规教育及（或）训练意图。"这个定义的含义为：①课程为意图或计划，这种计划可以是书面的或存在脑海中的；②课程是活动的计划或蓝图，而非活动；③课程包含其他各类意图；④课程涉及正规的意图，即故意选择以增进学习的意图；⑤课程说明其成分（目标、内容、评鉴等）间的关系，并把它们组织成为统一而连贯的整体；⑥教育和训练均采用这种定义。[②] 李臣之博士也认为课程是指导学生获得全部教育性经验的计划。[③] 钟启泉指出："课程意味着儿童在学校教师指导下的整个生活活动的总体计划。"[④]

课程的计划本质观的主要特点是强调课程目标的作用，注重对课程内容的选择和活动的预先设计。这一课程本质观的基本思想是，课程是有目的有计划的，它需要教师与学生的共同作用来实现学生的发展。可以看出，将课程定义为使受教育者接受教育的计划，无疑注重了课程的"先验性"、序列性和结构性，使课程方案的执行与实施具有了可资参照的"文本"。课程的计划本质观虽然认识到了课程的预期特征，凸显了课程的预设性、制度性和正式性。并把这种理性预期与具体的内容和

---

① 参见郝德永《课程研制方法论》，教育科学出版社2000年版，第60页。

② 李子建、黄显华：《课程：范式、取向和设计》（第二版），中文大学出版社2002年版，第5页。

③ 李臣之：《试论活动课程的本质》，《课程·教材·教法》1995年第12期。

④ 钟启泉：《现代课程论》，上海教育出版社1989年版，第178页。

活动联系了起来，有助于把课程落到实处。但这一课程本质观容易混淆课程与教学的关系，犯下包容过小的逻辑错误。同时，这种界定无疑也忽视或遗漏了对非计划性、非制度性课程的认识和把握，也在一定程度上省略或忽视了其与其他因素的相互关联，使得一些“无计划的、非正式的和隐性课程”得不到应有的关注和重视。这些课程看似无关紧要，实则涉及学生的情感、态度、行为和价值观等一系列范畴。事实上，学生的许多行为都是在这些课程的潜移默化的影响下得以养成的。所以，将课程看作某种计划，掩盖了非计划性因素对学生的影响。一味强调课程的预设性、计划性和方案性，可能会忽略学生的现实经验，限制了师生的能动性和创造性，窒息了教育的生机与活力。正如有学者所指出的那样：“教育中有许许多多灰色地带，人的许多变量是我们控制不了的，也是不能预先予以设定的。课程必须考虑到课堂里的气味和声音、教师的直觉判断和预感、学生的需要与兴趣，而学生、教师或课程专家并非总能对这些因素加以计划。”[①] 以课程为计划的定义，遭受到了下列的批评[②]：①这种定义未能兼顾在课室情境内可能出现的“本能意图”（instinctive intentions），意即即时出现的计划；②这种定义未能充分显示“设计工作”（planning endeavours）的内涵；③把这些计划付诸行动的过程会被视为课程以外的事物（Tanner & Tanner）。

（二）“过程原理”与课程的过程性本质

建立在近现代科学（如相对论、系统论、量子力学等）研究成果的基础之上，怀特海构筑了其对后世影响深远的过程哲学理论体系。其中，过程原理是其最基本的原理之一。在怀特海看来，现实世界中的一切事物，无论是浩瀚无限、远无边际的星空宇宙，还是生于毫末、难以体察的微生物群，都是一种过程性、动态性、流变性的存在。它们自创生之始，就恒久处于持续不断的转化、生成、演进、嬗变的创造性进展之中。因此，它的存在即是源于它的生成。诚如怀特海所指出的那样：

① ［美］艾伦·C. 奥恩斯坦、费朗西斯·P. 汉金斯：《课程：基础、原理和问题》（第三版），柯森主译，江苏教育出版社 2002 年版，第 14 页。

② 李子建、黄显华：《课程：范式、取向和设计》（第二版），中文大学出版社 2002 年版，第 9 页。

“一个现实存在是如何生成的，构成了这个现实存在是什么；……现实存在的‘存在’是由其‘生成’所构成的。这就是‘过程原理’。”[①] 怀特海所构筑的过程原理，为我们重新界说、诠释现实世界的真实构造及其内在本质，提供了一种新型的理论范式和概念图式。

长期以来，受传统实体性思维方式的规约、束缚与禁锢，我们总是以某种恒定、封闭、孤立自存、不假外求的离散性实体为逻辑起点来体察世界，以至于将某种物质实体或精神实体视为世界的构成，而最终导致了对过程性、生成性世界图景的掩盖、消解和遮蔽。事实上，“不论是从物质实体、精神实体，还是从场和系统出发去解释世界，本质上都是一种静态的形态学分析，这种分析的结果很难与活生生的现实世界和我们对这个现实世界的直接经验相符合。相反，若从过程角度来看，一切存在物都不是静止不动的，也不是一成不变的，而是处于永不停息的生成和发展过程之中，这种过程性就是它们的本真状态。显然，这种过程实在论同传统的实体实在论具有明显的和本质的区别”。[②] 由此可见，怀特海的过程原理是对传统牛顿式实体宇宙论以及机械性世界观的一种解构、扬弃和超越，它启示我们应从过程、动态、生成、转化等思维进路，来描述与理解当下活生生的现实客观世界。

怀特海过程原理对我们重新厘定与澄清课程内在的“质的规定性”具有重大的启发性意义。根植于过程哲学视域，课程不再是一种僵化、机械、单一、恒定不变的离散性实体，而成了一种始终面向新的情境性、历史性与可能性开放的过程性存在。事实上，关于对课程过程性本质的定性定位，中西方课程学者形成了具有内在一致性的学术判断。如在多尔看来，我们应“有意识地试图从过程——发展、对话、探究、转变的过程——的角度而不是从内容或材料的角度出发来界定课程”。[③] 他认为，“课程成为一种过程——不是传递所（绝对）知道的而是探索所不知道的知识的过程；而且通过探索，师生共同‘清扫疆界’从而既转变疆界也转变自己”。[④] 他相信，今日主导教育领域的线性、序列

① ［英］怀特海：《过程与实在》，杨富斌译，中国人民大学出版社 2013 年版，第 29 页。
② 同上书，第 33—34 页。
③ ［美］多尔：《后现代课程观》，王红宇译，教育科学出版社 2000 年版，第 19 页。
④ 同上书，第 222 页。

性、易于量化的秩序系统——侧重于清晰的起点和明确的终点——将让位于更为复杂的、多元的、不可预测的系统和网络。基于此，课程不是预设好、经由目标的分析过滤后的一套要实施的计划，而是整个课程的展开过程。此过程观点乃是立足于诠释学意义上的，是置身于一定语言背景下的阅读者主体对文本进行再理解、诠释、创造与重构的循环过程。因此，它指向于理解者自身思想的演进、变革与转换。进而，派纳更为深刻地指出，“课程是一种特别复杂的对话，课程不再是一个产品，而更是一个过程。它已成为一个动词、一种行动、一种社会实践、一种个人意义以及一种公众希望”。[①] 由此来看，课程不再是一个独立自存、单一、静态、封闭的实体，而成为一种不断变革、转化、发展、生成的过程，课程的过程性也即是它的实在性。综上可知，怀特海的过程原理为课程的过程性本质定位奠定了扎实的哲学基础，进而也就为我们进一步丰富、增益课程“质的丰富性”提供了新的思想资源和理论视角。此过程课程本质观尽管产生了巨大的学术影响，但也有学者对其提出了相应的批评。如在廖哲勋看来，“课程即对话和转变的过程”的思想渊源是实用主义的经验论，这种说法是对当代课程所作的错误定性和错误定位。并认为，以学生为主体，以重视精神文化的学习为前提，引导学生主动连接经验世界和精神文化世界，促进学生主动发展，这是当代课程的根本属性。[②] 此观点也应引起我们的重视与反思。

二　“摄入”概念与课程的“简单位置”症结扬弃

（一）怀特海的“摄入”概念及其张力

为更清晰、顺畅、理性地说明和描述人类经验的性质以及根本特点，怀特海在其理论体系中开创性地铸造了“摄入”概念。过程哲学大师柯布博士对此高度评价，认为“摄入或许是怀特海哲学中唯一最重

---

① Pinar, W. F., Reynolds, W. M., Slattery, P. & Taubman, P. M., Understanding Curriculum: An introduction to study of historical and contemporary curriculum discourses, New York: Peter Lang Publishing, 1995: 847-848.

② 廖哲勋:《关于当代课程定性定位问题的进一步探讨——兼评“课程即对话和转变的过程”的说法》,《教育研究》2009 年第 4 期。

要和最富原创性的概念”。[①] 在怀特海看来，“事件”或“现实实有”是构成机体宇宙的最根本“单元”或“粒子”，除此之外，别无其他。而这一切“现实实有”是如何成为其自身的呢？对此，怀特海给出了其哲学答案，即“现实实有”是通过“摄入”和“联结”（nexus）这一运行机制，而具有了聚合、融汇、涵括其他“现实实有”的内在功能，进而形成了自身的本体存在。从某种程度上来说，“摄入是存在于那里的某物成为这里的某物的那种方式。摄入是两个现实发生之间的纽带。过去的发生共同存在于新发生的构成之中。从这个视角看，我们可以说那里的某物成为这里的某物，这就是过去发生对新发生的因果效验。……摄入是一种内在关系”。[②] 可见，怀特海所谓的“摄入”概念，在本质上为我们呈现、描绘了一个万事万物都是相互关联、不可割离，并共存于某种“关系结构”之中的宇宙世界。它们始终处于彼此摄入、依存共生的复杂网络之中，因而根本不存在所谓的独立自存、不假外求的孤立实体。

事实上，从西方哲学史发展的脉络来看，怀特海“摄入”概念的提出是对传统实体哲学中“简单位置”（simple locations）概念的解构、扬弃和超越。处于“简单位置”中的实体是时空孤立的抽象存在，而“摄入”则是处于时空情境、与其他事物整体相关的具体事实。以“摄入”取代“物质”，以“摄入统合”取代“简单位置”，才能避免“误置的具体性之谬误”。总之，“摄入”是现实实有与其所处环境交互作用的管道。“摄入”的关系使得实有成为互摄有机的整体，同时超越了心物二元的对立，打破了有机物与无机物的界限。[③] 由此，怀特海哲学的“摄入”概念为我们重新洞察与检讨学校课程的组织设计方式提供了新的理论视镜。

受传统实体性思维的规约与束缚，我们总是将课程定性定位为一种离散性、封闭性、原子化的实体性科目，而遗忘了其适存的教育性生活主题以及受教育者的日常经验世界。怀特海对学校课程设置的离散性、

① ［英］怀特海：《过程与实在》，杨富斌译，中国人民大学出版社 2013 年版，第 512 页。

② 同上书，第 513 页。

③ 俞懿娴：《怀特海与后现代教育》，《唐都学刊》2014 年第 2 期。

分割性和壁垒化流弊与症结极为不满，并严肃地指出："要根除各科目之间那种致命的分离状况，因为它扼杀了现代课程的生命力。……我们没有向学生展现生活这个独特的统一体，而是教他们代数、几何、科学、历史，却毫无结果；我们让孩子们学两三种语言，但他们却从来没有真正掌握；……以上这些能说代表了生活吗？"[①] 而事实上，"教育只有一个主题，那就是五彩缤纷的生活"。由此，我们可以澄清这样一个事实，即学校课程的组织设计要以怀特海的"摄入"概念为理论基石，并以受教育者的生活世界为主题进行关联性、整合化、系统性的开发，唯有这样，才能真正契合受教育者的身心发展规律与内在成长诉求。

（二）学校课程组织的"有机性"界定

课程组织（curriculum organization）是课程发展的重要组成部分。良好的课程组织可使课程的诸多要素得以紧密联结和相互作用，可使课程的结构得以充实、完善和有序化，可积极促进学生进行持续性和创造性的学习，进而有助于提升学业成就。所以，从课程组织的功能角度来考虑，课程组织是对不同的线索或零散的诸多课程要素的妥善安排或整体性优化，从而使课程的整体效能得以发挥和呈现。如张华所说："课程组织恰如智慧的'编织机'，将零散的课程要素编织成课程智慧的彩缎，以更好地促进人的发展。"[②] 相反，不良的课程组织，则易于使课程要素处于相互冲突、彼此消解的无序状态之中，出现负面的效果，从而影响学生的学习成效。那么，到底什么是课程组织呢？事实上，在课程研究领域，人们对课程组织概念的探讨普遍借鉴了现代管理科学中的"组织"概念，于是便形成了多元化的课程组织界定。因此，我们有必要首先对"组织"一词作出辨析。

关于"组织"这个语词，我们并不陌生，它是现代管理科学领域广泛使用的基本概念之一，也是我们在日常生活中普遍运用的核心词语之一。在英语中，"组织"既有名词性的"organization"，也有动词性的"organize"。在《辞海》中，"组织"有以下几种含义："（1）按照一定的目的、任务和形式加以编制，如组织起来；也指编制起来，如工会组

① ［英］怀特海：《教育的目的》，徐汝舟译，三联书店2002年版，第12页。
② 张华：《课程与教学论》，上海教育出版社2000年版，第230页。

织；（2）指组成的形式和部分之间的关系；（3）纺织；（4）指造句构辞，作诗文；（5）多细胞动植物体内，由许多相似的细胞和细胞间质组成的基本结构，各有一定的形态结构和生理机能；（6）织物的结构形式。"[①] 在《哲学大辞典》中，"组织"有以下几种含义："（1）按照一定的目的、任务和形式编制的机构，如各种社会组织；（2）事物的整顿过程，由杂乱变有序；（3）指多细胞植物体内由许多相似的细胞和细胞间质组织的基本结构，各有一定的形态结构和生理机能；（4）指造句构辞、作诗文。"[②] 可以看出，这两本权威工具书对"组织"的解释具有一定的相似性，但又略有不同，这反映了"组织"内涵的丰富性、多元性和复杂性。

随着对"组织"概念认识的深化，人们把人类社会的组织区分为"他组织"和"自组织"两种类型。其中，组织力来自系统外部的是他组织，来自系统内部的是自组织。在后现代课程学者多尔看来，这种自组织概念对后现代课程设计尤具有启发性。"即在这一新范式中将产生一种新的科学观——比古典科学观更具有复杂性、不确定性和互动性的科学观。在此我相信自组织、耗散结构、生态平衡、间断性进化以及复杂性理论的概念都将对设计后现代课程具有启发性。"[③] 由此可见，"组织"一词具有十分丰富的内涵。在我们看来，组织一般是指根据一定的目的或形式对事物内部诸要素加以安排和编制，使之相互联系、相互作用，从而形成一个具有有序结构整体的过程。当把事物内部诸要素确定为课程要素时，也就成了课程组织问题。

关于课程组织的研究，其源流可追溯到夸美纽斯时代。如他在《大教学论》中，就论及了"如何组织课程与教学内容"的问题。1918 年，自课程论成为一门独立的学科之后，"如何组织课程"成为研究的焦点。1923 年，著名课程论专家麦克默里（Charles A. Mcmurry）出版了《如何组织课程》（*How to Organize the Curriculum*）一书，正式提出了"课程组织"问题。这是在西方课程发展史上，第一次比较系统地阐述如何有效地组织课程。在他看来，传统课程内容陈旧、机械和呆滞，远

① 《辞海》（中），上海辞海出版社 1979 年版，第 2653 页。

② 冯契主编：《哲学大辞典》，上海辞书出版社 1992 年版，第 2088 页。

③ ［美］多尔：《后现代课程观》，王红宇译，教育科学出版社 2000 年版，第 17 页。

离了儿童的日常社会生活，从而不利于儿童的身心发展。因此，新型的课程组织应以生活为基础来对课程进行有机整合，以便呈现这个世界的最好元素来激发儿童的发展。[①] 1949 年，有“现代课程之父”美誉的美国著名课程论专家拉尔夫·泰勒（R. Tyler）出版了其经典著作《课程与教学的基本原理》。在该书中，他提出了课程研制需关注的四个基本问题，分别是：

（1）学校应该追求哪些教育目的？

（2）提供什么样的教育经验才能达致这些教育目的？

（3）这些教育经验如何有效地组织？

（4）如何评定这些教育目的的实现？

不难看出，第三个问题便是课程组织问题了。显然，泰勒将课程组织视为课程研制过程的一个重要环节，关涉到整个课程开发的全过程。既然课程组织问题如此重要，那么，什么是课程组织呢？事实上，目前，学界尚未取得一致的意见。如英国课程学者斯基尔贝克（M. Skilbeck）认为：“课程组织是指构成教育系统或学校课程的要素得到安排、联系和排列的方式。这些要素包括这样一些一般因素：教学计划与方案、学习材料、学校器材与学校设备、教学力量的专业知识以及评价和检查体系的要求等。”[②] 美国课程学者麦克尼尔认为：“课程组织是指学习机会的序列化、顺序化和整合化，以便达到预期的结果，或让学习者从提供的各种机会中获得其他方面的益处。”[③] 中国香港中文大学的李子建、黄显华认为：“课程组织是指学习经验的排列、次序和统整。”[④] 我国学者张华认为：“所谓课程组织，就是在一定的教育价值观的指导下，将所选出的各种课程要素妥善地组织成课程结构，使各种课程要素在动态运行的课程结构系统中产生合力，以有效地实现课程

① McMurry, C. A., How to organize the curriculum, The Macmillan Company, 1923: preface.

② M. Skilbeck, Curriculum Organization, In A. Lewy (ed.), The International Encyclopedia of Curriculum, Oxford: Pergamon Press, 1991: 342.

③ [美] 麦克尼尔：《课程导论》，施良方等译，辽宁教育出版社 1990 年版，第 193 页。

④ 李子建、黄显华：《课程：范式、取向和设计》（第二版），中文大学出版社 2002 年版，第 265 页。

目标。”①

由上可见，不同学者由于立场、视角的差异，对课程组织也有不同的界定。在我们看来，课程组织是指根据一定的教育目的与原则，对诸多课程要素加以妥善地统整与安排，使之成为相互依赖、有机联结的整体，而对学生的学习效果产生积极影响的过程。对此，我们倾向于认同这样的观点：“课程组织是为了提供真正的学习机会，围绕解决学习内容和学习经验之间的有机联系问题，在范围和序列两个组织向度上安排相关课程要素，使之整体和谐地促使学习达到最大累积效应。”② 此观点将课程组织的重心确定为在学习内容和学习经验之间建立有机联系，其组织的关键要素不是孤立的事物，而是事物的内在联系。这也就把课程组织看作一个动态的、连续性、交互性的复杂过程，成了一种有机联系的课程系统。无疑，这种理解与界定符合怀特海过程哲学宇宙论所确立的“摄入性”、有机性和关联性原则。

（三）基于“摄入”概念的主题式课程组织

基于怀特海过程哲学中的“摄入”概念，要破除课程“简单位置”的流弊与症结，进而使课程的整体效能得以发挥出来，就必须对其组成要素进行有效的组织，并使它们和谐发展，起相互强化的作用。按照麦克尼尔的话说：“要素就是各种脉络——课程组织的质地和纱线。”③ 在我们看来，以受教育者的生活世界为主题，并对课程进行关联性、整合化的组织与设计，是对学生的学习产生“累积作用”或“累积效应”（cumulative effect）的关键所在。

以受教育者生活世界中的主题为轴心来设计、组织课程，称为主题式课程组织，它具有全面性、整体性、联结性、统合性、探究性的特征。赫尔巴特认为，各学科之间应有联系，应围绕一个主题组织课程，强化统合原则。它以整合学科知识范式，建设完整经验逻辑，缔结生成性思维意识为主要样态。主题式课程组织与社会问题、学科或学习者课

---

① 张华：《课程与教学论》，上海教育出版社2000年版，第230页。

② 钟启泉主编：《课程论》，教育科学出版社2007年版，第172页。

③ ［美］麦克尼尔：《课程导论》，谢登斌等译，中国轻工业出版社2007年版，第186页。

程组织的最大区别在于：主题的展开并不遵循某一线索，它具有多层次的综合、统整功能，它要求的是课程内容的全方面统整和协作。在新课程改革背景下，这种课程组织方式是对传统单一的、离散性的、壁垒化的学科式课程组织模式的继承和超越。如当下综合实践活动课程的组织设计方式即很好地表征与彰显了此课程理念。《中小学综合实践活动课程指导纲要》明确指出："综合实践活动是从学生的真实生活和发展需要出发，从生活情境中发现问题，转化为活动主题，通过探究、服务、制作、体验等方式，培养学生综合素质的跨学科实践性课程。"可见，综合实践活动课程是一门独特的具有综合性以及跨学科性的新型的课程形态。为促进受教育者学科知识与日常生活知识以及个人经验的"互摄"、融汇，此课程的组织设计强调以"现实问题"为"主轴"与核心，并形成多种多样、内涵丰富的活动主题。受教育者通过对诸多现实问题的洞察、辨析和解决，使各类知识相互"摄入"、彼此渗透贯通，并随之形成某种系统性、有机性、意义性的关联和整合，从而使其在探究活动中获得真实、充盈的实践经验和关于自然、社会与自我之内在和谐关系的价值体认。无疑，综合实践活动课程的这种关联性主题设计也就在根本上打破、解构了儿童在学科世界和生活世界、课堂学习与社会实践之间的阻隔和分野，增强了学科知识与生活经验之间的"摄入性"和融合度，进而促进了受教育者身心的全面发展与提升。

在新时期，为促进基于"摄入"概念的主题式课程组织，我们需从以下方面努力。第一，确立和持守有机统一的课程知识观。"英国科学哲学家吉本斯（M. Gibbons，1994）从'知识生产（学术研究）同现实社会关系'的角度，把知识生产（学术研究）分为两种模式。模式Ⅰ——近代型知识生产模式，其特点是学科内的、学科社区的、线性的、阶层性的、僵化的。模式Ⅱ——现代型知识生产方式，其特点是跨学科的、非线性的、网络式的、平等对话的、流动鲜活的。"[①] 基于这一分析视角，我们可以看出，传统的知识生产模式也就决定了传统课程知识观的偏狭、分野及二元对立的逻辑旨趣。而现代的课程知识观则更多关注外显知识和内隐知识的内在整合性、学科与学科间的有机融合

① 钟启泉：《现代课程论》（新版），上海教育出版社 2003 年版，第 477 页。

性、科学探究和经验增长的一体生成性。在主题式课程教学实践中，首先，实施主体（教师）应当从传统的学科知识授受的规约中解脱出来，使课堂教学下嫁到学生的日常生活之中，使毫无感情色彩的学术符号、概念、定义、公式等成为学生易于接受和掌握的操作工具和行动手段，让其焕发出生命的价值底蕴和活动张力。其次，在思维方式上，它应抛弃一味追求“确定性”“本质主义”的逻辑，转而运用和融合逆向思维、多向思维、立体思维的方法，并加大各种学科不同视角、话语的交汇和集聚，从而突破思维的茧式状态而走向开放和对话。最后，在学习者（学生）的层面上，也应当消解和转换传统的甘作学生的角色和立场，扭转和改变仅在课本这一物质载体中寻求知识的简单认识，从而建构和生成与当下的生活世界紧密相联、息息相关的完整图景和意义人生。从本质上来说，主题式课程模式的开发应当坚持和守护具有开创性、建构性、生成性的整体主义课程取向。第二，开拓和深化课程资源的整合理念。主题式课程基于理性的、有序的、动态的整合理念，在对课程资源开发、选择、利用、重组、优化的层面上赋予了更多的意义和内涵。首先，“过去，我们常常关注的是学校的场地、设备、设施、办学经费、教师队伍素质等显性资源，而忽视了学校还蕴藏着的更为丰富的隐性资源，如师生对教与学的热情及投入度，师生的创造潜力，等等；比较注重学校教育内部资源，而忽视了社区、家庭环境等外部资源”。① 其次，在对课程资源进行有机整合的过程中，应当摆脱简单化、低层次的机械组装和无机拼凑，建立一种复杂化、互动性、生成性的整合理念。其由于充分考虑和关注了学生的内心需要和价值诉求，也就在一定程度上保证了学生逻辑思维锻炼、探究精神培植、情感参与体认、实践能力提高等向度的综合与平衡。它要求学生主体多方面、多层次、多角度地了解和洞察知识的深层次内部结构，有机融汇和聚合各具特点的知识探究逻辑和实验方法，并积极谋求和创建各学科知识之间的外部联系和内在统一，从而达到对事物的完整性认识和全面掌握。同时，我们也要从根本上固守主题式课程的独立性，避免走向传统学科课程的旧轨道路上去。第三，创设开放、对话式的教学实践范式。首先在主题式

① 林淑媛：《小学“主题式综合活动”课程的开发与思考》，《教育导刊》2001 年第 23 期。

课程的实施中，其实施主题的覆盖范围已不仅仅包括教师、学生两个主体，而应当囊括与此主题实施相关的所有对象。这样，也就综合和统整了主体间各个单元式的经验分散结构，深化、拓展和扩散了学生的了解、探究和行动空间，有利于学生全局式、立体化、多方面的经验生成。因此，这种主题式课程的教学域必然是一个向大众社会敞开、向生活世界靠拢、向无限的现实情境延展的开放式教学天地。当然，这种开放的意蕴并不意味着完全被外界物同化或湮灭，而是与其保持适切、合理的张力，并恪守其教育价值的独立性，从而保证教学的优化和高效。其次，在主题式课程实施的运行过程中，以教师为中心的教学模式必将走向终结。因为在这种独白式教学中，教师是独占和享受课堂盛宴的唯一客人，学生沦为了只是俯首帖耳、甘心听道而丧失了自身活力的异己的存在，也就从根本上造成了在课堂上师生对话的缺失。而在对话式教学中，传统的师生角色发生了改变，正如弗莱雷所指出的："通过对话，教师的学生及学生的教师等字眼不复存在，新的术语随之出现：教师学生及学生教师。教师不再仅仅是授业者，在与学生的对话中，教师本身也得到教益，学生在被教的同时反过来也在教育教师，他们合作起来共同成长。"① 这种平等、公正、开放的对话空间也就保证了学生自主探究效能的有机实现。第四，促进课程内外部要素的优化组合。课程的外部要素是指影响课程决策与发展的不同层面。这些层面有社会的、学校的、教学的、意识形态的层面。② 首先，社会层面的课程组织是从社会政治的角度去规划课程，制定课程的人包括社会上各利益相关者，以课程的决策者为主，并颁布有关的课程目标、指引、教学用书给学校使用。其次，从学校层面来看，课程组织所顾及的是校内的时段限制，如校历表、不同的学期等，常见的课程组织以学术科目为主。再次，从教学层面来看，课程组织体现在教师的教学计划和有关课堂的实施中。最后，从意识形态的层面来看，课程随着社会的取向和价值而有所倾向，其课程组织也有特定的安排。课程的内部要素是指参与课程实施的要素。对此，不同学者有不同的看法。施瓦布（Schwab）认为课程组织包

---

① ［巴西］保罗·弗莱雷：《被压迫者教育学》，顾建新等译，华东师范大学出版社 2001 年版，第 31 页。

② 林智中、陈健生、张爽：《课程组织》，教育科学出版社 2006 年版，第 2 页。

括四大要素："教师、学习者、教材和环境。"① 奥恩斯坦与汉金斯认为课程组织包括："目的、一般目标和具体目标；学科内容；学习经验；评价方法。"② 麦克尼尔认为课程组织包括："主题和概念；归纳和概括；技能；价值。"③ 从上述学者所概括的课程组织要素来看，施瓦布是从把课程视为一个有机整体的宏观层面上来区分的，奥恩斯坦等和麦克尼尔则是从微观层面来探讨的。自然，不同层面上的课程组织也就会包含不同的课程要素。在课程实施活动中，这些要素发挥着各自不同的价值与作用，但它们之间也会彼此交叉、互动，相互影响，发生联结。由此可见，课程组织受制于诸多课程要素的影响，用"牵一发而动全身"实不为过。由于诸多因素变化万端，难以把握。所以，高效能的、基于"摄入"概念的主题式课程组织一定要考虑到其复杂性和无序性，防止因简单化操作而影响了课程的素质。

三 "动力学的过程分析法"与课程静态结构分析的突破

怀特海独特的宇宙论和哲学观，造就了其与众不同、别具一格的方法论视野、思维与路径。针对传统实体哲学过多采用静态、封闭、孤立、原子式的形态学分析逻辑，怀特海提出要用动力学或发生学的过程分析法来加以扬弃与超越。

（一）怀特海的"动力学的过程分析法"诠释

怀特海指出："有机哲学则特别注重对现实存在进行动态的过程分析，努力对之作动力学的过程描述或发生学考察，致力于把握现实存在本身的有机性、关系性和过程性。因为在过程哲学看来，只要与过程的

① Schwab, J., The practical 3: Translation into curriculum, School Review, Vol. 81, Number 4, 1973.

② ［美］艾伦·C. 奥恩斯坦、费朗西斯·P. 汉金斯：《课程：基础、原理和问题》（第三版），柯森主译，江苏教育出版社 2002 年版，第 247 页。

③ ［美］麦克尼尔：《课程导论》，谢登斌等译，中国轻工业出版社 2007 年版，第 187 页。

关系未弄清楚，任何现实存在都没有被最终理解。”[①] 这一卓越思想鲜明体现在他对以笛卡儿、斯宾诺莎等为代表的实体哲学方法论的批判和解构上。在怀特海看来，笛卡儿所恪守的“身心二元论”以及将现实世界机械划分为两个互不干涉的物质实体与精神实体部分，是实体主义思维主宰和控制下的产物，整体破坏了哲学理论体系建构的“内在一致性”与“合乎逻辑性”原则，没有体悟、洞察到两者本身固有的“互摄性”和关系性。而这种“不一致性是对第一原理的任意割裂”。[②] 斯宾诺莎的实体哲学尽管修正了笛卡儿的“二元论”，即从某一种实体出发来理解世界，但其内在缺陷与不足是“任意地引入了各种‘方式’”，如将表达思想的“主词—谓词形式”看作对事实根本特点的外在表征，这无疑是对世界完整性、多样性、多元化理解和诠释的遮蔽与掩盖，在本质上是一种实体性、分离性或单义性的思维范型和概念图式。对此，怀特海深刻地指出：“有机哲学抛弃了思想的主词—谓词形式，因为斯宾诺莎的哲学假定这种形式是对事实的最终特征的直接体现。其结果便是有机哲学排除了‘实体—属性’概念，并且以动力学的过程描述取代了形态学的描述。”[③] 因此，正是凭依这种动力学或发生学的过程分析法，怀特海旨在从根本上破除自古希腊以来，西方哲学长期存在着的物质与理念、肉身与心灵、主体与客体、存在与生成、事实与价值之间的“二元对立”症结和困境，从而进一步确立、彰显了事物与事物之间的联结性、生成性、互融性、协同性品质和逻辑，进而其理论体系的“内在一致性”和“逻辑自洽性”也就得到有效的达成和保障。

无独有偶。在社会学领域，学者孙立平在研究当代中国国家与农民关系的实践形态时发现，国家的组织结构特征与其所能产生的效能结果之间存在着一种明显的不对称性悖论。因此，为揭示和洞析隐藏在其背后的种种“社会隐秘”，他独创性地提出了一种被称为“过程—事件分析”的研究策略和叙事方式。在他看来，所谓“过程—事件分析”，就是要对能够真正展示事物深层逻辑的事件性过程进行动态的描述与解

① 杨富斌：《过程哲学方法论探析》，《光明日报》2015 年 1 月 21 日。
② ［英］怀特海：《过程与实在》，杨富斌译，中国人民大学出版社 2013 年版，第 8 页。
③ 同上。

释，并进行叙事性再现和关联性分析。“之所以要采用‘过程—事件分析’的研究策略和叙事方式，从方法论上说是由于静态结构分析所存在的局限，这或许可以称为结构上的不可见性。因为在静态的结构中，事物本身的一些重要特征，事物内部不同因素之间的复杂关联，以及这一事物在与不同的情境发生遭遇时所可能发生的种种出人意料的变化，都并不是前在地存在于既有的结构之中。……这种结构上的不可见性，划定了静态结构分析的边界与局限。”[①] 可见，此种运思逻辑在本质上是立足于孤立化、抽象化、静态化、平面化的视角来开展课程论研究的，此种方法论缺乏一种动态性、过程性视角，忽略了课程体系之间内在的关联性和交互性，从而导致研究结论的凝固化、机械化和无机化。

怀特海所谓的“动力学的过程分析法”以及孙立平教授所建构的“过程—事件分析”研究策略在内在旨趣上具有高度的相似性，可谓殊途同归，这就为课程研究的方法论突破与创新带来了新的启示。在我们看来，新时期的课程研究需形成以下的思路变革以及范式转换。

（二）将课程作为一个“事件性过程”来加以体认

诚如上文所论述的那样，在怀特海过程哲学的理论视域里，课程是一种不断融汇新质、始终面向新颖性敞开的过程性存在。而“‘过程—事件分析’的研究策略则意味着，过程可以作为一个相对独立的解释源泉或解释变项。……最基本之点，是力图将所要研究的对象由静态的结构转向若干事件所构成的动态过程”。[②] 这种过程性存在不仅体现在其学科属性上的开放性，同时它还指向于课程实施过程中师生相互间的“主体对话”、情感交互以及教育智慧的生成上。因此，注重过程，强化对课程形成、发展、流变之种种事件或因素的动态叙事描述，是我们转换、变革课程研究方法论的逻辑起点。如有学者提出了基于事件的课程观，认为课程是由情境引发并有儿童经历的事件，并通过儿童参与事件解决而达到创生。这种课程观点更为关注儿童的生活，强调教师与儿

---

① 孙立平：《“过程—事件分析”与当代中国国家—农民关系的实践形态》，载《清华社会学评论》，鹭江出版社2000年版，第8页。

② 同上。

童的主体性参与，因而具有重大的教育学价值与意义。[①] 弗利纳基于后现代逻辑，提出要把课程看作一种“动态化过程”，而不是“物”。“如果把课程看成‘物’——教案、目的、大纲、教学效果——这种语言游戏反映的就是潜在的控制逻辑。”[②] 因此，我们要转换看待课程的意义、目的、价值以及方式（包括对课程的隐喻和认识方式）的视角，进而把课程作为“过程”，以及具有涌现性、自组织性的“意义系统”来理解与体认，从而在根本上摒弃控制逻辑，重建课程的语言体系以及意义世界。

（三）将“课程事实”性质的流动性作为基本假设

怀特海认为，世界中的一切事物在本体论的意义上都是一种流动性、过程性的存在。自然，所谓的课程事实或课程现象在性质上亦不是静态的、僵化的、垂死的。而基于“过程—事件分析”研究策略，则“涉及对社会事实的一种截然不同的假设，也就是说，这样的一种研究策略意味着将社会事实看作是动态的、流动的，而不是静态的。……‘过程—事件分析’的研究策略，在对待社会现象的时候，就如同印象派画家将空气和阳光看作是流动的一样，将社会现象看作是流动的、鲜活的、在动态中充满着种种‘隐秘’的”。[③] 因此，课程研究应打破以往对课程事实或课程现象的静态式、封闭性的定位与想象，进而从动态、流变、生成的视野和立场加以审视与运思，从而扬弃静态结构分析的机械、死板和僵硬。

---

① 严仲连：《论基于事件的课程观》，《教育科学》2007 年第 1 期。

② ［美］杰恩·弗利纳：《课程动态学：再造心灵》，吕联芳等译，教育科学出版社 2013 年版，第 145—146 页。

③ 孙立平：《“过程—事件分析”与当代中国国家—农民关系的实践形态》，载《清华社会学评论》，鹭江出版社 2000 年版，第 9—10 页。

第四章

“工具重设”：对课程语言的反思与变革

> 每一门科学都必定会设计自己的工具，而哲学所需要的工具则是语言。因此，如同物理学通常要对先前存在的工具重新进行设计一样，哲学也以同样的方法对语言重新进行设计。
>
> ——怀特海
>
> 研究领域就是研究领域，是一种语言或话语传统。……课程领域是涉及学校中所发生的事情的。但在反映学校中所发生的事情的时候，课程领域采用语言并由语言所构成。正是语言反映并决定着“学校中所发生的事情”意味着什么。因此，理解课程领域意味着我们需要密切注意该领域的学者所运用的语言。
>
> ——派　纳
>
> 被西方哲学家和汉学家不假思索地作为预设的实体性的语言，有时会导致一些严重的误导性的翻译。……所有这些翻译都助长了对象或本质的一成不变和单义的特征，这些特征恰恰来自于那种根植于实体主义（substantialist）视角的语言。
>
> ——安乐哲

在当下的课程研究语境中，正在萌生、涌现出一种强烈的课程意识或课程观念，即我们需要密切关注课程领域中所使用的语言及其表达方式。①

---

① 注：作为教育的核心范畴与焦点论域，课程的理论研究和实践变革都与语言有着某种天然的联系。因而，课程语言研究必然是课程理论研究中的一个重要组成部分。然而，长期以来，课程语言问题并未引起诸多课程学者的关注和重视，使其在日益繁盛的课程理论研究中处于虚无和“缺场”的境遇中，在一定程度上阻碍了课程理论的深入发展。鉴于此，在当下，凭依怀特海过程哲学的语言观，深入开展我国课程语言研究，进而揭示其自身所承载的不同的教育学意义，“此其时矣”！

这一问题如此重要，以至于当代美国课程理论家派纳（Pinar）甚为严肃地指出："研究领域就是研究领域，是一种语言或话语传统。……课程领域是涉及学校中所发生的事情的。但在反映学校中所发生的事情的时候，课程领域采用语言并由语言所构成。正是语言反映并决定着'学校中所发生的事情'意味着什么。因此，理解课程领域意味着我们需要密切注意该领域的学者所运用的语言。"① 日本课程论专家佐藤学则走得更远，他甚至把"课程研究"视为一种作为语言实践构成、反思、批评教育实践的探究。② 受传统实体哲学思想的规约与束缚，我国课程语言呈现出某种实体性、离散性和控制性的特点与品质，进而造成了其教育学意义的式微、消解和丧失。在新时期，我们有必要凭依怀特海过程哲学的语言观，构筑或创生出一种新型的更具过程性、关系性、有机性、生成性的课程语言，从而赋予课程以新的"身份"、灵魂与生命。

一　课程研究的"语言意识"自觉

课程语言问题的提出并非空穴来风，而是根植于西方哲学的"语言转向"运动以及课程范式的时代转换背景。由此，长期处于边缘、自发和沉睡状态的课程语言问题终于进入了研究者的视野，并激起越来越多课程学者有意识的关注与探讨。

（一）课程研究的"语言视角"

语言是人类思想观念和思维活动的物质载体与符号表征，离开了语言，人类也就丧失了能安身立命的根本和源泉。语言赋予了人类以生命的灵性、鲜活与律动，人类只有在对语言的不断摄取、理解、洞察和反思中，才能体会与感悟到生活世界的美、力量、价值和意义所在。

语言学家维柯认为："人类起源和历史发展的全部奥秘就深埋在人类的语言之中。"③ 系统论的创始人贝塔朗菲认为："包围人的是符号的

① ［美］派纳等：《理解课程》（上），张华等译，教育科学出版社2003年版，第6—7页。

② ［日］佐藤学：《课程的语言与实践》，《外国教育资料》1999年第5期。

③ 申小龙：《维柯：人类语言文化视界的开启者——论维柯的符号学—文化语言学思想》，《复旦学报》（社会科学版）1989年第4期。

世界。从作为文化的前提的语言开始，到他与同伴的符号的关系、社会地位、法律、科学、艺术、道德、宗教与无数其他事物，人的行为除了饥饿与性的生物需要等基本方面之外，都由符号的实体支配。”[①] 由此可见，我们生于斯、长于斯的生活世界实际上是一个语言世界，或者说是一个符号世界。进而，存在主义哲学家海德格尔更是明确地指出，语言是人之存在的栖居之所，“唯语言才使人能够成为那样一个作为人而存在的生命体”。[②] 在海德格尔的理论视域中，语言是人的本质，具有本体论的价值、地位和意义。

在教育教学领域，人的自我成长与实现，需要借助语言的力量才能得以达成。诚如雅斯贝尔斯所说：“要成为人，须靠语言的传承方能达到，因为精神遗产只有通过语言才能传给我们。”[③] 同样，针对师生关系的确证，也要通过语言才使其成为可能。“通过语言，师生确认存在，从而使教育成为可能；通过语言，师生共享世界，从而使生命敞亮起来；通过语言，师生对话人生，从而引起师生同往。”[④] 可见，人类正是通过语言这一象征性、符号化、代码化的媒介工具，才使自身的超越智慧、生命感悟，以及社会生产经验和正常的社会关系得以规定、形塑和发展，从而进行生生不息的代代传承与延续。

语言对于人之存在的重要性自不待言。就是对某一学科领域的学术研究而言，其发展与变化也首先表现在其语言的发展和变化上。因此，我们在开展研究时，就需借助语言视角，进而彰显其丰富、充盈的教育学意义。“世界成员在世界中如何感知事物，又如何应对事物，关键取决于揭示世界的语言视角；这个视角好像一束光，有了它，语言这个发光体就可以使世界中所发生的一切事件都变得明亮起来。”[⑤] 课程研究同样需要借助语言视角，来使一切课程“事件”变得明亮起来。事实上，自 20 世纪以降，伴随着西方哲学“语言转向”的涌动，课程领域掀起了一股“语言之思”的浪潮，开启了追寻本真课程语言的返魅

① 转引自张灵芝《高等教育语言流变：现象、本质与规律》，《西南大学学报》（社会科学版）2010 年第 5 期。

② ［德］海德格尔：《在通向语言的途中》，孙周兴译，商务印书馆 2005 年版，第 1 页。

③ ［德］雅斯贝尔斯：《什么是教育》，邹进译，三联书店 1991 年版，第 84 页。

④ 王枬：《语言：师生心灵之约》，《教育研究》2002 年第 2 期。

⑤ ［德］哈贝马斯：《后民族结构》，曹卫东译，上海人民出版社 2002 年版，第 192 页。

之旅。

众所周知，西方哲学的发展共经历了从本体论到认识论，再到语言哲学的三大转向。其中，在19世纪末20世纪初发生的、由笛卡儿肇始的认识论研究过渡到现代的语言哲学研究，便形成了所谓的哲学的“语言转向”。这场具有划时代意义的哲学革命的发动者认为，传统形而上学之所以陷入了种种困境和矛盾，其根本症结就在于对语言的误用或滥用。M. 石里克在《哲学的转变》中就提出：“过去时代最严重错误之一，是认为哲学命题的真正意义和最后内容可以再用陈述来表述，即可以用知识来阐明；这就是‘形而上学’的错误。形而上学者的努力一直向集中在这一荒谬的目标上，要用知识来表达纯粹性质的内容（事物的“本质”），也就是要说那不可说的东西。……因此形而上学的没落并不是因为解决它的问题是人的理性所不能胜任的事，而是因为根本就没有这种问题。”[①] 因此，由于没有正当、恰切地使用语言，传统形而上学所建构出来的种种概念、命题或范畴也就成了无意义的虚假陈述了。所以，在新时期，哲学的重要作为不是去构筑某种抽象、普适性的“宏大叙事”，而是要对语言展开精细的辨析与澄清，以剔除那些没有意义的因素，进而促进语言系统的科学化、逻辑化、严密性和规范化。

哲学的语言转向运动产生了巨大的影响，激发了诸多学科领域对语言问题的关注，成了学科间的“公共议题”。自然，在教育研究领域亦不例外。佐藤学指出：“教育的实践借助语言得以结构化。用怎样的语言构想教育的目的与主题，用怎样的语言构成这种实践，用怎样的语言实现这种过程，用怎样的语言赋予这种过程中发生的变化，用怎样的语言去反思、表达这种实践的经验，这一连串用语所构成、所实现、所反思、所表达的活动，就是教育实践。”[②] 显然，他把教育实践看作一种语言实践，一种以语言为媒介的意义与关系重构的实践了。事实上，在20世纪初期，一些分析教育哲学家，如谢弗勒、穆尔等就开始运用语言分析的方法，来探讨“教育”“课程”“教学”“学科”“知识”等词语，并剖析这些概念或术语陷入纷争和矛盾的内在根源。但随着教育研

① ［德］M．石里克：《哲学的转变》，洪谦：《逻辑经验主义》（上卷），商务印书馆1982年版，第9页。

② ［日］佐藤学：《课程的语言与实践》，《外国教育资料》1999年第5期。

究的深入发展，人们逐渐发现，这种“分析的技术”对理解语言的意蕴而言，可谓捉襟见肘、大打折扣。例如，“慎重地、反复持久地应用分析的技术对学习这个概念进行澄清，产生的结果同那些相信分析范式的力量能够使‘模糊的分类’清楚、准确、明了的人的期望截然相反”。[①] 这一现象引发人们的思考便是，对语言意义的挖掘与描述，如若仅运用逻辑分析或经验证实的方法来加以考辨与分析，显然就太过于烦琐和肤浅，难入语言世界的堂奥了。在现时期的课程研究领域，人们规避了这种研究范式的流弊与不足，而采取将课程语言置于复杂、动态的语言流变或嬗变中，来揭示其丰富意蕴及其所隐含的价值观念差异，取得了重大突破与成就。

总之，哲学的语言转向促使了课程语言意识的觉醒，使课程研究者真正在自觉的意义上去重新打量、审视与自身如影相随的语言问题，进而促使新的语言系统和叙述结构得以重构与敞开。派纳认为：“理解当代课程领域，有必要把课程领域理解为话语（discourse）、理解为文本（text），并且最简单却最深刻地理解为语词与观念。……任何学科或研究视域都能作为话语来对待，并能作为话语来分析，这样做需要研究特定研究领域的语言。”[②] 无疑，从语言的视角来审视课程研究，有助于打破课程研究的沉寂状态，拓展课程研究的运思进路，形成崭新的课程理念或观念。

（二）课程语言的“符号潜能”激发

自1918年博比特公开出版《课程》一书以来，课程研究走过了近百年的漫长历程。其间，课程研究不断地从幼稚走向成熟、从自发走向自觉、从经验化走向科学化，并形成了两大课程研究范式——课程开发范式和理解课程范式。由此，课程语言也就在这两种课程研究范式之间不断变迁、交替和辗转。

在派纳看来，自20世纪70年代以降，西方课程研究领域正在经历着一场显著的范式转换运动。即是由以泰勒原理为理论基础的课程开发

① 赵祥麟主编，赵荣昌、李明德编：《外国教育家评传》（第三卷），上海教育出版社1992年版，第799页。

② ［美］派纳等：《理解课程》（上），张华等译，教育科学出版社2003年版，第7页。

范式，转换到目前方兴未艾的理解课程范式。而正是在后一种课程研究范式的理论视域中，课程语言的“符号潜能”得以彻底地激发和彰显。派纳认为，1970年以前，在课程领域占据主导地位的范式是课程开发范式。该范式以寻求普适性的课程开发规律、模式和程序为根本目的，着眼于对教师教学行为的规约和控制，具有典型的“程序主义”（proceduralism）倾向。由于此研究范式自身所具有的“工具理性”秉性和机械的行为主义特征，它受到了一批“概念重建主义”者的质疑、批评和解构。在这场轰轰烈烈的“大批判”中，派纳首当其冲，最先对传统课程领域进行发难。在他看来，传统的课程研究者错误地诠释了“课程”的含义，即课程不应当是一个实体化、静态的“跑道”，而应当从过程的、动态的、关系的维度来定性定位课程，要强调学生学习的过程和内在体验。

派纳独特的、极具开拓性的学术见解迅速扩散到课程研究领域，激活了沉寂的课程现状，其主张得到了最广泛的认同和支持。课程学者们纷纷基于不同的理论视角来创造性地理解课程，课程“质的丰富性”得以进一步伸张和扩充。理解是什么？理解本身就存在着多元性、开放性和不确定性。所以，基于理解者不同的理论视野所展开的对课程文本的创造性理解，是对课程本质的无限丰富和延展。这样，对课程文本的开放性理解，也就成了一种新的意义建构活动。自此，如何理解课程成为了课程“学术共同体”共同关心的重要议题。课程领域实现了由课程开发到理解课程的范式转换，促使课程研究走向了自主的新生和解放。

Davis指出，“随着年代的流逝，在教育的日常语言中，慢慢把‘课程开发’（curriculum development）一词衰变成一个缩略语‘课程’（curriculum）。‘课程’一词被赋予了更新的内涵。课程的内涵在以下两点交替：既指实践的事情，与此同时又提升了其符号潜能”。[①] 可见，课程的内涵具有了双重面向。它既可以指课程设计或课程实施等“实践的事情”，又可以指课程是一种语言或话语系统。如果说课程开发范式较多着眼于前者的话，那么，在理解课程范式中，课程不再被视为一种

① ［美］派纳等：《理解课程》（上），张华等译，教育科学出版社2003年版，第15页。

实体化、原子化、静态的学校材料（school materials），而嬗变、化约为了一种作为语言样态存在的，可以多元化解读和定性定位的符号表征（symbolic representation）。“把课程理解为一种符号表征是指那些制度性和推论性实践、结构、形象和经验能够以不同的方式被确认和分析，这些方式包括：政治的、种族的、自传的、现象学的、神学的、国际的、性别的和解构的。我们可以说把课程理解为符号表征的努力，在相当程度上确定了当代课程领域。”① 这就是说，课程作为一种符号表征，可以基于不同的学科视角进行解读和理解，从而生发出不同的课程认识。而“理解的过程乃是一种语言过程”（伽达默尔语），课程研究者要想透析课程的“多张面孔”，就需要借助自身的灵性和创造力，不断发明新的更具概括性与启发性的词语和概念，或赋予传统语词和概念以新的内涵与意义，以满足理解课程的需要和诉求。因此，课程领域不再是某一种语言或话语长期主宰、霸占着课程研究，而是多种语言或话语同冶一炉、“琴瑟和鸣”、共奏和谐。它驱使你不断审视自己的观点和立场，去聆听来自不同世界、不同言说主体所发出的课程“好声音”。

（三）课程语言的流变及其异质品性

针对课程研究而言，任何课程思想、观念与思维最终都必然通过课程语言这一媒介工具而得以传承、延续和彰显。事实上，课程语言作为课程信息的载体或课程思维的表象，反映了人们对课程事实的认知、态度、情绪与价值取向。自 21 世纪以降，伴随着我国基础教育课程改革的持续推进和拓展，课程语言流变更为迅速、活跃与急骤。这一方面反映了人们对课程问题或课程现象的认识和洞察愈加明晰；另一方面，也表征和折射出我国课程变革的实践日趋深化，以及人们对课程制度创新的多元化价值诉求。纵观课程发展史，多种课程语言华丽绽放，课程领域成了一首多种声音交会融合的复杂的交响曲。因此，梳理和澄清课程语言流变，把握其内在规律和特征，将对我国课程理论的发展起到推动和促进作用。

但是，不同的课程语言具有不同的品格、秉性和教育学意义。对

① ［美］派纳等：《理解课程》（上），张华等译，教育科学出版社 2003 年版，第 16 页。

此，我们应有足够的认识与判断。

（1）科学化课程语言及其贫困

20 世纪初，美国的自然科学得以迅猛发展，整个社会充斥着对技术、效率和速度的狂热追求。在这一时期诞生的泰罗“科学管理原理”，无疑是这种时代精神的最佳例证。受此影响，课程研究也迎来了一个云蒸霞蔚的科学化开发时代，着力为课程开发提供某种普适性的技术模式或效率模式。由于这一运动恪守的是一种工具理性的意识形态和科学化的思维方式，也就使得一些精确性、规定性、指令性、技术性、程序性、实证性课程语言走上历史舞台，并无可争议地成了一种根本性、主导性的语言形态，充斥于当代课程研究的字里行间。日本学者佐藤学认为，20 世纪 70 年代以前的课程话语，是以科学为基础的范式话语，具体而言，它是以生产工程技术学、建筑工程学与开发学、农业技术、艺术表现为隐喻的术语。以生产工程技术学为隐喻的术语包括：目标、生产、技术、制度、规划、程序、管理、测试、成果、评价等；以建筑工程学与开发学为隐喻的术语主要有：开发、构建、结构、基础等；以农业技术为隐喻的术语为：调节、成长、组织、整合、生活；以艺术表现为隐喻的术语包括设计、表达、表征、艺术、故事、展示、反映、批判等。①

科学化课程语言的涌现是课程科学化开发运动的必然产物，其“一语风行”是时代精神在课程研究领域中的体现和彰显。它迎合了时代需要，顺承了时代潮流。自博比特以降，课程领域发生了巨大的变革，即扬弃了传统课程开发中的随意性、主观性、经验化流弊，而注重对其规律性、普适性、模式化的探寻，并以其高效、清晰、简洁的特质迅速推动了课程理论与实践的发展。“当效率取向的科学管理原则付诸学校教育实践，强调效度的科学化语言成了教育的‘标准话语’，‘加工’‘塑造’等词语表征了教育过程的隐喻。通过采用类似于工业生产的高效组织模式，教学内容、教学方法、教学过程、教学管理得以简化，教学效率显著提高，班级规模迅速扩大，受教育人数激增，学校教育得以推广与普及。”② 一方面，科学化课程语言极大地促进了课程理论与教学实

① ［日］佐藤学：《课程与教师》，钟启泉译，教育科学出版社 2003 年版，第 10 页。

② 冯加渔：《课程研究的语言转向》，《全球教育展望》2012 年第 8 期。

践的发展，规避了课程研究中的经验化、肤浅化和主观化倾向；另一方面，在此课程语言背景下，我们需要廓清的一个事实便是，这种语言表达方式与受教育者日常被感受、体验、践履的生活经验，其内在的关系与联结，究竟是在什么地方“适切性”地存在着的呢？而事实上，这种语言表达方式所呈现的世界图景和世界观是一种冷冰冰的、无机的、缺乏温度的，与受教育者日常生活经验不相关的“符号体系”，故其流弊与不足也是显而易见的。

由于这种语言类型过于强调精确性、指令性和程序性，也就使得整个课程研究领域日益呈现出机械化、雷同化、“千人一面”的格局，其自身所固有的控制性、强迫性和支配性色彩日趋浓烈，使学生浸淫在“干巴巴”的逻辑性、抽象性语言之中，导致其充沛的想象力和创造力日渐式微与枯竭。课程世界不仅仅是一个科学世界或事实世界，更多的它还是一个价值世界或意义世界。当科学化课程语言肆无忌惮地“横行”于课程领域时，受教育者也就不得不忍受这种语言的冰冷和残酷。正如有学者所指出的那样：“科学意味着确定无疑的客观标准，当课程为科学语言所表征，课程即成了规定学生学习进程以及衡量学生合格与否的标准，教育则成了确保课程得到严格落实的过程。这样，学校就变成了工厂，教师变成了技工，学生是原料，课程则成了生产蓝图，教学是按照蓝图所规定的工序来加工原料、实施生产的步骤。通过教育，作为课程主体的学生被‘加工’‘塑造’成为社会机器的标准件，丧失了主体自身自由发展的生命意志。”① 由此可见，贫困、单向度的科学化课程语言已无力对剧烈变革的课程实践作出更为明确、适切、合理的描述、说明与解释。因此，打破科学化课程语言的独尊局面，罢黜科学化课程语言的无上权力，也就显得越发必要与紧迫了。

（2）制度性课程语言及其规训

在日本学者佐藤学看来，在教师所参与、管理和编制的课程中，介入了大量受教育行政公认的“制度性语言”，并为其所支配和控制。这样，具有高度抽象性和思辨性品格的制度性课程语言纷纷涌现。比如我们惯常所使用的“教育目标”“教育计划”“教科书”“教学大纲”“教

① 冯加渔：《课程研究的语言转向》，《全球教育展望》2012 年第 8 期。

学计划”“课程表”“课时”“教案”等。它们都是作为制度性课程语言介入课程实践，并发挥作用的。它是实现预定课程目标、推行预期课程方案并取得良好课程实施效果的重要保证，是课程建设不断正规化、科学化、制度化的必然结果。从某种程度上来说，它标志着课程理论的日趋完善和成熟化，并已渗透、落实到了课程实践领域。

但这种语言类型自身固有的过于机械、僵化和教条的一面，仍不容我们忽视。它往往较多关涉在学校教育中，如何科学地设计课程，并最高效率地传授知识等课程制度层面，而对教师和学生能否在这种课程制度安排下，获得足够多的学习经验和生活经验，却缺乏深入的思考。因此，在以“制度性语言”笼罩下的专家型课程设计，由于更多地侧重于打造普适性、标准性、固定性、权威性课程语言的独尊与霸权地位，从而使课程长期旁落于受教育者生活世界之外，成了一种束缚与控制受教育者身心发展的工具与手段。诚如佐藤学所说：“课程的‘制度性语言’就是这样构成了多层的语言空间，各自的语言提供独自的修辞，起着有意义的构成并控制教师的经验的作用。教室不是真空地带，它是按照学校的‘文法’通过多样的‘制度性语言’的各自的修辞，复合地发挥作用，构成、制约、控制每一个人的经验的场所。但是，这些‘制度性语言’并不是径直地构成个人经验的内涵的。”① 如若将制度化语言与个体化语言做出某种对比，可以发现，针对学生的学习成效而言，个体化语言更具有教育学意义。因此，在当下的课程实践领域，即人们对课程的认识和定性定位已发生根本性重构的前提下（从课程是学科的内容和组织，转换到学生学习经验的总体），如若再一味固守制度化课程语言，排斥生活性课程语言、个体化课程语言的话，也就显得不合时宜了。

（3）隐喻性课程语言及其张力

“‘隐喻’一词来自希腊语的 metaphora，其前缀 meta 的意思是‘超越’，而词根 pherein 的意思是‘传送’，因此，隐喻的基本词义就是把一个对象的诸方面‘传送’或‘转换’到另一个对象上去，以便使第

① ［日］佐藤学：《课程的语言与实践》，《外国教育资料》1999 年第 5 期。

二个对象似乎可以被‘说’成是第一个对象。”[①] 可见，隐喻是一语词与另一语词意义之间的“位移”“传送”“转换”。它赋予了另一词语更多的内涵与张力，是词语意义的一种扩展和创造。语言是一种隐喻性的存在，语言的隐喻性表征了其内涵的丰富性、建构性和创造性。亚里士多德曾言：“怪异的词语只能使我们迷惑不解；常规的词语只能传达我们已知的东西；而正是通过隐喻，我们才能更好地把握一些新鲜的事物。”[②] 从某种程度上来说，语言放逐了隐喻，也就放逐了其内在的精神与灵魂，成了一种冰冷、干瘪、无生命力的存在了。

在课程研究领域，由于科学化思维的强势和独霸，人们对具有一定模糊性、多义性、混沌性和不确定性的隐喻性课程语言的价值和作用，存在着某种“傲慢与偏见”，使其置于课程语言王国的边缘，难登大雅之堂。长期以来，我们对隐喻性语言这一主题缺乏足够的研究，但研究的缺失和贫乏并不意味着这一语言现象不存在。事实上，在教育学理论著作中，存在着大量富有生机和表现力的隐喻性语言，诸多教育学者都是运用隐喻性语言的高手。例如，在柏拉图的《理想国》中，他借用“洞穴中的囚徒”这一教育隐喻来说明教育的本质和受过教育的人的本质。在夸美纽斯的《大教学论》中，“种子”被作为隐喻，喻指一种“神圣的可教性”，成为其所有教育主张的理论基础。在杜威的《民主主义与教育》中，他借用“生长”隐喻道出了自己对“真正的教育”的理解。因此，“生长”获得了新的生命，“教育”也获得了新的理解和新的视界。[③] 同样，回顾课程发展史，可以发现，隐喻性课程语言也大量存在，始终绵延、“行走”于课程理论发展的历史中。例如，人们一提到课程，便会联想到跑道这一隐喻，即是明证。苏霍姆林斯基说：“学校好比一个精致的乐器，它奏出一种人的和谐的旋律，使之影响每一个学生的心灵——但要奏出这样的旋律，必须把乐器的音调准，而这

① 石中英：《简论教育学理论中的隐喻》，《北京师范大学学报》（社会科学版）1997 年第 2 期。

② ［英］泰伦斯·霍克斯：《隐喻》，穆南译，北岳文艺出版社 1990 年版，第 18 页。

③ 石中英：《简论教育学理论中的隐喻》，《北京师范大学学报》（社会科学版）1997 年第 2 期。

种乐器是靠教师，教育者的人格来调音的。”[①] 显然，乐器成了学校的隐喻，旋律成了课程的隐喻，而调音师则成了教师的隐喻。

随着后现代主义课程范式的勃兴以及人们课程认识水平的提升，隐喻和隐喻性课程语言的教育学意义受到了关注和重视。如在多尔看来，“就激发对话而言，隐喻（metaphor）比逻辑更有效。隐喻是生产性的：帮助我们看到我们所没有看到的。隐喻是开放性的、启发性的、引发对话的。逻辑是界定性的：帮助我们更清晰地看到我们已经看到的。它旨在结束和排除”。[②] 可见，在一定的教育情境和具体的课程实践活动中，隐喻往往比逻辑更有能量和启发性。进而，课程学者塞勒运用“乐谱”、休伯纳运用“异乡人”、怀特海运用“过程”、派纳运用“文本”等隐喻性语言来描述课程的节律性、流动性、丰富性和超越性。这种隐喻性课程语言可以使学生从科学化思维的禁锢、规约和控制中拯救和解放出来，这对于消解科学化课程语言的冰冷、机械和形式化，进而彰显其丰富的教育学意义，具有不可估量的价值与作用。

无疑，这些隐喻性语言的运用，赋予了课程更多、更有价值的思想信息，引发了人们无限的遐想和畅想。事实上，这种言说、解释方式在课程研究的初期有着不可估量的价值和作用。因为在当时的历史条件下，科学的研究范式尚未形成，人们对事物的认识尚处在朦胧、模糊、臆测的阶段，而寻找和发现一个实物化的事物，便成了研究者用以阐述其理论所不可或缺的最佳工具和手段了。由此可见，隐喻性课程语言并非完全被科学化课程语言夺去了“市场”，它始终贯穿于教育和课程理论的叙述中，只是由于我们僵化、保守的思维方式作祟，被我们忽视或忽略罢了。总之，隐喻性课程语言的涌现，使课程这一词语产生了多重新鲜的意义空间，拓展了其蕴涵和张力。所以，在我们看来，今天课程理论研究的重要任务不是彻底地抛弃极富文化性、多元性、生成性和超越性的隐喻性课程语言，而是应热烈地呼唤其回归，并努力创造出更多的、能彰显时代精神的、新型的隐喻性课程语言。

---

① ［苏联］苏霍姆林斯基：《苏霍姆林斯基选集》（第一卷），教育科学出版社 2001 年版，第 269 页。

② ［美］多尔：《后现代课程观》，王红宇译，教育科学出版社 2000 年版，第 240 页。

（4）叙事性课程语言及其“真实”

19 世纪末 20 世纪初，在课程论研究领域掀起的一次重大课程变革，就是对“宏大叙事”（grand narrative）或“元叙事”的拒斥、颠覆与解构。如在斯拉特瑞（Patrick Slattery）看来，现代课程论研究所构筑的所谓元叙事不过是一种幻想、虚妄和僭越，而“后现代课程理论的一部分是对原理、全部宇宙法则、元叙事的批判”。[①] 在这一思想潮流的驱动下，课程论研究开始由对普适性课程原理和规律的孜孜探寻转向“小叙事”研究，也就是“讲故事”（tell story）。

倡导者康纳利和克兰迪宁指出：“对于我们每个人来说，越是理解自己，越是明白是我们所是、做我们所做和选我们所选的原因，我们的课程就越有意义。赋予我们的课程以意义的过程，就是我们的经验叙事的过程。”[②] 在此背景下，课程叙事研究兴起。以叙事为基础的课程研究，即是研究者以讲故事的形式述说课程事件，并贡献自身独特的体验课程的方式和内在感受，进而诠释蕴含其中的教育学意义。这种研究绝不是教师单一地对课堂教学事件的记录和“备忘”，而是对自身教学经验历程的不断追问、审视、体验和反思。这种反思是对自身所经历的课程事件的不断重组和理解，是对有价值、有意义课程资源的深度挖掘，并生成多元化的意义诠释。它激活了如“故事”“描述”“诠释”“理解”“沟通”“对话”“协商”“体验”“反思”“移情”“关系”“场所”“情境”“课程事件”“课程个案”“课程情境”等课程语言的涌现，刷新了以往课程研究领域中的语言类别，具有浓郁的时代气息和特征。

事实上，我们所栖居的生活世界就是一个故事世界，我们都生活在故事中，是在聆听先辈们的故事的过程中逐渐成长的，并不断建构和演绎自己的故事。这样，课程也就成了一段故事。无疑，以叙事性课程语言来言说课程，可以有效祛除和解构科学化课程语言的冰冷与灰色，进而彰显其无限丰富的教育学意义。在过往的课程改革实践中，课程改革

---

① Patrick Slattery, Curriculum Development in the Postmodern Era, New York: Garland, 1995: 36.

② ［加］F. 麦克尔·康纳利、［加］D. 琼·克兰迪宁：《教师成为课程研究者——经验叙事》，刘良华、邝红军等译，浙江教育出版社 2004 年版，第 11 页。

专家的作用是显而易见的。一方面，课程改革专家具有恢宏开阔的国际化视野和深厚的理论功底，可以为课程改革提供理论指导；另一方面，课程改革专家的绝对无上地位和权威角色，也为广大教师深度参与课程改革制造了麻烦。长期以来，我们视课改专家的话语为中心话语，“唯专家话语为尊”，不敢对其有任何的质疑、否定和批评。广大教师“作为‘弱势群体’，他们只能将自己的话语、需求与期望自觉地限制在理性话语所许可的范围之内，努力地去追随理性话语，聆听并重复着与自己真实世界格格不入的专业术语和概念”。[①] 这样，最具有发言权的教师也只能处于“失语”和“沉默”状态，忍受着与自己的生活世界格格不入的“外来语”的摧残与折磨。在课程实践中，教师作为教学第一线的实践者最具有发言权，理应成为课程研究的绝对主体，而教师开展课程叙事研究，则是争取发言权的最佳途径。“课程叙事努力恢复被科学话语遗忘和压制了的‘教育个案’‘教育事件’‘课程与教学故事’的合法性，打破专家的话语霸权，重申教师知识和教学话语对教育理论研究的意义。”[②] 它深植于真实的日常生活世界之中，言说的是师生真实的情感世界，反映的是师生真实的日常生活状态。所以，叙事性课程语言是一种风格化、个性化、独特性的课程语言。这种语言不是控制性、规约性的，而是反思性、描述性、诠释性和生成性的，具有很强的亲和力。只有承认此种语言实践的合法性，才能唤起教师和学习者对自身言语和成长故事的关注和反思。可见，叙事性课程语言与制度性课程语言适成对照，后者是对教师经验的支配与控制，而前者无疑打破了这一诅咒，彰显了教师和学生这一“学习共同体”的生活体验和个人兴趣，并赋予生活世界以价值和意义。同时，叙事性课程语言的涌现也是对科学性“话语霸权”的打破、消解和摧毁，其运用可以有效增强教师对课程系统的意识，以促进深刻的教学反思和专业化发展。

（5）生命化课程语言及其“灵性”

美国课程学者休伯纳指出：“课程领域的问题是语言的问题。……课程迷失于不仅消除灵性而且消除想象力的合法化的科层体制的技术

① 蒋茵：《探析基础教育中教师的话语权能》，《教育理论与实践》2005年第1期。

② 杨明全：《行动研究与课程创新》，《教师教育研究》2004年第4期。

性、假科学语言之中。"[①] 事实上，自由博比特、查特斯所肇始的科学化课程开发运动以降，盘踞于课程领域中的主导性语言即是一种科学化、技术化、实证性课程语言，它所强调的是一种规约、束缚和控制。诚如佐藤学所指出的：传统课程语言采用的是以生产工程技术学为隐喻的术语（objective，performance，product，technology，system，work，plan，project，program，management，test，achievement，assessment），以建筑工程学与开发学为隐喻的术语（development，building，structure，basics，foundations），以植物栽培的农业技术为隐喻的术语（adjustment，growth，field，organization，integration，life），以艺术表现技法为隐喻的术语（design，expression，representation，art，imagination，story，experience，exhibition，reflection，criticism），它们都是以科学为基础的范式话语。[②] 无疑，以科学化、技术性课程语言为主要表达方式的课程理论建构，自然会使其呈现出一种"课程工程学"或"课程技术学"的建构路径，从而丧失了其应有的理论性、历史性和教育性的品质、逻辑和旨趣。

为破除科学化、技术性课程语言对课程领域的支配与钳制，我们应寻求一种崭新的富有人文关怀和教育学意义的生命化课程语言的打造与构筑。在课程研究领域，休伯纳是这一"语言变革"理念的早期践行者之一。针对被现代工业化进程裹挟下的课程领域，对实体性、技术性、实证性、科学性语言的狂热与崇拜，他强烈呼吁我们应寻求更加适合的或更富有灵性、创造性、超越性的课程语言来描述教育现象。进而，他用"异乡人"——一种隐喻式语言来表征后现代语境下的课程风貌。"休伯纳长时间以来致力于扶持与运用灵性语言来谈论教育、课程与学校教育。借鉴帕尔默（Parker Palmer）的概念，休伯纳运用'异乡人'为隐喻来表达课程具有的'更多性'与'超越性'，促使教育成为不断向生活的新鲜感、新奇性与神奇感开放的超越的旅程。"[③] 事实上，自新一轮基础教育课程改革实施以后，一些新型的课程语言如"协商"

① ［美］派纳等：《理解课程》，张华等译，教育科学出版社 2003 年版，第 879 页。

② ［日］佐藤学：《课程的语言与实践》，《外国教育资料》1999 年第 5 期。

③ ［美］多尔、［澳］高夫主编：《课程愿景》，张文军等译，教育科学出版社 2004 年版，第 348—349 页。

“对话”“学会关心”“自主性发现”“批判性反思”“合作式探究”“开放性质疑”“学习共同体”“生成性教学”“生命化课堂”等如雨后春笋般纷纷涌现出来，这就从另一个侧面表征与彰显了我国课程的理论建构和实践探索，已形成了对学生主体生命意志、能动精神、创造欲望的尊重、关照与呵护。无疑，“当课程发生从科学语言到诗性语言的语言转向，生命体验将取代科学知识而成为课程的内涵，体验课程将取代知识课程而成为课程的原型。体验课程是对传统的将‘科学知识’奉为圭臬的知识课程的反叛，旨在抒发、激活并绽放个体生命在教育生活中的种种体验，进而推动和实现生命的自由成长。简言之，语言转向之后，课程研究以生命为旨归，强调课程主体对生命的觉解、领会、观照和省思，从而展现了生命成长的无限可能性”。[①] 所以，针对实体性、技术性课程语言难以祛除的离散性、规约性、机械性、控制性逻辑与旨趣，我们需要对课程语言“重新进行设计”，进而通过生命化课程语言的构筑与创生，来进一步增益、拓展多尔所谓的课程“质的丰富性”（richness of its quality），从而使课程领域的语言体系得以重构或重建。

（四）课程语言流变现象的省思

任何一种课程语言的产生都有其特定的时代背景和内涵，都具有历史的合理性。它们所共同呈现的是一幅漫长的课程历史发展画卷。置身于课程理论研究情境，我们该如何看待、理解这种课程语言流变现象呢？下面，我们来略作一下分析和阐释。

（1）课程语言流变现象不是一种异相，而是常态

随着人类社会生活的急剧变迁和人们思想观念和思维方式的不断变化，人们所使用的语言也在发生着迅速的改变。相对于人们在日常生活世界中所居住的建筑，所使用的交通工具和通信设备等物质层面的东西而言，人们所使用的语言是最变动不居的，极富活性和流动感。事实上，课程语言从来就是变动不居的。它随着外部社会生活的变迁和人们思维方式的转型，而发生着快速的流变，尤其在现时代，大批量的关于课程的新词汇如雨后春笋般不断涌现出来。这一现象表现在三个方面。

---

① 冯加渔：《课程研究的语言转向》，《全球教育展望》2012 年第 8 期。

第一，旧课程词汇的逝去和消亡。这些词汇由于不能反映当下的课程实践现状而被弃之不用。如我们原来常用的“教学大纲”“教程”“师范教育”等词语，自新课程改革启动之后，我们用“课程标准”“学程”“教师教育”来代替它。第二，新课程语言的创生或创造。这种现象表现在一些原本不属于课程领域的概念、语词纷纷加盟于课程语言的“队伍”之中。其中，来自哲学、管理学领域的新概念尤多。如“课程开发”“课程模式”“课程效能”“三级课程管理”等。第三，课程的“再概念化”。如派纳从动态、过程的角度来理解“跑道式”（course）课程，将其改造为偏重于“在跑道上跑”（currere）的过程，或像多尔所言的“通道”，便赋予了课程以新的内涵。这些现代的课程概念与往昔相比，就可谓有天壤之别了。总之，这些课程新词、新义像一面广角镜，全方位地折射出课程领域的深刻变化，富有鲜明的时代特征和浓郁的时代气息。它冲击着原有的课程话语体系，彰显的是一种崭新的课程理念。它是课程理论发展过程中的一种常态，而非异象，我们应以开放的态度看待这一课程语言流变现象。

（2）课程语言流变的本质是课程思想观念变革

课程语言是课程实践活动中最活跃、最敏感的因素。从表象上看，课程语言总是任何一种课程思想或流派，在宣扬与扩散其学说旨意时所采用的概念范畴和话语体系，只是一种文字陈述和传播媒介。事实上，课程语言不仅是一种“载体”或工具，它还表征着新事物的引起，新知识的创造，新思想观念、价值体系和话语系统的诞生。因此，其流变和演化绝非一种简单、纯粹、平常的语言现象，其背后蕴含的是课程思想或课程思维方式的变革、更迭与转换。正如有学者所指出的：“语言流变不是一种简单的纯语言现象，它所反映的不只是语言要素和语言系统整体性存在的发展变化，而是反映了某种新旧观念或思想的进入或消失。”① “语言的变化不仅代表一种新事物、新知识，而且是一种新观念、新思想，甚至是新的价值体系和话语系统。”② 因此，可以说，课程语言流变的本质是课程思想观念的变革。一种课程语言的突破与创新

① 邬大光：《高等教育语言流变与高等教育变革》，《教育研究》2008 年第 2 期。

② 张灵芝：《高等教育语言流变：现象、本质与规律》，《西南大学学报》（社会科学版）2010 年第 5 期。

往往表征着一种课程思想观念和思维方式的突破与创新，它具有深刻的课程研究方法论意义。

二 怀特海过程哲学的语言观

在怀特海看来，哲学的根本价值与终极旨趣是对传统诸多“常识性”“惯习性”思想观念或行为模式的一种挑战、批判和超越。而要完成此项任务，仅仅凭依生活世界中的“流行性”“文学性”的日常语言，是很难以更为理性、逻辑、系统的形式来表达、界说其深层次基本原理和方法论架构的。因此，哲学百花园中每一种理论学说的建构，通常诉诸构筑出一种独具风格、别有底蕴的新型的“专门语言”表达方式。当代过程哲学家柯布（Cobb）指出：“原创性的深刻思想会导致观察世界的不同方式，这种思想不得不以不同于现有语言之意义的方式来发挥作用。它不得不把读者或听众吸引到去关注经验的那些迄今为止一直尚未显现的特征。它不得不引起意识去关注那些一直由现存的概念化和社会化所压抑的模糊直觉。人们不可能把这种新的观点翻译为旧观点所使用的语词。”[①] 事实上，我们检视西方哲学史中那些彪炳史册的经典著作，其之所以被称为“时代精神的精华”，并能对后世人类的精神世界产生革命性影响，实与其创生并大量运用的“专门语言”有紧密的关系和联结。毕竟，新型语言的创生与涌现也就意味着人们思想观念或思维方式的巨大变革。而“一种新观念通常会引入一种新选择，而且我们即使采纳了一位思想家所抛弃的选择，我们对这位思想家依然应当怀有感激之情。在经由一位哲学大师的思想冲击之后，哲学再也不会回到其原先的状态了”。[②] 基于过程哲学视域，怀特海对语言的体认与理解包含以下三个方面。

（一）批判了实体语言，并创生了大量的过程性语言

怀特海对实体语言的批判根植于其对以笛卡儿、牛顿等为代表的传

① ［英］怀特海：《过程与实在》，杨富斌译，中国人民大学出版社2013年版，第488页。

② 同上书，第13页。

统实体哲学的批判。在怀特海看来，“哲学史揭示了在不同历史时期支配着欧洲思想的两种宇宙论，这就是柏拉图的《蒂迈欧篇》表达的宇宙论和17世纪的宇宙论，后者的主要代表人物有伽利略、笛卡儿、牛顿和洛克”。[①] 而在后者的这种哲学体系中，“实体”被视为一种孤立的、恒定的、封闭的、不假外求的离散性存在。“当我们设想一个实体时，我们只是设想这样一个存在物，为了存在，它只需要自己而不需要任何其他事物。”[②] 进而，怀特海用“简单位置”（simple location）语言来描述和阐释这种实体概念。所谓某物有一简单位置，按照怀特海的解释，“事实上所谓时—空中的确定位置一经决定，不论采取的方式如何，只需说某物体刚好在某个位置就可以充分地说明它和时—空之间的关系。如果只就简单的位置来说，便不须再添其他东西了”。[③] 因此，这些处于简单位置中的实体都是恒定、离散、独立自洽的，彼此之间不存在任何实质性、构成性、内在性的联系。

怀特海对17世纪实体哲学的机械性、原子性和单向度症结提出了严肃的批评，认为其“包含了一种根本的二元性：一边是物质，另一边是心灵。这两者之间又有生命、机体、功用、瞬间是在交互作用、自然秩序等概念，这些概念综合起来就构成了整个系统的致命弱点”。[④] 而现代科学表明，根本不存在所谓纯粹的、孤立的、客观的物质实体，宇宙中的万事万物都处于互联、互动、互摄的深层次结构之中，存在的只能是在某种条件下由性质和关系构成的“有机体”。而“有机体”的根本特征则表现为永不停滞的活动和过程。为充分表达、阐释其充盈、鲜活的过程哲学思想，怀特海一方面对旧的哲学语言进行创造性的改造，重新赋予其新的内涵与旨趣。如对“过程”（process）语言的处理上，除了继续保留其传统的“流变”意蕴之外，又赋予了其“转变”“共生”“享受”“领悟”“际遇”的内涵指向。总之，在怀特海看来，“过程是外在的客观际遇和内在的主观享受的统一”。[⑤] 另一方面，他又基

① ［英］怀特海：《过程与实在》，杨富斌译，中国人民大学出版社2013年版，前言。

② A. N. Whitehead, “Process and Reality”, New York: The Free Press, 1978: 50.

③ ［英］怀特海：《科学与近代世界》，何钦译，商务印书馆1959年版，第48页。

④ ［英］怀特海：《科学与近代世界》，何钦译，商务印书馆2009年版，第66页。

⑤ 曲跃厚：《过程哲学与建设性后现代主义》，中国社会科学出版社2017年版，第11页。

于新的“经验事实”而打造或创生出了大量新的过程性语言，如将“现实实有”（actual entity）、“现实际遇”（actual occasion）、“事件”（event）等视为构成世界的基本单元或终极“粒子”；将“摄入”（prehension）来呈现“现实实有”之间的交互性和内在相关性；等等，来取代传统哲学中的“实体”或“质料”语言。对此，美国过程哲学家梅斯勒（Mesle）曾指出：“读怀特海之所以如此困难，语言费解是其中一个原因。……挑战并超越那些传统的观念就不能以同样的语言来表达。我们必须或则对旧的词语重新定义……或则创造新的词语……不管是哪一种情况，作这样的抱怨都是无用的：‘他为何不能径直将他的意思说出来呀？’因为他的意思不能简单地用家常语言来表达。”①

（二）对语言的洞察需运用“想象力的飞跃”

在怀特海看来，尽管任何思想观念、思维最终都必然通过语言这一媒介工具而得以传播、延续与彰显，但由于语言自身难以祛除的局限性，它对于思想洞见的阐释与澄清仍有可能是挂一漏万的。“哲学家们决不要奢望最终构成这些形而上学的第一原理。人在洞察力方面的弱点和语言自身的缺陷会无情地妨碍这一目标的实现。”② 事实上，所有的语言样态在本质上不过是一种隐喻式、符号式的存在。因此，对其丰富性意蕴的理解与洞察，就不能简单停滞于理性思维层面，而是需要借助“想象力的飞跃”来加以增益与补充。怀特海明确指出：“任何语言都不过是省略性质的，它需要人们运用想象力的飞跃来理解其与直接经验相联系时所具有的意义。只有牢记任何语言陈述都不能充分地表达命题，才能理解形而上学在文化发展中的地位。”③ 可见，怀特海认为，人类与生俱来的想象力，可以使语言向其日常用法之外的范畴或领域进行普遍性的拓展与延伸，进而释放其解释力和创造力。怀特海这种独特的语言观对于我们重新审视课程语言的内在张力与意义，无疑具有重大的启发性。总之，运用“想象力的飞跃”这一“隐性的翅膀”，我们才

① ［美］罗伯特·梅斯勒：《过程—关系哲学——浅释怀特海》，周邦宪译，贵州人民出版社2009年版，第15页。

② ［英］怀特海：《过程与实在》，杨富斌译，中国人民大学出版社2013年版，第5页。

③ 同上书，第16页。

得以窥见课程语言无限的丰富性、开放性和超越性。

（三）对语言充分表达“命题”之局限的警觉

在怀特海看来，每一个命题都深植于某种具有普遍性、系统性、复杂性的背景论域中。而命题所能指称、阐述的只是此背景论域中的部分要素，无法涉及该论域的“普遍性质”。诚如怀特海所论述的：“一个命题可以体现部分的真理，因为它仅仅要求一定类型的系统环境，其自身的意义是以这种系统背景为前提的。命题并不涉及这个论域的所有细节。”[①] 如此，语言也就难以完成对相关命题的充分陈述和界说。“假定语言能阐明定义明确的命题，这是完全错误的。语言完全是不确定的，因为事实是每一个事件都是以某种系统的环境为其先决条件的。”[②] 怀特海的这种学术判断极为深刻和睿智，它并非空穴来风，而是有的放矢。众所周知，怀特海所置身的时代，正是分析哲学甚嚣尘上的历史时期，其突出特点即是视语言为外在客观世界的真实呈现与表征，“语言是存在的家”，其本体论意义即是只要通过严格的、纯粹逻辑的理性化语言分析，即可通达真理的全貌。这种哲学进路无疑是“短视的”，不具有辩护性。而怀特海所给出的哲学批判，所谓“精确性是一种虚妄”即是对此运思进路的一种告诫与警示。李泽厚同样对 20 世纪语言哲学将自身使命视为句法研究、语义分析的做法忧心忡忡，认为“上世纪哲学的这个‘语言学转向’（linguistic turn）统领了一切，气势极盛，把杜威、怀特海这样一些颇有见地的大哲学家也挤到了边缘。……这可能涉及一个根本问题。我本不大相信语言是人的家园或人的根本。中国传统使我想到，凭借它，也许能突破当今哲学的某些界限和窘境”。[③] 进而，他积极呼吁人们“能从对维特根斯坦、海德格尔以及福柯、德里达等的迷恋中脱身出来，吸取杜威、怀特海、皮亚杰等人的一些建设性构思，创造 21 世纪的新哲学”。[④] 无疑，对语言充分表达“命题”之固有缺陷的警觉，有助于我们厘定、澄清实体性课程语言对过程性课程命题

① ［英］怀特海：《过程与实在》，杨富斌译，中国人民大学出版社 2013 年版，第 14 页。
② 同上书，第 15 页。
③ 李泽厚：《李泽厚对话集·中国哲学登场》，中华书局 2014 年版，第 136—137 页。
④ 同上书，第 137 页。

或课程世界描述和阐释的局限与困境。

三 过程性课程语言构筑的探索

为更深层次体认和诠释新型的过程性、转变性课程世界，我们需要突破“现有语言”的樊篱与窠臼，进而构筑或创生出一种非实体性、非本质性或更富过程性、关系性、体验性、有机性的课程语言。我们的这种尝试与努力，按怀特海的话说，就是要“用流动的能量概念取代静止的质料概念”。[①] 由此，基于过程哲学视域，我们可用过程性课程语言来描述、指称与诠释课程的“质的规定性”。事实上，在课程研究领域，多尔、派纳等对构筑过程性课程语言最具有自觉意识和良好感受力，他们遂成为当代课程语言变革的历险者和开拓者。

（一）多尔的“过程性课程语言”构筑

“过程”是怀特海过程哲学的基石性概念之一。较之于“实体”，“过程”更为强调宇宙中一切事物的生成、流动、变化和交互性。受此启发与影响，安乐哲将过程哲学引入了对语言的理解和诠释，并明确界定了“过程性语言”的内涵与特征。在他看来，“事物（things）不能够被理解为客体（objects）。没有这种客观性（objectivity）的观念，只有处在变化之中的各种境况的流动。在那些境况的流动之中，万物融于流动，融化于其周遭的变化之中。因此，事物不是客体（objects），而是处在一个关于变化着的过程和事件的连续场域（continuous field）内部的各种焦点（foci）。一种非客体化、非事实化的话语就是过程语言（process language），并且，言说和聆听这种语言就是去经验事物的流动”。[②] 由此可见，过程性语言与传统实体性语言在性质、逻辑、立场和旨趣等诸多方面都是截然不同的，它进一步强化和彰显了语言的过程性、关联性以及非实体性特征与品质。

---

① ［英］怀特海：《过程与实在》，杨富斌译，中国人民大学出版社 2013 年版，第 394 页。

② ［美］安乐哲、郝大维：《切中伦常：〈中庸〉的新诠与新译》，彭国翔译，中国社会科学出版社 2011 年版，第 31 页。

受怀特海过程哲学语言观的感召与激励，多尔指出："就课程而言，过程—诠释思想为我们提出的挑战是为教学和学习设计一种接受存在、语言与理解的偶然性和关联性的框架。借鉴后现代思想，尤其是诠释学、自组织、模糊数学、过程神学和耗散结构领域中的思想，有助于我们构建一种旨在'意义创造'的课程模体。"① 因此，为凸显课程语言的"偶然性"、过程性、关联性以及不确定性的逻辑与品质，多尔摒弃了传统主导课程世界的"机器与生产力"语言，进而运用了"过程""发展""对话""探究""转变""事件""生成"等一系列过程性语言（而不是"实体""内容""材料""跑道"等语言）来指称与诠释课程的本质规定。② 正是基于对课程的过程性理解与认识，多尔借用了怀特海过程哲学中的"合生"（concresences）语言来揭示其基于关系而非特定实体的后现代课程思想。同时，他还独辟蹊径地运用了 4R（丰富性"Rich"、回归性"Recursive"、关联性"Relational"、严密性"Rigorous"）、5C（旅程性"Currere"、复杂性"Complexity"、宇观性"Cosmology"、会话性"Conversation"、社区性"Community"）、3S（科学"Science"、故事"Story"、精神"Spirit"）等"非客体化""非事实化"语言来呈现后现代课程的延展性、可能性与"新标准"，从而赋予了课程以新的样态、逻辑和旨趣。

（二）派纳的课程"词型转换"突破

与多尔的思路相近，派纳的学术努力更具有开拓性意义，更让人瞩目与称道。在派纳看来，传统课程研究中存在的最大症结与流弊即是错误地诠释了课程的意义。从实体主义视角来看，curriculum 是名词形式，指向的是实体意义上的"跑道"（race course）；而从过程性思维看来，使 curriculum 回归到其拉丁文词根，即 currere，则会强调受教育者在跑道上奔跑的动态过程以及随之而缔结的经验生成。③ 在此基础上，派纳更进一步，他运用"一种特别复杂的对话""一个动词""一种行动"

① ［美］多尔：《后现代课程观》，王红宇译，教育科学出版社 2000 年版，第 195 页。

② 同上书，第 18—19 页。

③ 汪霞：《建构课程的新理念——派纳课程思想研究》，《全球教育展望》2003 年第 8 期。

“一种社会实践”“一种内心的旅行”“一种个人意义”“一种公众希望”等语言来指称课程，进而极大地激发了课程语言的“符号潜能”和多元化理解。[①] 无疑，这一“词型转换”或“语言革命”具有重大而深远的学术史意义，这是因为，“‘currere’作为名词形式意为‘跑道’，由此课程就是为不同学生设计的不同轨道，从而引出了一种传统的课程体系；而‘currere’作为动词则指‘奔跑’，这种理解下的‘课程’的着眼点就会放在个体认识的独特性和经验的自我建构上，强调课程的生成性、动态性、过程性和个体性等，这就会产生出一种完全不同的课程理论和相应的课程实践”。[②] 总之，在我们看来，正是怀特海过程哲学思想的“理智刺激”或“学术力量”，促使多尔、派纳等开启了此次课程语言的觉醒以及过程性课程语言的构筑，这是西方课程研究从传统实体性课程语言向过程性课程语言过渡、蜕变、转化的一次重大尝试、突破、创新与历险。

四 从实体性到过程性：我国课程语言变革的时代走向

一部课程发展史就是一部课程语言的变革史。休伯纳指出：“现在的课堂语言由于受到太多的限制而不能去理解问题，说得更准确点，就是指不能理解语言的神秘和课堂的意义。教育者必须把自己从自我束缚的框架中解放出来，以便他能够重新聆听世界对其理性障碍的沉重撞击。必须彻底革新现有的支配课程思想的方法论。”[③] 在新时期，为更好地彰显、张扬新型的课程思想和课程观念，我们需实现从实体性课程语言向过程性课程语言的过渡、转化与更新。

① Pinar, W. F., Reynolds, W. M., Slattery, P. & Taubman, P. M., “Understanding Curriculum: an introduction to study of historical and contemporary curriculum discourses”, New York: Peter Lang Publishing, 1995: 847-848.

② 胡乐乐、肖川：《再论课程的定义与内涵：从词源考古到现代释义》，《教育学报》2009年第1期。

③［美］派纳等：《理解课程》（上），张华等译，教育科学出版社2003年版，第438页。

（一）课程变革需要对课程语言“重新进行设计”

怀特海在谈及重新设计语言的重要性时指出：“每一门科学都必定会设计自己的工具，而哲学所需要的工具则是语言。因此，如同物理学通常要对先前存在的工具重新进行设计一样，哲学也以同样的方法对语言重新进行设计。”[①] 在此，怀特海阐述了他对哲学理论建构到底应选择、设计、运用什么样语言工具的深刻洞见。在他看来，人类所创造的语言当然是描绘、界说客观经验事实的有力工具，但要“以清晰明白的形式表达更大的普遍原理”，那么，日常流行的生活语言或文学语言则可能难以胜任。针对当时如日中天的分析哲学把日常语言作为揭示实在本质之工具的不满，怀特海在构建、阐述其博大精深的过程哲学理论体系时，专门独辟蹊径地创生了一些具有丰富诠释性、想象性、延展性的新语言和新概念，以清晰表达其对“过程—关系”世界的新体悟、新理解和新洞见。如我们熟知的“现实实有”（actual entity）、“现实际遇”（actual occasion）、“共生”（concrescence）、“事件”（event）、“机体”（organism）、“摄入”（prehension）、“超体”（superject）、“误置具体性之谬误”（fallacy of misplaced concreteness）等，以揭示、阐释其无比充盈和丰富的过程哲学理论学说。对此，过程哲学家柯布指出：“他的任务是使用一种语言来指出与日常语言通常传达的完全不同的洞见。他引入一些新术语和新概念来表达这些洞见，在某些意义上，用这些新术语和新概念来固定这些洞见。”[②] 并且，“哲学的专门语言表明，各个思想派别都力图清晰地表达经验事实所预设的一般观念。由此可见，形而上学学说中的任何创新，都表现出与现行哲学文献中的事实陈述有某种程度的不一致性。这种不一致性标志着形而上学方面的分歧程度”。[③] 无疑，这种“重新设计”语言及其表达方式的探索与尝试，对任何学科的理论建构而言都是一种重大的“智力突破”和“观念历险”。

怀特海对西方传统哲学语言的“重新设计”，引发了我们对我国课程理论建构应诉诸什么样语言样态的追问和反思。当代美国课程理论家

① ［英］怀特海：《过程与实在》，杨富斌译，中国人民大学出版社 2013 年版，第 13 页。

② 同上书，第 489 页。

③ 同上书，第 15 页。

派纳等认为：“理解当代课程领域，有必要把课程领域理解为话语（discourse）、理解为文本（text），并且最简单却最深刻地理解为语词与观念。……任何学科或研究视域都能作为话语来对待，并能作为话语来分析，这样做需要研究特定研究领域的语言。”① 毕竟，课程语言是课程思想的承载、反映与表征，运用不同品质、样态或价值的课程语言，它会对受教育者的思维方式、行为模式和“精神气质”产生不同的影响。在我们看来，为解构、扬弃实体性课程语言对课程过程性、生成性愿景的遮蔽、羁绊与束缚，我们需要重建课程领域中的语言样态及其表达方式。那么，在新时期，我国课程理论建构应如何“重新设计”课程语言，以充分表征与彰显新型的课程观念和灵动的课程世界呢？在我们看来，努力打造、构筑、创生出一种过程性课程语言应成为我国课程理论建构的重要议题与核心使命。

事实上，在此方面的探索，弗利纳对课程作为“物”的语言批判、休伯纳的“灵性语言”构建，以及佐藤学对课程等语言的“再定义”等努力，可谓功勋卓著，各领风骚。弗利纳基于后现代逻辑，提出要把课程看作一种“动态化过程”，而不是“物”。“如果把课程看成‘物’——教案、目的、大纲、教学效果——这种语言游戏反映的就是潜在的控制逻辑。”② 因此，我们要转换看待课程的意义、目的、价值以及方式（包括对课程的隐喻和认识方式）的视角，进而把课程作为“过程”，以及具有涌现性、自组织性的“意义系统”来理解与体认，从而在根本上摒弃控制逻辑，重建课程语言体系。休伯纳对现代课程领域所蔓延、充斥着的行为主义、实证主义或科学主义课程语言深恶痛绝，并深刻揭示了其背后所潜隐着的支配性、规约性和控制性逻辑与性格。“我们对教育技术基础的过分依靠不仅致使我们忽略了学校教育与课程中的精神性而且导致道德与精神价值处于科学客观性的控制之中。……因此我们需要一种新的语言来探讨灵性从而将生活的动力和宇宙的创造力带入教育与课程。”③ 基于此，休伯纳尝试运用一种“灵性

① ［美］派纳等：《理解课程》，张华等译，教育科学出版社 2003 年版，第 7 页。

② ［美］杰恩·弗利纳：《课程动态学：再造心灵》，吕联芳等译，教育科学出版社 2013 年版，第 145—146 页。

③ ［美］多尔、［澳］高夫：《课程愿景》，张文军等译，教育科学出版社 2001 年版，第 350—351 页。

语言”来谈论教育与课程，并视其为一种“精神旅程”。这种灵性语言是对受教育者生命意志、道德情感、精神诉求的呵护与关照，是对人之为人之生命力、想象力与创造冲动的肯定、赞叹和敬畏，并最终生成了人之独特的诗性智慧。佐藤学从语言性实践的观点探讨了关于课程的实态问题，并指出课程的“制度性语言”构成了多层的语言空间，制约并控制着教师以及每一位受教育者的个人经验生成。针对此困境，佐藤学重构了课程、学习、教学等语言样态，并将课程描述为“学习经验之履历”、将学习描述为“意义与关系”、将教学描述为“反省性实践”、将学科描述为“学习的文化领域”、将学校描述为“学习共同体”等。① 无疑，这样的课程语言是基于“课程的问题，应当按照师生的经验与实践的实际加以探究”的原则来陈述的，是一种“非实体性”的课程语言创生，因而具有丰富的教育学价值与意义。

（二）过程性课程语言彰显了新课程改革理念

自21世纪以降，我国启动了新一轮的基础教育课程改革。此次课程改革激发了人们对课程的想象力，课程语言系统也变得越来越复杂和多样。接触过新课程文本的人应该都会讲出各种各样的新语言，如知识与技能、过程与方法、情感态度与价值观、课程标准、生活体验、动态生成、自主建构、反思性实践（praxis）、过程性课程评价、发展性课程评价、档案袋评价、三级课程管理、校本课程、潜在课程、选修课程、必修课程、核心课程、模块课程、平台课程、存在体验课程、综合实践活动课程、观摩课、示范课、比赛课、公开课、精品课程建设、对话教学、合作学习、教师专业发展等，真是让人目不暇接。此次改革的具体目标即是要“改变课程过于注重知识传授的倾向，强调形成积极主动的学习态度，使获得基础知识与基本技能的过程同时成为学会学习和形成正确价值观的过程”。“改变课程内容‘难、繁、偏、旧’和过于注重书本知识的现状，加强课程内容与学生生活以及现代社会和科技发展的联系，关注学生的学习兴趣和经验，精选终身学习必备的基础知识和技能。”

---

① ［日］佐藤学：《课程的语言与实践》，《外国教育资料》1999年第5期。

为落实此过程性课程目标，此次改革打破了传统实体性、客观性、静态性的知识观，并进一步强化了知识的建构性、动态性、生成性品质与逻辑。而“由知识所构成的课程也不再是静止的、孤立的、预定的教学内容，而是‘一个情景化的社会过程’、是‘一系列事件（events）’、是‘学生有机会学习的东西’、是‘由师生交互作用而产生的’一种‘不断生成的建构’（construction）。它需要对话、交往和互动，才能生成意义，才能建构知识”。[①] 由此可见，无论是“情景化过程”“事件”“生成的建构”，抑或是“对话”“交往”“互动”“建构知识”等，它们都可归属为一种过程性课程语言，是对新课程改革理念与精神的符号化表达、体认与彰显。最为突出的是，我国基础教育现阶段所推进的第八次课程改革，是一次全方位、立体化、多层次的课程系统变革，触及基础教育领域的各个方面与环节。其所面对的局面、形势和问题也是截然不同于传统旧时期的。尤其他在课程目标、课程内容以及课程评价等方面的“轴心式”变革，使其语言具有了浓郁的人本主义色彩，彰显了其人文关怀。比如说，此次新课改提出了“为了每一个学生的发展”的响亮口号，意在解构原先精英化的人才培养模式，使每一位学生的发展得到足够的关注。这是以人为本理念的真实践行和自觉体现。又如，此次新课改注重对学生的情感、态度和价值观的培养，则是对我国传统课堂教学注重“双基”（基本知识和基本技能）培养的一种突破和创新。这种改变其实是看到了人之全面发展，不能仅局限于“知识技能”层面，还要有对人的“情感态度”层面的关照和呵护。同时，在《基础教育课程改革纲要（试行）》中，大量运用了“主动参与”“乐于探究”“勤于动手”“引导学生质疑调查”“在实践中学习”等过程性课程语言。[②] 另外，新课程积极提倡“师生对话”“平等交流”

① 刘丽群：《从结果到过程——论知识观的转变与我国新课程目标的建立》，《湖南师范大学教育科学学报》2004 年第 4 期。

② 另外，需要特别提醒的是，我们所指的新语言，并不单单是指课程这一学科语言的变化，它还涵括了关于教师教学和学生学习的新语言。针对教师教学而言，新课程提倡“为了每一个学生的发展”，要求教师采用富有启发性、协商性、激励性、情感性的语言进行教学，以期唤起对学生应有的尊重、理解与呵护，点燃其努力追寻智慧的火焰。针对学生学习而言，新课程提倡要充分发挥学生学习的自主性、能动性和创造性。一些新型的课程语言，如“合作”“自主”“过程”“生成”等悄然“走俏”，反映了新课程理念的基本价值取向和诉求。因此，从某种程度上来说，实施新课程，意味着教师和学生的语言都要发生根本性的转变。

“自主探究”“合作分享”“发展性课程评价”“过程性课程评价”等。这些语言的背后，其实也反映了人们对学生主体性地位的尊重，以及对其身心健康发展的内在关怀。无疑，这些语言的运用、界说与陈述其根本旨趣就在于，要打破传统实体性课程语言对受教育者主动意识、探究欲望、创新精神的遏制与禁锢，以使其在富有生命活力与生机且极具挑战意味的语言情境中，积极接纳语言背后所蕴含的新型课程观念、思维方式以及学习方式，最终促进学生身心的全面、健康发展与提升。

（三）过程性课程语言更加契合“中国人的”课程经验

安乐哲等在比较实体性语言与过程性语言的差异后，进一步强化了他对过程性语言的认同、赞许与肯定。在他看来，较之于西方哲学传统中所长期依赖的实体性语言（substantive language）而言，过程性语言或“焦点与场域的语言”更能说明也更加契合“中国人的世界”以及文化传统。这是因为，“中国人的世界是一个关于连续性、生成和瞬息万变的现象世界。在这样一个世界中，没有最终的断裂。……焦点与场域的语言表达着一个始终处于流动状态的世界，在这样一个世界之中，任何成分都无法最终被固定为‘这个’或‘那个’，而必须被视为各种转瞬即逝的状态，这些状态不断地成为其他的但又彼此相关的状态。……世界就是一个彼此互动的场域”。[①] 并且，“对于说明中国人的世界来说，这种语言要远胜于西方实体取向的语言（substance-oriented）。在中国人的世界之中，对象被视为各种过程和事件；因果关系（causality）和强力（power）的各种线性关系（linear relations）被视为共同创造性（co-creativity）的交互关系（transactional relations）；并且，追求清晰（clarity）和单义性（univocity）的欲望必须让位给对语言的暗喻性（allusiveness）和互文性（inter-textuality）的欣赏”。[②] 例如，怀特海过程哲学理论建构所创生的“事件”（event）这一语词，就是一种过程性语言，安乐哲、郝大维认为此语言陈述能更好地表达“现实实有”之间存在的关系性、流动性和生成性。“作为事件，它们与别

---

① ［美］安乐哲、郝大维：《切中伦常：〈中庸〉的新诠与新译》，彭国翔译，中国社会科学出版社2011年版，第31—32页。

② 同上书，第40页。

的事件之间存在着连续性，这样也就融入到我们经验的交互性过程之中。……‘事件’是一个比‘客体’或‘事物’更为恰当的术语，因为它意味着这样的经验是‘某一类中的一个’（one-of-a-kind）。在这样一种世界中，事件的意义是在它们的关系之中获得的某种东西。”[①]在安乐哲、郝大维看来，较之与传统西方哲学中所惯常使用的实体性语言，事件性语言或过程性语言更能描绘与诠释一个生生不息、永不停滞、始终面向新颖性敞开的过程性、有机性客观世界。以此种理论分析视角，我们可以澄清与确认的是，为更好地说明和诠释多尔等人所勾勒的过程性、有机性课程世界，需要构筑或创生出一种“非实体性”“去客体化”“去事实化”的事件性课程语言及其表达方式，唯有此，师生主体才能真正感受、体悟、经验到课程无比丰富的流动性、转化性和生成性。

事实上，在“中国人的”课程经验中，我们对课程实施中“课程事件”或“课程过程”的关注和重视，较多于对“课程目标”的预设与达成；我们对师生“创造性和谐”关系的强调，更优先于对“教师中心”或“学生中心”等单一性定位；我们对课程更具隐喻性、诠释性和开放性的理解，远远超出西方课程科学化开发时期对实体性、确定性、程序性、精确性课程语言的偏执和迷恋。在课程研究领域，运用“事件”这种过程性课程语言来表征课程“质的丰富性”已渐成为我国学者进行理论建构的有力工具之一。如有学者认为，课程是儿童参与的事件，这种课程观强调课程实施过程中个体相互间的情感、不可重复与过程性。事件不是对活动的背离而是对活动的深化与超越，它关注儿童的生活，强调教师与儿童的主体性参与。[②]也有学者以复杂科学为思想基础，认为课程可理解为一种教育过程中生成的文化事件，作为一种教育过程中所生成的文化事件的课程具有整体性、动态生成性、关系性、开放性和情境性的特点[③]等。因此，基于以上认识，我们可以确定，在新时期，我们需要“走向课程语言的概念重建”（派纳语），并积极运

① ［美］安乐哲、郝大维：《切中伦常：〈中庸〉的新诠与新译》，彭国翔译，中国社会科学出版社2011年版，第150页。

② 严仲连：《论基于事件的课程观》，《教育科学》2007年第1期。

③ 赵文平：《论课程作为教育过程中生成的文化事件——基于复杂科学理论的审视》，《当代教育科学》2012年第5期。

用过程性课程语言来超越传统机械性、原子性、单义性的实体课程语言，进而通过过程性课程语言的构筑与创生，来描述和诠释课程的过程性、流动性、生成性本质样态与时代愿景，以及更深切感受、体悟我们那无与伦比、独具魅力的更具有机性、经验性和开放性的课程与教学世界。

（四）警惕实体性课程语言的欺骗功能

在雅斯贝尔斯看来，语言具有欺骗的功能，“人可以借助语言的表达把人整个地歪曲了。……人就让这种语言操纵着，而忘记真正的自我和周围实在的世界。……语言的欺骗功能使非现实的情况存在，却让现存的现实性粉碎在绝望的深渊里”。[①] 在雅氏的这段论述中，他的本意是告诫世人，在求知的过程中要注重探究事物的本质，进而提高对事物的认知能力，而非只是习得一堆日常俗语。所以，要警惕语言的这种欺骗性，防止我们落入“习惯用语”的窠臼之中。由此，这段箴言引发了我们对语言自身“价值色彩”和工具性功能的审视。例如，有学者在评判新一轮基础教育课程改革时，喜欢用“推倒重建”“大破大立”“旧瓶装新酒”“穿新鞋走老路”等语言来质疑、否定新课改。在他们眼中，此次新课改是在完全否定我国传统优秀教育教学文化的前提下开展的，因此，具有强烈的虚无主义色彩和反历史倾向（上述课程语言的运用可以很好地佐证这一点）。事实上，任何一次大规模的课程变革，都不可能完全是“推倒重建”的。相反，它是在充分调研、论证、反思当前课程实践状况的基础上，有序地加以推动和实施的，是“先立后破”“稳步实施”“渐进式展开”“摸着石头过河”。可见，这一种语言才真实地反映了我们“周围实在的世界”。

由此可知，课程学者所运用的语言系统绝非“价值中立”，而往往具有鲜明的个人倾向。他们是运用语言这一工具来参与对课程话语权的争夺。当一种语言形式受到某种外在力量的强力支持，并通过国家机器的运作来形成它的合法性，那么，与之迥异的“另类语言”也就成了一种异质性的力量，处于边缘化和非主流的境遇中。这样，课程领域也

---

① ［德］雅斯贝尔斯：《什么是教育》，邹进译，三联书店 1991 年版，第 87 页。

就成了一种课程语言对抗另一种课程语言的场域。通过上述分析，我们可以澄清这样一个基本事实，即课程语言具有欺骗性和“势利性”（雷颐语）。因而，对于实体性课程语言的“欺骗功能”，我们应有清醒的认识和判断。

第五章

“生成发展之思”：课程理论构建的图景勾勒[①]

> 思辨哲学的目的是要致力于构建一种内在一致的、合乎逻辑的且具有必然性的一般观念体系，根据这一体系，我们经验中的每个要素都能得到解释。……体系是重要的，它对于讨论、利用以及批判充塞于我们经验中的那些思想都是必要的。
>
> ——怀特海
>
> 哲学建设的正确方法是构成一种尽可能完善的观念体系，并且坚持不懈地探索如何根据这个体系去解释经验。……所有关于科学旨趣的各种特殊论题的建设性思想都是受这样的观念体系支配的，这种体系虽然尚未得到人们的承认，但对于指导人们的想象力仍有重大的影响。
>
> ——怀特海

怀特海所创立的过程哲学是当代西方最重要的哲学理论流派之一，现已对诸多学科领域都产生了持续而深远的影响。怀特海认为，哲学的功用是一切知识活动中最富有成效的一种，它是我们对事物内在本质与

---

① 注：北京师范大学裴娣娜教授在《教育学报》上发表《现代教学论生成发展之思——怀特海过程哲学的方法论启示》一文，提出现代教学论的生成发展，必须解决研究方法论问题。在她看来，以怀特海为代表的过程哲学，对于现代教学论研究所具有的方法论意义，主要表现在“整合——一种新的解释框架”“生成——回到‘原点’”“均衡——追求和谐”等方面。另外，哈尔滨师范大学杨丽教授在《教育研究》上发表《我国现代教学理论建构应有的五个追求——怀特海有机哲学方法论的启示》一文，阐述了怀特海有机哲学方法论为理想教学理论建构提供的开阔视野和全新思路。受此启发，本章的撰写也延续了这一“叙述方式”，但又有所不同。特此指出，以示感谢！具体请参阅裴娣娜《现代教学论生成发展之思——怀特海过程哲学的方法论启示》，《教育学报》2005 年第 3 期；杨丽《我国现代教学理论建构应有的五个追求——怀特海有机哲学方法论的启示》，《教育研究》2010 年第 2 期。

未来发展的天赋直觉和预先判断，“它在工人还没搬来一块石头以前就盖好了教堂，在自然因素还没有使它的拱门颓废时就毁掉了整个的结构。它是精神建筑物的工程师和分解因素。物质未曾来，精神就已经先到了。哲学的功用是缓慢的。思想往往要潜伏好几个世纪，然后人类几乎是突然间发现它们已经在习惯中体现出来了”。[①] 怀特海所构建的过程哲学理论学说蕴含着诸多睿智而深刻的哲学洞见和思想张力，对我国理想课程理论的构建以及重新审视、体悟课程“质的丰富性”（richness of its quality，多尔语）可以敞开新的学术视野、“思维面向”与创生可能性。因此，在新时期，借鉴、运用当代过程哲学思想的基本原理和方法论，开展我国课程理论的系统化、学术性构建，是一项充满时代希望且具有重大教育学意义的“历险之旅”与“智力突破”。它对于进一步强化我国课程论学科的自主地位，推进课程领域的知识进步和学术发展，进而探寻我国课程改革实践的另一种思路与可能，无疑是大有裨益的。

一 构建“内在一致性”且“逻辑完满性”的课程理论

在现时期的课程研究领域，关于到底是否应构建一种庞大的、精致的、系统化的课程理论体系，尚存在诸多争议和分歧。受解构性后现代主义理论的影响，美国课程学者 Slattery 认为，后现代课程研究应否定“元叙事”（rejecting meta-narratives），任何企图构建一种放之四海而皆准的课程理论体系都是不可能的，也是没有必要的。进而，Slattery 把否定“元叙述”看成后现代主义和后现代主义课程的一项基本原则。在他看来，现代课程的实践基础即是“泰勒原理”（Tyler rationale），而其无疑是在现代课程中占据统治地位的“元叙事”。“Slattery 构造了现代课程两个互补的‘元叙事’，一是把现代社会看成是一块缺乏人文学科的智力、道德、精神的贫瘠地；二是把现代课程看成是一种冷酷地、有计划地、过多地强加给教师和学生的信息传递的唯一表征。正是这些

① ［英］怀特海：《科学与近代世界》，何钦译，商务印书馆 1959 年版，“序言”第 2 页。

‘元叙事’划清了现代课程与后现代课程的界限，而且现代课程的不足也正在于这些‘元叙事’。”[①] 所以，在 Slattery 的后现代课程思想中，否定“元叙事”观点是其重要组成部分。

当代过程哲学作为建设性后现代主义的理论基础和重要源泉，对解构性后现代主义极度鼓吹、宣扬的拒斥理论体系构建的做法，提出了不同的观点、看法和思路。怀特海指出：“哲学建设的正确方法是构成一种尽可能完善的观念体系，并且坚持不懈地探索如何根据这个体系去解释经验。……所有关于科学旨趣的各种特殊论题的建设性思想都是受这样的观念体系支配的，这种体系虽然尚未得到人们的承认，但对于指导人们的想象力仍有重大的影响。”[②] 由此可见，怀特海是热切主张要建立某种系统化的理论体系的，而其过程哲学理论体系的构建即为明证。所以，这种建设性的努力自然也就与诸多解构性的后现代主义者“只顾批判而无建构”的偏激、狭隘做法，划清了界限。在我们看来，课程理论构建之所以仍是课程论研究中一项不可或缺的重要议题或构成，这源于课程理论所具有的更为根本的深层价值。

（一）课程理论的深层价值

“什么是课程理论？”“我们如何认识课程理论？”“课程理论的作用是什么？”“课程实践需要课程理论吗？”这些问题看似无关紧要，实际上它们却是困扰着众多课程理论工作者和实践工作者多年的问题，因为这些问题常常是引发两者争论不休的焦点与核心论域所在。如在部分教育实践者看来，课程理论对课程的开发、设计、组织、编制和实施等活动影响甚微，它们只不过是一些“无用”“空洞”“抽象”的“学术符号”，并没有实际的效用。并且“理论”问题高深莫测，只可“远观”，它与学校的日常课程变革活动是分离的，其存在也是无关紧要的。因为广大教师可能更关注的是在某一课堂上应如何做的问题，而不是为什么要这样做。“理论在教育界一向举步维艰。教育领域，无论是在它的假

---

① 綦春霞：《面向新世纪的课程理论——美国 Patrick Slattery 的后现代课程思想评析》，《比较教育研究》1997 年第 6 期。

② ［英］怀特海：《过程与实在》，杨富斌译，中国人民大学出版社 2013 年版，“前言”第 5 页。

定还是在它的应用中，历来高度重视实用的和行为主义的方面，而把理论当作赘疣。‘理论’一词招致如此敌视，以至于教师习惯于把它和方法相混淆，声称在他们的课堂上理论毫无用处，从而一概抹杀了它的价值。”① 事实上，这种抹杀课程理论的内在深层价值，进而阻碍、拒斥课程理论对课程实践发挥指导作用的偏见由来已久，并且根深蒂固。而在一些课程专家们看来，“如果我们想取得进步，我们就必须构建一些新的词汇、术语或隐喻”。② 由此可见，关于课程理论到底有什么用的问题，不同的人由于所持立场的不同而有着迥异的答案，反映了不同的理论旨趣和价值取向。在我们看来，课程理论构建具有显著的教育学价值与意义，因为它们关系着课程论学科的存在合法性问题。

第一，课程论学科建设需要课程理论构建。霍斯金曾经在《教育与学科规训制度的缘起》一文的开篇，对教育学的学科地位以及所处的困境进行了描述：“‘教育学’不是一门学科。今天，即使是把教育学视为一门学科的想法，也会使人感到不安和难堪。‘教育学’是一种次等学科（sub discipline），把其他‘真正’的学科共冶一炉，所以在其他严谨的学科同侪的眼中，根本不屑一顾。在讨论学科问题的真正学术著作中，你不会找到‘教育学’这一项目。”③ 面对这样的挑衅、误读和痛斥，我们不禁为有着长久历史的教育学科感到惋惜与痛心。这种教育学科被贬损为“次等学科”的境遇，使得所谓的教育学研究长期以来不被人们所认可、接受与信服。相反，却常常充斥着种种质疑和批评。而反观课程论的学科建设，其同样也面临着种种矛盾、诘难和困境。究其根源，实与课程理论体系的贫困、乏力有着最为根本的关系。

在我们看来，课程论学科地位的合法性确立，需要课程理论的理性化构建。它是一项理性的事业，需要运用思辨、抽象、假设、推理、演绎等多种方式去认识、研究课程“经验事实”。它是人们运用理论思维来形成美好课程世界图景的哲学沉思和抽象说明，是对其内在本质和

① ［美］H. A. 吉鲁、谭晓玉、郑金洲：《后结构主义者的论争及其对于教育学的几种影响：转向理论》，《华东师范大学学报》（教育科学版）1995 年第 1 期。

② ［澳］科林·马什：《理解课程的关键概念》（第三版），徐佳、吴刚平译，教育科学出版社 2009 年版，第 221 页。

③ 蒲蕊：《自主与开放——教育学学科重建的思考》，《教育研究与实验》2006 年第 1 期。

“规定性”的探析、发现和洞察。事实上，回顾课程论发展的百年沉浮，可以看出，课程理论构建一直是贯穿课程论研究的核心议题，是其从无到有、从幼稚到成熟的主要标志。从博比特的《课程》到泰勒的《课程与教学的基本原理》，都是“课程人”通过理论思维形成新型课程理论体系努力的结晶。“理论思维对于揭露原有理论体系的逻辑矛盾，对于揭露原有理论与概念的缺陷或局限性，对于进一步深入了解、认识和评价原有科学理论，对于原有科学概念或理论的进一步充实和完善，对于建构新理论、创立新知识体系，都具有巨大的不可替代的作用。”① 可以说，正是凭依理论思维，多种复杂的课程理论体系才得以构建，而这种构建，也就为课程论学科的独立建制与发展奠定了扎实基础和牢固支撑。

第二，课程理论具有描述与解释的价值。理论其实就是对外在客观世界的一种描述、说明与解释。自然，课程理论亦具有这样的品质、功能、旨趣和价值。“课程理论具有描述与解释的作用，描述即对课程现象、课程问题进行归纳和叙述性分类，对其发生、发展的状况、可观察的表象、发生的变化及存在的特点进行客观性描述，明晰其间的各种关系和互动的方式。目的在于说明或澄清‘是什么’的问题。解释是要深入到现象、问题的内部进行分析，目的在于说明‘为什么’，如为什么会有这种、那种关系，或揭示现象、问题的意义。”② 也就是说，课程理论的描述功能就是对种种涌现出来的课程议题进行纯粹的真实性呈现，以使人们理解和明白这些“课程事实”本身。事实上，无论是在教育教学场域，抑或是在人类涉及的所有领域，人们都是渴望对所发生的事实有所了解，能够知其因、查其果。或为这些事实作出说明，或为自身所持的观点作出辩护。而解释功能就需要运用理性的思维和冷峻的分析来深入事实的内部，对其动因、组成要素、相互关系等作出回答。这种解释自然不是人们刻板印象中的某种机械、教条式的“本本主义”，而是通过对既定课程事实的观察、总结、分析，进而借助“大胆的假设”和丰富的想象，来形成更加复杂、丰富、系统化的课程知识体系。所以，从某种程度上来说，课程理论构建的过程，就是一种新课程

① 周霖：《教育理论思维与教育学原创》，《东北师大学报》2004 年第 5 期。
② 汪霞：《怎样理解课程理论的作用》，《全球教育展望》2009 年第 4 期。

知识不断创生和涌现的奇妙过程。总之，"课程理论的深层价值在于唤醒觉悟、启迪智慧，在于提供理智资源、精神引领，在于促进理论思维的形成和看问题视角的转换，在于拓宽、加深对课程的认识和理解，而不只是提供实践指南，更不在于提供周到、精确的操作程序"。[①] 而问题的关键是，我们到底应构建一种什么样"理想"、性质、逻辑和样态的课程理论呢？

（二）课程理论构建的两种"理性理想"

基于近现代科学（相对论、量子力学、复杂性科学等）所取得的理论成就，以及统摄、整合人类诸多的生存经验，怀特海构筑了卓越而又精致的过程哲学理论体系。在他看来，哲学理论体系的建立与构筑，对于彰显、张扬哲学的"有用性功能"仍是不可或缺的。"思辨哲学的目的是要致力于构建一种内在一致的、合乎逻辑的且具有必然性的一般观念体系，根据这一体系，我们经验中的每个要素都能得到解释。"[②] 并且，"体系是重要的，它对于讨论、利用以及批判充塞于我们经验中的那些思想都是必要的"。[③] 怀特海的这一经典论述具有重要的方法论意义。在他看来，通过想象性概括所形成的"概念范畴"，有可能是杂乱无章、彼此矛盾的，这就需要对其进行系统化、理性化的剪裁、修正和调适，因而需要对诸多"概念范畴"进行"内在一致性"和"逻辑完满性"上的改造和完善。事实上，在这里，怀特海已指明了一般性理论构建应当努力追求的两种理性主义理想，也就是如其所说的那样："想象的构建要取得成功还需要第二个条件，这便是坚定地追求两种理性主义理想，即内在一致性和逻辑的完满性。"[④]

按照怀特海的解释，所谓"内在一致性"即是指"这一体系赖以发展起来的那些基本观念都是互为前提的，因而它们在孤立状态下便是毫无意义的。这种要求并不是说这些基本观念可以相互定义，而是指凡是不能以这样一种单独观念来界定的观念，都不能脱离它同其他观念的

---

① 汪霞：《怎样理解课程理论的作用》，《全球教育展望》2009 年第 4 期。
② ［英］怀特海：《过程与实在》，杨富斌译，中国人民大学出版社 2013 年版，第 3 页。
③ ［英］怀特海：《思维方式》，刘放桐译，商务印书馆 2010 年版，第 6 页。
④ ［英］怀特海：《过程与实在》，杨富斌译，中国人民大学出版社 2013 年版，第 7 页。

联系。思辨哲学的理想就是它的基本概念似乎不能彼此分离”。[①] 这种“内在一致性”即是指构成理论体系的基本概念应互为前提和彼此关联，并在结构上保持内在的和谐与互补性关系。也就是说，课程理论的理性构建，其内含于此种理论体系中的基本概念、观念之间必然是紧密关联、互为预设的，而非彼此孤立与抽象。如果这些概念只是“自说自话”，或者相互之间缺乏一种连贯的、承续性、互摄性的关联，那么，它们不过是一堆毫无生机、活力和生命力的僵化、垂死“符号”，而无法形成一个完整性、有机性的理论体系。事实上，在我国的课程理论构建中，这种概念之间的“内在不一致性”矛盾与症结尤为突出和明显。

所谓“逻辑的完满性”，怀特海指出其即是我们通常所理解的意思，即“包含‘逻辑的’自洽性，或者无矛盾性，根据逻辑术语来定义各种构成成分，用具体事例来说明一般的逻辑概念以及各种推理原则。我们将会看到，各种逻辑概念本身必定会在这种哲学概念体系中找到自身的位置”。[②] 这里“‘逻辑的’自洽性”即诉诸理论构建时应遵循的逻辑性原则，即基本概念、命题或范畴之间不能相互矛盾、冲突和对峙。也就是说，在课程理论构建中的诸多概念界定，要注重其自身的逻辑自洽性和严密性，并在概念与概念之间的逻辑关系上保持一致性和连贯性，而非互相矛盾与冲突。具体而言，这种课程理论体系所创设出来的“普遍性概念”，不应当同科学研究所揭示、发现的一般规律、真理相冲突和矛盾，不应当与人类的生活经验相违背或背离，并要随着科学研究的新成果以及社会实践的最新发展而不断调整、修正和完善。一个彼此矛盾、不和谐的概念系统是无法揭示课程“世界图景”的真实面貌的，人们在思想认识上也就无法接受和信服。

由此，在新时期，我国的课程理论构建应诉诸“内在一致性”且“逻辑完满性”这两种理性主义理想，唯有此，它才可能形成真正具有普遍性、科学性、有机性的课程理论体系，才可能真正经得起课程变革实践的有效检验。

---

① ［英］怀特海：《过程与实在》，杨富斌译，中国人民大学出版社 2013 年版，第 3—4 页。

② 同上书，第 4 页。

（三）对课程理论体系的局限性要有正确的认识

我们所构建的“内在一致性”且“逻辑完满性”的课程理论，对于恰切体认、理解课程“质的丰富性”具有重大的指导作用和启发性意义。但需要指出的是，我们苦心孤诣所营构的任何理论体系，都不是放之四海而皆准的“真理”。甚至在某种程度上，它也并不意味着该理论体系能够完全接受住具体经验事实的全部检验。对此，怀特海极为严肃地指出：“任何形而上学体系都不能完全地期望满足这些实效性的检验。这样一种体系充其量只是对所寻求的那些普遍真理的逼近。”[①] 也就是说，我们所构建的理论体系，只不过是我们目前所能根据现有的知识积累和经验材料，而创生出来的最接近“真理”标准的理论体系而已，它是对“普遍真理的逼近”，而非是“真理”本身。对此，我们应有理性的认识和清醒的态度。

那么，为什么我们不能建立那种真理式的理论体系呢？这并非理论构筑者思想懒惰或不愿作为所致，而是源于人类自身的洞察力弱点以及语言之固有缺陷等方面的原因。在怀特海看来，“哲学家们决不要奢望最终构成这些形而上学的第一原理。人在洞察力方面的弱点和语言自身的缺陷会无情地妨碍这一目标的实现”。[②] 具体而言，第一，不论是谁，无论他是聪慧绝伦的智者，还是被赞誉为百科全书式的饱学之士，其对大千世界以及经验事实本质的辨析与洞察总是有限的、不足的。从某种程度上来说，他所阐发的思想观念有可能还要比其所无意忽视的内容还要多。对于人自身所固有的这种洞察力弱点，我们需要正视和警惕。第二，“语言自身的缺陷”。语言是人类认知观念、逻辑思维、意识活动的外化与表征，是进行主体交流、经验传承、资源共享等相关实践活动的物质载体与操作工具。任何作者在选择、组织、运用、构架语言之际，其实也是其心理征象与状态纵横捭阖、缠杂纠结、最为亢奋之时，反映与折射了作者丰富、多元、异质的内心图像与世界。但他们所创立的语言系统绝非价值中立，往往具有鲜明的时代色彩和个人倾向，自然这种“缺陷”也就阻碍了相关理论体系构建的合法性。另外，语言并

① ［英］怀特海：《过程与实在》，杨富斌译，中国人民大学出版社 2013 年版，第 16 页。
② 同上书，第 5 页。

非能全部反映“命题”的本质，它只是一种描述和解释，它能否完整、准确地描述和表达丰富、独特、潜隐的个体生活经验，实在是个未知数。所以，语言具有难以克服的内在症结与不足。

基于以上认识，我们应对课程理论体系的局限性要有正确的认识。当然，这种局限性并不意味着其不可纠错或不能继续修正。事实上，随着学术研究的深入推进和人们认识水平的不断提高，任何理论体系的“可修正性”都是其适存的必要性条件之一。而怀特海的过程哲学理论体系就是具有“可修正性”的典范。正如过程哲学研究学者罗斯所说：“理解怀特海著作的一把绝对钥匙，就是其形而上学体系的可错性和可修正性。怀特海发展一种形而上学体系的努力，不应被视为关于事物本质的一种最终陈述，而是一个更大的正在进行中的历史方案的一部分。”① 因此，在我们看来，任何学科的理论构建都是构筑者既立足于对自身文化传统的吸收与继承，同时又基于对时代精神的理解和把握这一双重背景与条件下，对现实世界的构造和本质所提出来的一种解释方式、概念图式和理论范式（从某种程度上来说，亦可以把它看作一种视角、一种思维方式和生活方式）。因此，它们都具有时代性、纠错性、修正性和证伪性，若企图将它设定为某种绝对化、普适性的“普遍真理”，都不过是一种虚妄与僭越，从而丧失了其存在的合理性与合法性。

二　课程理论构建的起始阶段是开展“收集”工作

任何一门学科理论体系的构建都绝非空穴来风，或苦心孤诣单凭不着边际式的想象简单化勾勒出来的，而是需要构建者具有强大而深厚的文献梳理、统整、贯通与提升能力，以及高深、精妙而又卓越的思辨力，方有可能完成此项伟业。怀特海在其《思维方式》一书中深刻地指出：“在做建立体系的工作以前，先要完成一项任务，如果我们要避免一切有限的体系所固有的狭隘性，那这是一项非常重要的任务。……哲学不能排除任何东西，因此它决不应从建立体系开始。它的起始阶段可以称之为‘收集’（assemblage）。”② 可见，为规避理论体系构建所可

① ［美］菲利浦·罗斯：《怀特海》，李超杰译，中华书局2002年版，第12页。

② ［英］怀特海：《思维方式》，刘放桐译，商务印书馆2010年版，第6页。

能造成的诸多偏颇与狭隘，怀特海强化了“收集”工作的极端重要性。在他看来，在西方哲学史上，柏拉图、亚里士多德、莱布尼茨和威廉·詹姆士之所以功勋卓著，对人类的文明思想以及精神世界产生了重大影响，其根本就在于“他们在哲学收集上所取得的成就”。单就詹姆士而言，“他的才智可以说是以关于过去的东西的学识为基础，但他的伟大本质上是由于他对当代的观念有惊人的敏感。……他做过建立体系的工作，但他首先是从事收集”。[①] 怀特海对“收集”工作的重视与强调，也真实体现和反映在其过程哲学理论体系的构建上。如他明确表示自己真实汲取了古希腊哲学家关于“万物皆流”的古典过程思想，并重点考察了笛卡儿、牛顿、洛克、休谟和康德等人的思想体系。同时，他还对柏格森、詹姆士和杜威对自身哲学理论体系构建的贡献表达了感激之情。一言以蔽之，“收集”工作对某种理论体系的构建是至关重要的。它有利于我们更好地继承前辈所留下来的思想遗产，有利于理性化检视当下我们所遭遇的问题或矛盾，有利于综合性探究我们所希冀的未来方向与可能空间。

毋庸置疑，我国课程理论构建也应将全面、系统、扎实、严谨的“收集”工作作为重要的起始阶段。事实上，检视课程发展史，可以发现，诸多课程理论的构建者其实都是“收集”工作的杰出操盘手。如泰勒的课程理论构建，明显脱胎于博比特、查特斯等人的课程研究成果，并在批判性扬弃的基础上进行了更具科学化、系统化的修正和完善，从而形成了影响深远的经典课程理论范式。作为课程改革旗手的布鲁纳，更善于从前人的思想洞见中获得学术滋养与智慧。如他前期的结构课程理论就根植于列维·施特劳斯、乔姆斯基等人的结构主义思想，而其后期的教育文化观则更多受到了苏联维果斯基历史文化学派的影响。无疑，这些课程理论的构建之所以取得巨大成功，实与其前期所开展的卓有成效的“收集”工作是密不可分的。

在新时期，我国课程理论构建的“收集”工作应着力于以下几个方面。

---

① ［英］怀特海：《思维方式》，刘放桐译，商务印书馆2010年版，第7页。

（一）拓展“收集”工作的理论视域

怀特海指出：“哲学的主要危险在于证据材料选择的狭隘性。这种狭隘性源于文明史上特定的理论家、特定的社会集团、特定的思想学派和特定时代的特异秉性与畏惧心理。由于个人的气质秉性、社会集团的地域褊狭和思想体系的各种局限，哲学所依赖的证据材料便受到各种任意偏见的不良影响。”① 由此，我国课程理论构建要努力规避从“特定的”视域来选择材料的狭隘性，进而从多学科、多领域广泛地选取相关证据材料，以形成构筑课程理论大厦的深厚基础和全息图景。

受传统教育教学思想的宰制和规约，我国的课程理论构建无论是在理论视域的选择上，抑或是在相关证据材料的收集、整理以及理论框架的构建上都极不成熟和完善。因而，相关“研究成果”缺乏系统性、严密性和条理性也就在所难免了。所以，为提高课程理论构建的质量与水平，我们应打破传统课程研究范式的封闭状态，进而科学、合理地借鉴其他人文社会科学的理论与方法。这些学科，例如社会学、文化学、人类学、经济学、民俗学等，无论是在学科建设还是在研究技术上，都能对课程理论构建带来有益的启示。当然，需要特别指出的是，我们在“收集”这些学科的“证据材料”时，要注意其学科边界问题。我们主张，这些“证据材料”必须适用于我们所研究的课程事实，是对过往课程事实或课程现象的深入描述、分析和解释，而非将其完全移植、嫁接、套用到课程研究中。如果那样的话，课程研究也就成了其他学科研究成果的“替代品”了。

（二）深耕“收集”工作的历史向度

我国著名哲学家陈康在谈及哲学研究方法时深刻地指出：“我们必须先在历史里寻找前人——至少是第一流的哲学家——对于它的直接的解答或前人的学说里有关于本问题的解答的部分。……这一个步骤是不可缺少的。因为对于一问题如若前人已有圆满的解答，我们即接受它，

① ［英］怀特海：《过程与实在》，杨富斌译，中国人民大学出版社 2013 年版，第 429 页。

无须别出心裁，另求解答。”[①] 同理，我国课程理论构建也需要寻找前人关于课程问题的各种“解答”，进而在历史的隧道中聆听更具深度、多元的声音与回响。正所谓“读史使人明智”，通过“收集”、研读历史材料，我们就会发现，涌现于当下课程改革中的种种课程事件曾与过往历史中的某些情境是何等的相似。通过对它们的重新探讨与反思，我们可以清楚当下的课程改革应着力于哪些方面，应当规避哪些矛盾和冲突，从而为课程改革的深入推进提供思想基础。“课程史是课程领域的全部记忆。没有它我们就不可能对当代的问题有一个全面的了解；如果没有人能够查明从前发生的事情，我们只好重新发明教育之轮（pedagogical wheel），而无法认识到过去已有的成功与不成功的教育模式……我们有着革新文化的嗜好，但常常忽视了来自最近和遥远过去的相关事件及教训。”[②] 由此可见，课程的历史探究可为当下的课程改革提供智慧资源，可让我们从历史中吸取教训，警惕潜伏着的危机，进而阻止我们重蹈覆辙。

自新中国成立以降，我国共进行了八次基础教育课程改革。但这八次课程改革都具有什么样的特点？每一次课程改革都取得了什么样的成就，有哪些方面的缺失和遗憾呢？对此，我们尚未拿出比较有说服力的研究成果。虽然我们在启动和推进新一轮课程改革时，总会先分析和讨论一下其改革的历史背景等问题，但这些分析和讨论要么“蜻蜓点水”、一笔带过，要么就是为此次改革的合法性与合理性做出某种铺陈，从而缺乏一种严肃、理性、客观的历史分析。“许多课程改革方案很少关注甚至忽略了前人的努力。每一个新的课程改革小组在探讨课程改革时，似乎他们要解决的问题都是那些以前从未认识到的问题。因而，没有成功地把课程研究工作建立在前人的基础上。过去与现在之间的断裂总是成为屡教不改的错误。”[③] 无疑，对历史记忆的模糊往往会对当下现实产生虚幻。所以，尽管我国的课程理论研究与实践变革都取得了巨大的进步和成就。但与此同时，伴随着课程改革的进一步推进与深化，

---

① 汪子嵩、王太庆编：《陈康：论希腊哲学》，商务印书馆1990年版，第527页。

② ［美］丹尼尔·坦纳、劳雷尔·坦纳：《学校课程史》，崔允漷等译，教育科学出版社2006年版，第7页。

③ 同上书，译者前言。

潜藏在课程改革内部的种种深层次矛盾和纷争开始滋生与涌现。我们早先所宣扬的新的课程理念、科学的课程管理方法等遭遇到了意想不到的冷遇。为什么会出现这种事与愿违的现象呢？究其缘由，可以发现，这与我们长期缺乏对课程历史的研究有着密切的关联。由于缺乏历史视野和历史意识，我们没有对过往的课程改革历史进行严谨的“收集”、梳理与辨析，以至于对其兴盛和衰落的原因缺乏深入的研究，进而也就无法鉴古知今，为当前的课程改革提供历史经验和教益。诚如台湾课程研究者欧用生教授所言：“教育改革蔚成风潮以来，许多新颖的课程措施纷纷推出，令人目不暇接；只是如果忽视了改革的社会历史脉络，将坠入改革陷阱而不自知。”① 所以，在当下，我们有必要深耕“收集”工作的历史向度，进而在漫长的历史脉络中寻求具有警示意义的课程智慧。

（三）增强“收集”工作的“实践关怀”

课程理论构建前期的“收集”工作不能仅仅指向于抽象、晦涩、符号化的“理论成果”，同时，我们还要注意收集在课程改革实验中所孕育、涌现出来的典型案例或“课程事件”。清华大学社会学系教授孙立平在运用“过程—事件分析”研究策略，来描述、揭示种种社会生活的“隐秘”时提出，该研究策略需要注重对动态的、关键性的、能够展示事物内在逻辑和机制的事件性过程等相关经验材料的收集。“这源于我们的一个基本假定，即不同事物或一事物内部不同因素之间的复杂而微妙的关系，只有通过事件或过程才能比较充分地展示出来。……能够作为‘过程—事件分析’对象的，就是能够真正展示事物深层逻辑的那些过程和事件。”② “这就是观察人们的社会行动，特别是由他们的行动所形成的事件与过程。甚至也可以说，这种‘微妙性’也正是隐藏在人们的社会行动，特别是事件性过程之中。”③

但针对课程理论的构建而言，并不需要将所有的、细枝末节的“课

---

① 白亦方：《课程史研究的理论与实践》，高等教育文化事业有限公司 2008 年版，推荐序。

② 孙立平：《“过程—事件分析”与当代中国国家—农民关系的实践形态》，载《清华社会学评论》，鹭江出版社 2000 年版，第 9 页。

③ 同上书，第 6 页。

程事件”统统加以“收集”，而唯有那些波及面广、突破性大，且有精英课程学者参与和引领的重大课程事件才易于让后人瞩目，并反思其深远的历史意义。根据泰勒的分析和总结，20 世纪美国教育中的五大课程事件分别是：①桑戴克的研究对课程所具有的意义；②杜威论兴趣与努力专著的出版；③全国教育研究会第 26 卷年鉴的发表；④课程研究会的成立；⑤20 世纪 30 年代的课程设置实验。[①] 无疑，这些重大课程事件的涌现，也就凝结成了课程理论构建以及未来发展的重要拐点，而“如果我们准确地识别和评价历史上曾经影响并继续影响着课程的主要事件和冲突事件，那么，其结果是我们对历史会有更好地理解。通过揭示过去的思想和事件对现在的影响，历史能给我们提供视角与方向”。[②] 无疑，这些“相关经验材料”（事件、案例、故事）因其鲜明的情境性、独特性和丰富性，而具有了不同于“理论成果”的生命化、个性化体征与温度，因而是课程理论构建所需要的“第一手材料”，这对于提升课程理论构建的科学性、适切性和实践性是很有益处的。

三 课程理论构建要借重哲学式的“思辨方法”

在当下鼓吹量化分析，宣扬“让数字说话”的时代，再次强调借重哲学式的“思辨方法”来推进我国课程理论的学术构建，似乎显得有些不合时宜。但需要着重指出的是，“不同的研究方法有不同的适用范围，……从保持学术‘生态平衡’的角度而言，应当鼓励用各种不同的方法来研究高等教育，应当把各种方法用到它们适合用的地方”。[③] 事实上，怀特海所构筑的思辨性的过程哲学理论体系，即是运用此种思辨方法的杰出典范。过程哲学家格里芬博士指出：“建设性的后现代哲学是思辨哲学，确实如此。怀特海认为，你可以有科学证据，但是我们必须有思辨，因为有些问题是不能用科学方法进行回答的。可能有另外

① ［美］泰勒：《二十世纪美国教育中的五大课程事件（Ⅰ）（Ⅱ）》，《现代外国哲学社会科学文摘》1988 年第 9 期。

② ［美］丹尼尔·坦纳、劳雷尔·坦纳：《学校课程史》，崔允漷等译，教育科学出版社 2006 年版，第 27 页。

③ 冯向东：《高等教育研究中的“思辨”与“实证”方法辨析》，《北京大学教育评论》2010 年第 1 期。

的宇宙，形而上学和宇宙学都无法对之进行探索，这个时候思辨就成为重要的途径和方法。”① 对于课程理论构建而言，哲学式的思辨方法仍是一种不可或缺的重要方法，它对于实现我国课程“重要知识”的创生②以及提升课程理论构建的品质和水平，都具有重大而显著的方法论意义。

（一）怀特海对“思辨方法”的合法性辩护

自19世纪30年代以降，以孔德为主要代表人物的逻辑实证主义运动以及现代分析哲学、语言哲学思潮的勃兴、蔓延与强势，使得“拒斥形而上学”成了现代西方哲学最鲜明的精神气质和主导价值取向，这样也就使得以运用思辨方法为重要特征的思辨哲学趋于式微与衰落。“思辨哲学一直受到一种责难，认为它的目标过于宏大。人们承认理性主义是具体科学在自己的有限范围内获得进步的方法。然而，通常认为，这种有限的成功绝不应鼓励人们试图去构建表达事物普遍性质的宏大体系。”③ 然而，随着分析哲学和逻辑实证主义运动的式微、衰落与“祛魅”，以及建设性后现代主义的迅猛蓬勃发展，以光复、彰显思辨方法为核心旨趣与重要使命的思辨性过程哲学走上了历史舞台，并日益受到众多学者的重视和青睐。

作为对逻辑实证主义和现代分析哲学“拒斥形而上学”价值取向的反动与抵制，怀特海旗帜鲜明地将其构建的过程哲学理论体系视为一种

① 强乃社、樊美筠：《建设性后现代主义的定位和未来——访大卫·格里芬博士》，（2018-08-17）［2018-08-17］. http：//wemedia. ifeng. com/74423452/wemedia. shtml。

② 注：怀特海认为哲学的思辨方法是形成“重要知识”的方法之一。作为数理学家的怀特海，为什么对此种方法情有独钟并极力宣扬呢？在我们看来，这与哲学的思辨方法自身的价值与功能有着紧密的关系和联结。具体对于课程研究而言，这种哲学的思辨方法亦是获致课程“重要知识”的有效方法。例如课程价值问题就需“由哲学思辨来回答”。课程价值问题是对课程“应该是什么”的分析与探讨，它包括课程建设的目的、目标、意义、旨趣等议题。而对这一问题的求解并非仅能凭依单向度的量化分析方法才能获得，它需诉诸卓越的哲学思辨。“哲学思辨一方面关注本体论和认识论，探讨‘是什么’和‘何以可能’的问题，另一方面关注价值理想，提出‘应该是什么’的主张。……因为教育本身包含的价值问题必须由哲学思辨来回答，对教育研究产生出来的大量理论、思想观点（文献是它们的重要载体）也需要不断地进行发掘、评论、商榷、再阐释等‘批判性反思’。”（冯向东：《高等教育研究中的“思辨”与“实证”方法辨析》，《北京大学教育评论》2010年第1期）事实上，怀特海所撰写的《教育的目的》一书，就是从价值论层面来反思和回答教育与课程价值问题的典范之作。

③ ［英］怀特海：《过程与实在》，杨富斌译，中国人民大学出版社2013年版，第17页。

“思辨哲学”（speculative philosophy）。在《过程与实在》一书中，怀特海将第一章的标题定为“思辨哲学”，即为明证。那么，怀特海为何要苦心孤诣地构建其所谓的思辨哲学理论体系呢？[①] 事实上，怀特海之所以称自己创立的过程哲学又为“思辨哲学”，其根本旨趣就是要努力构建一种思辨哲学体系，以对近现代科学所形塑的外在客观世界作出某种综合性、总体性、系统性的探究、阐述和诠释。为达致此愿景或希冀，怀特海深刻地指出，在传统甚嚣尘上的科学实证量化分析方法之外，哲学式的思辨方法同样是“一种形成重要知识的方法”，[②] 并给予了高度的肯定、褒扬和辩护。

然而，受逻辑实证主义哲学以及各种形而上学观点的宰制、规约与束缚，我们对“思辨”一词的理解和体认形成了某种机械、刻板印象。似乎一提及“思辨”，我们就会在脑海里浮现出诸如“故弄玄虚”“抽象晦涩”“不着边际”“胡思乱想”等相关意念。诚如过程哲学家柯布所指出的那样：“不幸的是，‘思辨’的名声不好。在许多的情况下，这个词是指提出了一些未经恰当证明的观念。”[③] 柯布的“诊断”与洞察可谓一语中的。过往，一些形而上论者运用“思辨”方法所提出的“一些观念”，往往既没有来自自然科学研究的有力证据，同时又缺乏人类的经验事实作为认识论基础和支撑，仅仅停滞于“玄而又玄”“虚无缥缈”的抽象运思层面，玩弄于花里胡哨的“语言游戏”之间，其饱受学界质疑、诟病也就在情理之中了。事实上，正如柯布所说，怀特海并非是在传统的意义上来理解、体认“思辨的”。所以，“由于‘思辨的’这个语词一直为晚近的现代主义思想家们所不屑，因而我们所理解的怀特海使用这个语词的意指就是很重要的了。他当然不是指那种非专业的思维。不过，思辨哲学乃是游离于一种把自身限制为科学方法、

① 注：我们回顾怀特海所处的时代背景和哲学语境，就会发现，当时哲学的主流是逻辑实证主义和分析哲学，“拒斥形而上学”是最鲜明的哲学“意识形态”和“标志性”底色。而怀特海特立独行的个性品质似乎并不为潮流所动，依然坚持认为思辨理性和思辨方法对于理论体系构建以及所有科学研究而言，仍具有不可或缺的重要价值与意义。这在近现代哲学家群体中是不多见的，反映了怀特海作为一流哲学家所具有的批判精神和“为真理代言”的卓越品质。

② ［英］怀特海：《过程与实在》，杨富斌译，中国人民大学出版社 2013 年版，第 3 页。

③ 同上书，第 492—493 页。

现象学或语言分析的哲学的极端”。[①] 按照格里芬博士的解释，怀特海过程哲学所谓的“思辨是有根据的，不是胡思乱想，具有普遍适用、首尾一致的特征。普遍适用是指思辨能够解释世间一切事物。……思辨的第二条标准就是首尾一致。……思辨就是对可能世界的探讨，是对可能世界的可能解释，在其中需要保持理论自身的自洽和普适”[②]。综合相关论述，在怀特海看来，所谓“思辨的”具有以下功能、价值和底蕴。

首先，理论的“新假定”预设需要思辨方法。任何理论体系的构建都始于某种预设的假定或假设。对于哲学抑或科学而言，亦不例外。而这种假定的预设并非空穴来风或一成不变的，随着学术研究的进一步拓展与深化以及人们认识水平的提高，其都将会面临被改写或被修正的命运。所以，理论的假定预设必将是需要基于客观的经验事实变化而不断地进行调整与变革。为了能更加科学化、综合性地剖析、概括、阐述诸多新的学术发现或理论问题，则需从根本上形成新的理论假定。对此，作为理论物理学家的怀特海深刻地指出，随着 20 世纪一系列重大科学理论（如相对论、量子力学、系统论、控制论、复杂性科学等）成果的“井喷式”涌现，以及随之而来的新观念、新思想、新洞见的萌生，就使得再凭依过往的理论假定，已显得不合时宜了。“物理学中的新发现所提出的问题，现存的语言和现有的物理学假定以及日常语言，都不能加以解决。有必要对现代哲学提出的假定从根本上进行反思。这种反思要求仔细地分析经验和仔细地使用语言，但是仅仅有这些还不够，还需要发展新的假定，这些假定能依据各个领域中的材料来检验。这些新假定是一些思辨，并且没有这种思辨，科学就不能前进。”[③] 由此可见，理论的“新假定”预设需要运用恰切、必要的思辨方法才可能得以创生。这里，怀特海所指称、辩护的思辨方法，倒有点像科学研究中的“猜测—验证”逻辑，也就是我们所谓的“大胆假设，小心求证”。换言之，身为科学家和数理学家的怀特海，就把科学研究的逻辑程序迁移

① ［美］格里芬等：《超越解构——建设性后现代哲学的奠基者》，鲍世斌等译，中央编译出版社 2002 年版，第 229 页。

② 强乃社、樊美筠：《建设性后现代主义的定位和未来——访大卫·格里芬博士》，（2018-08-17）［2018-08-17］. http：//wemedia. ifeng. com/74423452/wemedia. shtml。

③ ［英］怀特海：《过程与实在》，杨富斌译，中国人民大学出版社 2013 年版，第 493 页。

到了哲学运思之中。这样，其所谓的思辨方法也就与部分形而上学论者所暴露出来的“玄学幻思”“无根冥想”“抽象演绎”倾向划清了距离和边界，因而其适存的科学性、合法性、正当性也就不证自明了。

其次，思辨的“新假定”具有可验证性。在怀特海看来，科学研究中的某些假定，会有机会得到“彻底的检验”。而这种境况对于哲学的理论构建而言，同样如此。也就是说，在哲学中的那些具有思辨性的“新假定”，并非不可捉摸，而是具有可验证性。而当一些“假定”，最终无法被检验或证实时，则需要设计新的实验来寻求更充分的证据。总之，诚如柯布所指出的那样：“所有理论在某种程度上都是思辨的，但是某些理论比其他理论更具有思辨性，意思是指有利于它们的证据远不是最终的或决定性的。”[①] 因此，当通过思辨方法所形成的“新假定”经不起科学研究结论以及人类日常经验的检验或验证时，它则需要预设或发展新的假设，如此循环反复、演进与嬗变，以致形成新的思维洞见和“学术共同体”，进而推动研究范式的更迭与变革。在我们看来，怀特海此处所宣扬的思辨方法是对传统认识和理解的一种突破与创新，因为他将“可验证性”（即证实或证伪）作为了判定思辨方法之合法性标准的维度，其中内在深意尚有待我们进一步挖掘和体悟。

最后，“思辨的”理论体系都是可修正的。怀特海认为，一切科学领域所取得的所谓“真理”或成就都不是恒定不变的，这一境遇对于哲学而言，亦不例外。“要把自己的哲学确定为思辨的，就是要着重地声称，这种哲学不是由确定无疑的结论或具有确定性的学说构成的。它是由人们目前能够提供的最好的和最充分地加以检验的假定所构成的。这种检验的一部分是这些假定所共同适合的那种方法。这些假定的内在一致性就像它们能够说明人类经验和知识各个领域中材料的恰当性一样重要。”[②] 由此，正是这种理论体系的可修正性和开放性，才真正保障了该理论的鲜活性、丰富性和生命力。

从某种程度上来说，怀特海所辩护的思辨方法在本质上其实就是一种思辨理性或理论思维。它对于我们究诘、探寻宇宙万事万物的内在规

---

① ［英］怀特海：《过程与实在》，杨富斌译，中国人民大学出版社 2013 年版，第 494 页。

② 同上书，第 493 页。

律、法则，进而形成普适性、一般性的“普遍观念”，无疑发挥着重大而关键的积极作用。我国著名哲学家苗力田先生对古希腊人这种注重思辨的“精神气质”的欣赏和赞赏是溢于言表的。在他看来，“西方哲学的根本精神可以说自古希腊时期就奠定了其强调思辨的精髓。‘思辨’这种纯概念的理性的抽象思维形式是古希腊哲学相对于其他种族文化最典型的特点。思辨是一种特殊的认知方式，……这种认知方式之所以能成就完满，保持其不可动摇，由于它是思维。而思维只能是概念思维，而概念本身却同样是思维的产物，……所以思辨在现代意义上也就是理论思维，它是一种主体和对象处于同一中的认知方式”。① 事实上，这种思辨方法具有强大的生命力、感召力和卓越性，正是凭依这种思辨方法的一脉相承和“一以贯之”，才最终孕育了西方文化最光辉、最绚烂、最精彩的科学精神。当然，对于这种思辨方法所可能具有的内在缺陷与不足，怀特海也有十分清醒的认识。在他看来，承认这种思辨方法的流弊和症结，不一定是要完全否定思辨方法本身，更为重要的是我们要更加谨慎、严肃、理性地抑制这种思辨方法的“僭越性”与“至上性”，进而避免陷入某种独断论的深渊与桎梏之中。唯有此，怀特海所谓的思辨方法才能发挥其应有的进步意义和教育价值。诚如怀特海所给出的极为严肃的告诫一样：“我们试图在事物的性质上一探究竟，追根溯源，这种努力是多么肤浅无力和不尽完善啊！在哲学讨论中，关于终极性陈述即使对其确定性有丝毫独断式的确信，都是一种愚蠢的表现。”②

（二）课程理论构建要遵循理性化的“思辨程序”

作为科学家又兼数理学家的怀特海，其突出贡献之一便是重塑或重构了西方哲学史中的思辨理性，进而赋予了其程序性、想象性和实践性的品格、逻辑与旨趣。在怀特海看来，思辨哲学虽源自对具体经验事实的观察、了解、认识与感受，却绝不停滞于此，而是以此为基础，通过诉诸自由的想象、大胆的假设、严谨的论证，进而畅游于观念的苍穹之

---

① 路军：《思辨　理性　科学——苗力田教授访谈录》，《社会科学论坛》1999 年第 Z3 期。

② ［英］怀特海：《过程与实在》，杨富斌译，中国人民大学出版社 2013 年版，第 5 页。

中。怀特海将其独特的思辨方法作了一个十分著名的比喻，他说：“真正的发现方法宛如飞机的航行：它从特殊的观察基地起飞，继而在有想象力的普遍性的稀薄空气中飞行，最后降落在由理性的解释使之更为敏锐的新的观察基地上。这种富有想象力的理性化方法所以能取得成功，是因为当差异法失效时，在富有想象力的思想影响下，那些经常出现的因素还能被人们观察到。”① 若我们细加品味、琢磨和深思，就会发现，怀特海事实上已指明了任何理论构建所应恪守、遵循的一般性思辨程序，其中大有深意存焉。自然，课程理论构建亦不例外。

首先，课程理论构建思辨的起点应是特殊、具体、复杂的课程“经验事实”。“就哲学而言，真正的发现方法必须以全部人类经验，包括科学、宗教、艺术等各门学科所揭示的客观事实为基础。否则，哲学所做出的普遍性概括便是不可靠的，便是没有坚实依据的。这便是‘从特殊的观察基地起飞’的丰富内涵。”② 斯言诚哉！怀特海所谓的思辨起点绝非肇始于天马行空、不着边际的“幻思”，而是需要从具体、丰富、扎实、牢靠的客观事实出发。在课程发展史上，博比特的“现代”课程理论构建起始于其“为菲律宾岛内所有小学编制新课程”③ 的实践经验，泰勒的经典课程理论构建来源于“科学管理之父”泰罗所开展的一系列科学管理实验所揭示的“客观事实”，杜威的经验课程理论构建则深植于其主持领导的“实验学校”变革实践，等等。所以，正是这些具体、鲜活、有机的课程“经验事实”，构成了课程理论构建所需之哲学化思辨的“特殊基地”与活水源头。

其次，对课程“经验事实”进行开放的“想象性概括”。这一阶段可看作一种从具体上升为抽象的关键程序。因而，课程理论构建者需要从对特殊、具体、个别经验事实的观察、体认环节，过渡与转化到通过运用理性思维而形成的抽象概括上。这一概括过程从某种程度上来说，就是为了创生或发展出一种新的假定。怀特海指出：“一切体系化的思想都必须从一些预先作出的假定出发。”④ 而“这些新假定是一些思辨，

① ［英］怀特海：《过程与实在》，杨富斌译，中国人民大学出版社 2013 年版，第 21 页。

② 杨富斌、［美］杰伊·麦克丹尼尔：《怀特海过程哲学研究》，中国人民大学出版社 2018 年版，第 152 页。

③ ［美］博比特：《课程》，刘幸译，教育科学出版社 2017 年版，中译本序。

④ ［英］怀特海：《思维方式》，刘放桐译，商务印书馆 2010 年版，第 5 页。

并且没有这种思辨，科学就不能前进”。[①] 由此可见，课程理论构建需要深入挖掘种种“经验事实”，并形成新的理论假定。而这一特殊过程，自然离不开理论构建者天才的想象力和卓越的思辨力。

最后，所形成的课程理论体系要接受课程实践的反复检验。任何理论体系都并非不证自明的，其内在的价值与效用，以及存在的合理性、合法性和适切性，都需要接受各类实践和经验事实的持续检验。“要把自己的哲学确定为思辨的，就是要着重地声称，这种哲学不是由确定无疑的结论或具有确定性的学说所构成的。它是由人们目前能够提供的最好的和最充分地加以检验的假定所构成的。这种检验的一部分是这些假定所共同适合的那种方法。”[②] 并且，“这种想象性实验是否成功，永远要通过把它应用于产生它的范围之外的结果来进行。……首要的要求就是要通过这种概括方法不断前进，以便确保这种方法能得到一定的应用。而要检验这种方法是否有所成功，就是要把它应用到直接起源以外的地方”。[③] 如此，检验课程理论有效性与合法性的唯一标准必然是课程变革实践。如若不能经受这种检验，那么，所谓的理论思辨都不过是一种虚妄和空谈，不具有辩护性。

四 课程理论构建需强化课程历史研究

课程历史是课程理论构建的重要知识来源与合法性依据。经济学家马歇尔和萨缪尔森都强调理论建构的前提是真实世界的事件、统计资料或“观察到的事实”，而不是工具主义所推崇的抽象程度尽可能高的假设，这就把理论奠定在了历史或真实性的基础上。[④] 因此，课程理论构建不仅应满足“内在一致性”和“逻辑完满性”这两种理性主义诉求，同时还需要强化其与中西方课程历史发展事实的“一致性”和“契合性”，即坚持“论从史出”“以史带论”，而非让课程史实“削足适履”

① ［英］怀特海：《过程与实在》，杨富斌译，中国人民大学出版社 2013 年版，第 493 页。

② 同上书，第 493 页。

③ 同上书，第 6 页。

④ 转引自卢凌宇、林敏娟《外交决策分析与国际关系学范式革命》，《世界经济与政治》2015 年第 3 期。

去迎合某种课程理论体系。从方法论的层面来说，即课程理论构建应坚持逻辑与历史的高度统一。“怀特海对历史和历史理论亦有重大贡献，见解独到、深入。……在某种程度上，怀特海的《科学与近代世界》(1926)、《过程与实在》(1929) 和《观念的冒险》(1933)，组成了其历史哲学的三部曲。”① 在新时期，借鉴怀特海过程哲学独特的过程历史观，进而强化对中西方课程历史发展事实的深入探讨与反思，无疑对我国课程理论的构建具有显著的教育学价值和意义。

(一) 课程研究的“历史意识”缺失

传统课程研究是以哲学、社会学和心理学为理论基础的，并不涉及历史的因素，因而缺乏一种浓郁的历史意识、深邃的历史视野与厚重的历史关怀。长期以来，我国课程历史研究没有受到多数课程研究者的关注和重视，使之成了一个“冷门”的研究领域。同时，开展课程历史研究是一项极具挑战性的工作，大多学者也不愿对此花费太多的时间与精力，这也就构成了课程历史研究的内在性困扰。那么，为什么课程历史研究会遭受冷遇呢？概括起来，大致有以下几种原因。

首先，课程研究“反历史”性格的局囿。众所周知，在 20 世纪 60 年代，美国的课程研究是以管理科学、心理学为理论基础的，其根本旨趣在于提供课程开发的“处方”——普适性的程序、规则或模式。这一理路也就导致课程研究者缺乏某种历史意识，使课程研究存在着一种“反历史”性格 (ahistorical nature)。这表现在以下三个方面：第一，在课程观上，把课程视为预先规划好的“处方”(prescriptions) 的科学与心理学取向，尤其是在科学管理运动和心理测验专家的影响下，课程专家的任务就是不动任何感情地去界定学习内容的主要元素；第二，在课程研究的主题上，集中于如何实施课程、如何训练学科教师或如何发展教学内容知识等课程开发程序上的研究；第三，在课程研究的学术取向上，偏向于联结进步与现代化，具有浓厚的“社会改良”取向 (ameliorative orientation)，很多课程改革取向都抱持着追求光明“未来”的信念，“过去”则常被视为一种黑暗时期——这种追求不断革新的心态更

① 黄志远：《怀特海历史哲学刍议》，《中国社会科学院院报》2008 年 3 月 27 日。

深层的来源是要为新建立的课程学科在大学中寻求地位，课程研究者会极力采取将本学科与进步的、现代化的和形塑社会政策相联结的学术心理。[①] 在这样的时代背景下，课程研究者普遍对课程的历史探究缺乏足够的兴趣也就不难理解了。所以，有学者认为，“课程的过去”是混沌的、无序的、落后的，充斥着荒谬和错误，处于较低的发展阶段。因此，企图从中探寻课程真理、发掘课程智慧只能是白费工夫，“徒增争议和负担”（陈伯璋语）。在他们看来，科学、有效、实用的课程研究是面向现在的情境和未来的愿景，除此之外，别无其他。当代“课程领域所面临的最大挑战之一，就是丧失了它的历史观点，而专注于现行问题的结果，导致忽略那些问题原来产生于种种历史根源”。[②] 无疑，这种“反历史”性格对课程研究的完整性而言可谓一种缺憾，人们对“课程的过去”和传统所秉持的轻蔑或轻视态度是课程历史研究的一大困扰。

其次，课程历史研究解释力的积弱。受传统实证主义史学观的影响，史学研究的核心旨趣在于“复原过去”和事实描述。即要求历史学家立足纯粹、客观、不偏不倚的外在立场，来描述在过往中到底发生了什么，而不主张其对历史事实进行“评价”“综合”“思索”。无疑，这种把历史认识的主体和客体完全割裂开来的做法，抑制、阻碍了历史学家的思想创造和理论建构，进而也就在很大程度上冲散、削弱、虚化了史学研究的解释力。课程历史研究同样面临着这样的困扰与挑战。事实上，史料本身并不构成真正完备的历史知识，最终赋予史料以生命的或者使史料成为史学的，还是要靠历史学家的思想。[③] 正如史学家康马杰（Henry Steele Commager）所言：“历史不是一种编年史叙述，而是一种过去的重构物。历史不可避免的是解释性的。人类的许多宣言和成就已经远逝，巨大数量的文献和其他原始资料必须被转译成一种可理解

① 杨智颖：《课程史研究观点与分析取径探析：以 Kliebard 和 Goodson 为例》，高雄复文图书出版社 2008 年版，第 21 页。

② 白亦方：《课程史研究的理论与实践》，高等教育文化事业有限公司 2008 年版，第 4 页。

③ 张宏：《社会科学与当代美国教育史研究》，《比较教育研究》2006 年第 7 期。

的过去。"[①] 所以，针对课程历史研究而言，如何充分彰显和绽放课程学者的主体创造性与学术想象力，进而丰富、增强课程历史研究的解释力，是摆在我们面前的重大课题和使命。

再次，课程历史研究成果受限极大。史学研究极为烦琐、复杂和困难。一方面，它要收集、占有大量的历史文献，而由于种种不可抗拒的原因，有些历史文献或已遗失，或已变成了残章断简，以致研究起来十分艰辛。另一方面，史学研究不像文学创作或编撰神话故事那样，可以任研究者信马由缰，作"放肆"和大胆的发挥，它要受整体的社会环境、主流的意识形态和迥异的价值取向等因素的制约。这样，课程历史的研究成果就在广度、深度、价值性以及可推广性等方面受限极大。正如白亦方所指出的那样："课程史研究就像历史研究一样，会遭遇研究史料难寻或不同资料的整合难题，而且在研究结论的深度与价值性方面也不易深入，研究结果的实际应用性难免令人持保留态度。"[②] 这些都构成了课程历史研究在理论与实践上的困扰。那么，到底该如何正确对待课程历史的研究成果呢？在很多人眼里，开展课程历史研究就是要寻求当下的课程问题或矛盾的解方。如无可能，也就没有必要浪费宝贵的学术资源。在我们看来，此观点是开展课程历史研究的一个误区。由于历史情境的变迁和社会各因素的差异，我们并不能将课程历史研究成果直接"为我所用"，而只能为我们理解当下的课程现实提供一种视角和思路，从而反思我们的课程观念与课程行为。贝拉克指出："历史的探究不应该被视为从过去寻求当今教学问题的解方，历史学者应该谨慎地避免所谓的'福音之罪'（the sin of evangelism），也就是避免尝试用专业热诚来鼓舞教师，而应该协助教师了解学校课程发展的实际状况。"[③] 因此，在未来的课程历史研究中，我们应合理运用课程历史研究的学术成果，切不可因一时的盲从而犯经验主义的错误。

最后，课程历史研究方法论有待完善。如何开展课程历史研究，其

---

① ［美］丹尼尔·坦纳、劳雷尔·坦纳：《学校课程史》，崔允漷等译，教育科学出版社 2006 年版，第 5 页。

② 白亦方：《课程史研究的理论与实践》，高等教育文化事业有限公司 2008 年版，第 9 页。

③ Bellack, A. A., History of Curriculum Thought and Practice, Review of Educational Research, Number 39, 1969.

方法论是什么？这是关于课程历史研究的重要课题。有学者指出，教育史研究由于缺乏对自身方法论的思考与探寻，导致人们形成了种种认识偏差。“在这种情况下，教育史的研究或者成为用抽象的概念剪裁史实，或者成为对宏观历史观念的注解，或者成为史料的堆砌罗列和史实的陈述。其结果是诸多论著‘千人一面’、了无新意。缺乏自觉的方法论意识，建构学科方法论的动力不足，忽视对教育历史现象的哲理探讨，使教育史学科多年来停留在平面的增长，即研究领域的横向扩展，而没有取得实质性的突破和革新。”① 以此来反观课程历史研究，可以发现，由于缺乏相对成熟和完善的研究框架，再加上受到主观意识形态的渗透和不同价值取向的影响，课程历史研究的主观性、随意性较大。这样的研究理路也就对历史作了相对粗糙、简化甚至扭曲的处理，所得出的结论也是武断的、随意的和刻板的，缺乏说服力与解释力。从某种程度上来说，正是由于研究方法论的不完善和缺失，才使得目前的课程历史研究处于机械、无序和简单化的窘境之中。所以，课程历史研究要想取得突破与创新，必须要实现研究方法论上的充盈和丰富。因此，建构一种科学、系统、有机的课程历史研究方法论是当下最紧迫的任务。在我们看来，此议题应包含课程历史研究的范畴、叙写课程历史的路径、课程历史诠释的多元性以及课程历史研究的知识生产方式等。事实上，近些年来，后现代主义、知识考古学、历史人类学、生活史研究、历史想象、文本批评、阐释学、叙事学等研究方法不断涌现，这对于打破传统课程历史研究方法的偏狭和封闭性是很有裨益的。与我国课程历史研究呈现单一化特征相比，西方课程历史研究的方法日趋多元化和多样化。在多种研究方法或路径中，以克利伯德的关注利益冲突的课程思想史、坦纳夫妇的关注主流思潮的课程思想史和古德森的关注具体科目演进的学校科目社会史这三种研究路径最为经典。结合我国课程改革的历史发展，我们也可以从利益冲突、课程思潮嬗变、学校科目演化等研究方法或路径来开拓与深化课程历史研究。但最为关键的问题是，如何将这些新方法或新路径扎实、有效地应用于课程历史研究实践，对我们而言，仍有一段很长的路要走。

① 张斌贤、王晨：《教育史研究：“学科危机”抑或“学术危机”》，《教育研究》2012年第12期。

总之，在工具理性价值观统摄下的课程研究，由于偏执于寻求某种普适性的课程开发模式或程序，而使其丧失了本不应遗弃的历史意识或历史关怀。事实上，正是由于这一研究倾向，在很大程度上导致了20世纪60年代的美国课程理论发展陷入了“全面危机”“垂死”的艰难阶段。为避免重蹈覆辙，我们需进一步彰显课程研究的历史意识，进而通过历史研究的路径来构建富有生命力的课程理论体系。诚如坦纳等所指出的：“通过揭示过去的思想和事件对现在的影响，历史能给我们提供视角与方向。历史使我们能够区分什么是成就与有益的影响，什么是错误的转向和消极的影响。这些知识对我们判断当前情况下需要依靠什么和需要改变什么是有用的，因为现在是过去积累的结果。”① 所以，尽管困扰课程历史研究的因素还有很多，为我们深入推进课程历史研究增添了诸多的顾虑和烦恼，但课程历史研究的未来仍值得我们深深期待，正如黄政杰所指出的那样：“每件事都有其历史，缺少了它便无法彻底规划和执行合乎人类需要的现在，更不可能导向明智的未来。历史不能照抄，但它可以学习，避免重蹈覆辙，启发和策动现在的行动与未来的发展。课程领域的探究希望把握这个观念和价值，克服历史探究的困难，得到突破性的结果。”②

（二）课程历史研究的过程进步史观

课程历史研究即通过对课程史料的挖掘、整理与分析，来对课程的“过去”做一明确的记录、描述和阐释，并在此基础上形成某种课程理论体系或解释架构，从而对当下的课程改革与实践提供借鉴和反思。无疑，从历史发展的脉络来推进课程研究，是对“工具理性”课程研究传统的一种突破和创新。事实上，课程研究需要一种“历史感”（Sense of History），需要借助我们“过去的经验”来对未来提出更具激励性和切合实际的课程变革诉求与行动。在黛拉多拉（D. Della-Dora）看来，历史研究的价值之一，在于协助我们不致被每一种提出来的“新”万

---

① ［美］丹尼尔·坦纳、劳雷尔·坦纳：《学校课程史》，崔允漷等译，教育科学出版社2006年版，第27页。

② 白亦方：《课程史研究的理论与实践》，高等教育文化事业有限公司2008年版，推荐序。

灵丹绊倒，让我们体认曾经实际尝试的想法，以及那种想法之所以无法拥有璀璨未来的理由。[①] 因此，在新时期，我们需深入推进课程历史研究，正如 Goodson 所指出的那样，“现在是把历史研究作为课程事业的中心任务的时候了”。[②] 事实上，课程历史研究作为课程研究的一个重要组成部分，其重要性日趋被广大学者认同和接受。那么，在新时期，方兴未艾的课程历史研究应向哪些方面发展才能更臻深化与完善呢？在我们看来，课程历史研究首先需明确课程史观议题。

在我们看来，课程历史研究极为困难和不易。一方面，课程学者需面对浩如烟海的课程史料与其他原始文献，并进行认真、严谨的梳理、甄选、辨别和统整工作，这已非易事；另一方面，课程学者仍需面对一个极为重要的问题——课程史观，即课程学者在对课程的历史进行叙述、解读与阐释时，所持守的基本观念和价值立场。

每一位课程学者都有自己独特的课程史观，它具有显著的差异性、多元性和多样性。这种课程史观或许被课程学者体认与把握，或许被淡化和忽略，但无论何种情形，它都以一种潜隐的方式支配与决定着课程学者对课程历史事实的选择、组织和处理。针对某一个课程事件，具有不同课程史观的人可能会做出完全不同的描述和解释。因此，在课程史研究中，为避免不必要的误读与混乱，我们有必要对传统的课程史观进行全面、深刻的检讨、省思和批判。

在比尔德（Beard）看来，有三种历史观是可以接受的。

第一，历史是混沌无序的，每一种用别的方法解释它的企图都是幻想；

第二，历史是一种周期性的循环运动；

第三，历史按线性的方式运动，要么是直线上升要么是螺旋上升，而且是按某种方向运动的。[③]

显而易见，这三种历史观无疑都是悲观的、消极的、具有某种虚无主义色彩。它要么认为历史具有不可知性，要么认为历史是一种循环或

① 白亦方：《课程史研究的理论与实践》，高等教育文化事业有限公司 2008 年版，第 4 页。

② ［美］派纳等：《理解课程》（上），张华等译，教育科学出版社 2003 年版，第 69 页。

③ ［美］丹尼尔·坦纳、劳雷尔·坦纳：《学校课程史》，崔允漷等译，教育科学出版社 2006 年版，第 5 页。

线性运动，否定了历史演进过程中的进步性和发展性，也就严重制约与阻碍了史学研究的深入发展。所以，为摆脱上述史观的束缚和羁绊，祛除其消极影响，我们需寻求新的理论基础和思想资源。

怀特海认为：“希腊文明永远处于童年，埃及人未能抓住机会，因此未能成为近代文明的创始者。正是因为他们或者出于对于历史无知，或者把自己局限于‘纯历史’的常识，未能对历史进行批判，因此与历史的机遇失之交臂。人类的进化、文明的发展、历史的进步就是一个发现错误、摒弃错误、利用错误的过程。”[①] 由此可见，怀特海所持守的是一种过程性的进步史观。自然，这一史观也反映在其对哲学发展的理解上。在他看来，“每一种哲学都会依次遭受被其他哲学所取代的命运。但是，各种哲学体系综合起来则可表达各种关于宇宙的普遍真理，不过这些真理在各个领域的有效性有待于协调和阐述而已。这种协调方面的进步是由哲学的发展提供的。从这个意义上说，哲学自柏拉图以来一直在不断向前发展”。[②] 无疑，这种进步史观是充满“正能量的”，它对我们重新认识、体悟课程发展的“历史叙述”具有指导性意义。

无独有偶。与怀特海的过程进步史观相似，比尔德确立的发展性的进步史观，亦为我们提供了最好的学术观点。比尔德认为：“整个世界正向着更美好的未来逐步前进，历史学家的作用就是加速这个完善的过程，……通过帮助改革者了解过去发生的种种陷阱与失败并理解其原因，以期避免它们，并且通过了解和解释思想观念的巨大变迁，帮助改革者建立一种更加美好的未来。”[③] 无疑，这种发展性的进步史观是“坚强的”“乐观的”，也是我们理应加以辩护的。针对课程历史研究而言，课程的历史发展是一个不断从稚嫩走向成熟、从经验走向理性、从低级走向高级、从愚昧走向科学、从自发走向自觉的持续的演化过程。这一过程的本质是不可逆转的，其间虽有断裂、冲突、矛盾和倒退，但总的来看，它是不断向前发展的，进步的过程永不会停滞与终结。而课程研究者的职责和使命就在于通过对过去课程事实的体认、理解与把握

① 黄志远：《怀特海历史哲学刍议》，《中国社会科学院院报》2008 年 3 月 27 日。

② ［英］怀特海：《过程与实在》，杨富斌译，中国人民大学出版社 2013 年版，第 9 页。

③ ［美］丹尼尔·坦纳、劳雷尔·坦纳：《学校课程史》，崔允漷等译，教育科学出版社 2006 年版，第 5 页。

来映射和改善现实，以规避过往失败课程变革的重演，并奔向崭新的明天。

（三）课程历史研究的核心性议题

课程历史研究需要寻找到适切的研究主题，才能开展有的放矢的研究。这些研究主题似一条红线，贯穿于整个课程理论发展的历史脉络，发挥着提纲挈领的作用。所以，明确课程历史研究的主题对深化课程理论构建意义重大。我们认为，课程历史研究的主题不宜过于宏大，也不宜过于细微。最为关键的是，它应具有适切性且能起到以点带面的作用。也就是说，我们所确立的研究主题应能反映课程理论发展的某种核心价值和重要维度或侧面，并能“小题大做”，以此来透视整个课程理论体系的内部逻辑和演化规律。在我们看来，课程历史研究的核心性议题应涵括以下几种。

（1）课程科学史

自博比特开启科学化课程开发运动以降，课程研究就在不断地汲取自然科学、管理科学的养分，以提升自身的科学化程度。因此，针对课程研究而言，无论是其模型建构，抑或是方法论转变，其背后都蕴含着一股科学的力量，在支撑着它不断前行。所以，探讨课程科学史是课程历史研究不可或缺的重要议题。

（2）课程文化史

即是对课程文化不断变革、突破、重构与递升的历史进行分析。课程的历史不仅是关于课程科学发展的历史，同时，它还是关于课程文化不断变革、突破、重构和扬弃的历史。在西方语境下，课程为什么被看作一个“跑道”、一种“经验”、一类“文本”、一个被用来改造社会、促进社会公平的工具与手段？这些其实都在表征着课程的文化观在发生着嬗变和更新。需要指出的是，课程文化观的转变不单单是课程学者自身学术修为和智力突破的结晶，其背后乃是源于社会结构的变迁，以及主流文化价值观的流转。基于此认识，课程文化史研究是透视某一国家或社会文化价值样态与风貌的重要路径。

（3）课程改革史

即探讨自新中国成立以降，我国共进行的八次基础教育课程改革的经验与不足，因为它们是影响了我国课程理论建构和未来发展的重大课程事件。课程史是对诸多课程事件的记录、组织和统整。“每一种书面记载的历史，无论是关于一个事件、一个专业领域、一个种族、一个国家或者整个世界，都需要将各种事件加以记载、组织、阐释和描述。”[①] 因此，开展基础教育课程改革史研究，进而总结历史经验教训，才能避免课程改革重蹈覆辙，并使我国的课程理论构建奠定在真实的“历史事实”基础之上。可喜的是，已有学者开展了这样的工作。彭泽平认真研究和梳理了自新中国成立以来的我国基础教育课程改革的历史，出版了《嬗变与超越：新中国基础教育课程改革史》一书。在该书中，作者相当系统地探讨了新中国成立后的基础教育课程改革的历史发展，具体论述了新中国成立初期的基础教育课程改革、社会主义改造时期的基础教育课程改革、探索社会主义建设道路的基础教育课程改革、“文化大革命”时期的基础教育课程“革命”、建设有中国特色社会主义时期的基础教育课程改革、世纪之交以来的新一轮基础教育课程改革等改革事件，总结了历史经验教训。[②] 此书为我们提供了一个审视、理解我国课程改革历程的重要视角和分析框架。

（4）课程人物史

即探讨课程领域的“弄潮儿”对课程理论的构建和发展所作出的贡献。如派纳所言，当代课程研究极富个性化、多元化和异质性。每个人都可以畅叙自己的课程理解与感悟，都可以发出不同的、独特的课程“好声音”。这样，课程领域也就成了一个“没有人拥有真理而每个人都有权利要求被理解的迷人的想象的王国”。作为“迷人王国”的历险者，如博比特、查特斯、泰勒、施瓦布、多尔、派纳、斯拉特瑞、休伯纳、佐藤学等，都在世界课程“思想市场”中占有极为重要的地位，都对课程的知识积累、理论建构和实践发展作出了十分重大的贡献。因此，探寻他们美妙的课程世界，厘析他们卓越的课程思想与人生智慧，无疑会丰富、拓展我们对课程的体认和想象空间。

---

① ［美］丹尼尔·坦纳、劳雷尔·坦纳：《学校课程史》，崔允漷等译，教育科学出版社2006年版，第3页。

② 参阅彭泽平《嬗变与超越：新中国基础教育课程改革史》，华龄出版社2006年版。

（四）课程理论构建要汲取课程历史智慧

著名课程理论家派纳在谈及课程研究要注重学科化发展（disciplinarity）时，强调了要确立学科结构的重要性，并构建了一种垂直和水平的研究框架（verticality and horizontality），分别代表对课程研究的学术发展历史（intellectual history）和当下情境（present circumstance）的观照。在派纳看来，课程研究的学科化发展旨在增进我们对课程的理解，获得更多关于课程的知识。其包括纵向维度和水平结构两个部分。派纳认为，这种纵向维度，指的就是该“学科的学术史”，“我们必须清楚地知道上一代人究竟做了什么，实际上，我们的研究和学术在某种程度上也是建立在以往研究的基础之上的。……但无论如何，如果你从事课程领域的研究，新的研究始终呈现着它与过去研究的关系，甚至是同过去研究的不相关。……我的建议是，要想对当下问题作出谨慎和有效用的回应，我们需要知道彼时、过去（then）发生了什么。不然，我们很可能是在当下不断地重复历史，原地踏步”。[①] 派纳的这种课程思想与学术判断极为敏锐和深刻。其实，在我们看来，不仅仅是在课程研究的学科化发展方面需要“学科的学术史”资源，同样在课程理论构建上，也需要积极汲取课程历史的洞见和智慧。

我们认为，课程领域的每一次划时代进步都需在古老的课程思想中寻求智慧和启示。在漫长的课程演化中，诞生了诸多具有旺盛生命力的课程思想。如在对课程的理解和定性定位上，就涌现出了布鲁纳的学科结构课程思想、杜威的经验课程思想、怀特海的过程课程思想、派纳的文本课程思想等。这些课程思想为课程理论的不断构建与完善提供了重要支撑，具有不朽的价值。课程历史研究通过对它们进行有效的梳理和阐释，使其鲜活地呈现在我们面前，增进我们对课程“质的丰富性”（richness of its quality）的重新体认与把握。“课程史是有用的，因为许多古老的思想具有不朽的特征……课程领域的核心思想必须代代相传，

① 屠莉娅：《课程研究的学科化与国际化：一个领域的智力突破及其可能的未来——威廉·派纳教授访谈录》，《全球教育展望》2008 年第 12 期。

课程史理应履行这种职责。”[①] 同时，课程研究者在撰写课程历史时，并非原封不动地、忠实地还原过去，因为这既不可能，亦无必要。撰写课程历史是课程研究者对“课程的过去”的一种叙述、形塑、重构和创造，是为了解决现实的课程问题或矛盾而回望过去，并寻求拯救之道。“课程史是关于课程的一种知识形式，这种形式阐明了学校中发生的事物是如何与社会相关联的。在决定做什么时，这种知识是必不可少的。”[②] 可见，课程历史知识对我们分析、理解与批判当代的课程现象和问题是很有裨益的。如果“没有课程史的知识，留给我们的会是现在不完整的知识，因为现在的知识毕竟是过去经验的总结。如果现在要比以往做得更好的话，我们就需要理解和依赖于我们先辈们的贡献”。[③] 自然，课程理论构建也要建立在这些无比丰富的课程历史知识基础上，唯有此，我们才能让课程理论体系更为充盈、丰富、扎实和富有张力与生命力。

总之，课程历史研究旨在向人们叙说“真实的”课程过去是个什么样子，以及形成这种状况的原因是什么。它记录了在某一特殊历史时期的课程“学术共同体”关于课程的认知、理解和想象，以及为实现未来的课程愿景而付出的辛劳与汗水。如果忽视他们已有的探索和经验，我们就有可能仍会在迷雾中跋涉，而无继续向前的方向感。坦纳指出，课程史“帮助我们理解那些限定我们专业和个人生活的各种传统。这种功能不仅仅是一种实用的东西——它还是一种情感上的事情。我们以此发展一种对我们祖先的责任感，而且也许我们会激起一种抱负去继续他们的事业”。[④] 通过课程历史研究，我们能更深刻地体悟前辈们的焦虑、忧思与期盼，并会从内心深处激发一种责任感和使命感，进而努力去承续他们未曾完成的事业，去开创他们也曾畅想过的理想课程理论构建的未来。

① ［美］丹尼尔·坦纳、劳雷尔·坦纳：《学校课程史》，崔允漷等译，教育科学出版社 2006 年版，第 7 页。

② 同上书，第 6 页。

③ 同上书，第 7 页。

④ 同上书，第 8 页。

五 课程理论构建应规避“误置具体性之谬误”

课程理论与课程实践之间的关系问题是课程理论构建应重点探讨的核心议题之一。为恰切处理两者之间的张力，我们可借鉴怀特海过程哲学中的一个重要概念——“误置具体性之谬误”（The Fallacy of Misplaced Concreteness），来形成新的课程视点和课程认识。

根据台湾学者朱建民先生的分析，“误置具体性之谬误”概念包括两层蕴涵：“一、以抽象解释具体，或以较抽象的解释较具体的。二、误把抽象的概念看作具体的实在。”[①] 事实上，怀特海用此概念是为了澄清抽象的理论构建与客观的具体实在之间的关系问题，“怀特海把他的智力生涯投入到追求最一般和最抽象的概念方面。因此，怀特海深知概括和抽象的力量，他的哲学总是警告我们要避免他所说的‘误置具体性的谬误’。使用这个用语，怀特海意在说明我们必须永远明白和牢记在心的是抽象和一般概念与这些抽象从中产生和这些抽象与之有关联的那些具体实在之间的关系”。[②] 在怀特海看来，传统西方实体哲学存在一种根深蒂固的思维方式，即总是试图用某种抽象概括出来的理论体系来完整性地描述、解释客观世界，进而将抽象的符号、公式或概念视为了客观世界的存在本身，这实际上是将抽象当作了具体，将普遍性替代了特殊性，从而导致对事物体认和理解的偏差与谬误。怀特海是一位卓越的数学家，他对许多数学家常常犯的这种谬误提出了批评。他举例道：在数学世界中有关于“点”的概念，而这种概念的产生是一个抽象运思、理性概括的结果，它并不意味着现实世界中就存在人类具体可经验到的“点”这一实际存在物（因为任何事物都有广延性），而将关于“点”的抽象等同于“点”的实际存在，其本质就是犯了“误置具体性之谬误”。正如诸多哲学家所评论的那样，“地图并不等于风景”。[③]

怀特海对“误置具体性之谬误”的批判，极为深刻和富有远见卓

① 朱建民：《现代形上学的祭酒——怀德海》，台湾允晨文化实业股份有限公司 1982 年版，第 49 页。

② 费劳德：《马克思与怀特海：对中国和世界的意义》，《求是学刊》2004 年第 6 期。

③ ［英］怀特海：《过程与实在》，杨富斌译，中国人民大学出版社 2013 年版，第 495 页。

识。它对于我们重新审视课程理论构建与课程实践变革之间的内在张力与关系具有重大的启示意义。综合怀特海的相关论述以及诸多学者的创造性阐释，我们可以形成以下几点思想共识。

（一）勿用抽象的课程理论来“解释”所有的“课程具体”

在惯常的思维定式中，我们总是倾向于认为课程理论构建的目的即是描述、解释、预测一切课程现象或课程事实，但正如怀特海在批判自然科学方法论时所指出的，这种理论构建只不过是一种抽象，只是部分反映了本真的客观世界，而非整体。“科学不能在自然界中发现个体的享受；科学在自然界中不能发现目的；科学在自然界中不能发现创造性；它所发现的仅仅是一些连续的规则。这些否定对于自然科学是正确的，它们是自然科学的方法论所固有的。自然科学的这种无知的原因，在于这种科学仅仅研究人类经验所提供的一半证据。它把这件无缝上衣分割开了。”① 因此，用纯粹抽象的课程理论来解释一切课程实践活动，也就从整体上“割开”了课程事实这件“无缝上衣”，因而其具有一定的局限性，无法达到对其的全貌性、立体化、客观性认识。

（二）不宜混同抽象课程概念与具体课程样态的差异

根据怀特海的阐述，理论构建所形成的概念体系，不过是对客观世界的一种理论抽象和观念综合，是对其内在本质的一种近似“真理化”的反映，“形而上学不过是对适合于全部实践细节的普遍原理所作的描述而已。……这样一种体系充其量只是对所寻求的那些普遍真理的逼近”，② 因而，它与客观世界中鲜活的、具体的、特殊性的实践活动是完全不同的两种存在。所以，我们不能混同或混淆这两者的区别和差异，那种将抽象的课程概念看作“具体的”课程实际样态，则是一种谬误。在课程研究领域，受后现代哲学思潮的鼓噪与影响，诸多后现代课程理论或课程概念纷纷涌现。尽管这种理论构建对于我们重新审视课程“质的丰富性”具有启示性意义，但若将其简单、机械混同于当下的课程变革现实，也就犯了“误置具体性之谬误”。正如有学者所指出

---

① ［英］怀特海：《思维方式》，刘放桐译，商务印书馆 2010 年版，第 141—142 页。
② ［英］怀特海：《过程与实在》，杨富斌译，中国人民大学出版社 2013 年版，第 16 页。

的那样："在我国的课程改革实践中，我们却将'后现代课程理论'误置为一种可以把握的'具体'理论，并作为一种课程改革的理论基础极力宣扬，结果不仅无助于实践，反而导致了实践的无所适从。"①

（三）课程理论构建要紧密关联课程"事件性过程"

抽象的课程理论构建要与具体的课程变革实践活动紧密联系起来，否则就会犯怀特海所批判的"误置具体性之谬误"。与此思想洞见有异曲同工之妙的是社会学者孙立平所提出的"过程—事件分析"的研究策略。在他看来，为深度揭示社会生活的"隐秘"，需要对"一种可以展示事物逻辑的事件性过程"展开分析和深描。"关注、描述、分析这样的事件与过程，对其中的逻辑进行动态的解释，就是我们这里所说的'过程—事件分析'的研究策略和叙事方式。……'过程—事件分析'的研究策略则意味着，过程可以作为一个相对独立的解释源泉或解释变项。"② 这样，传统抽象的静态结构分析将会打破，而形成了一种新型的更加复杂的理论化构建方式和叙事策略。因此，对课程理论相关核心议题（如课程开发、课程编制、课程实施、课程理解等）的探讨与构建，必须紧密关联具体的、特殊的、高度情境化的课程"事件性过程"，并具体分析其与其他诸多课程事件之间的内在关系，才可能从根底上避免抽象、机械和单向度，进而得出与课程变革事实相符合的课程理论。

---

① 张晓瑜、赵鹤龄：《"误置具体性谬误"与课程变革——基于过程哲学的分析》，《教育理论与实践》2011 年第 19 期。

② 孙立平：《"过程—事件分析"与当代中国国家—农民关系的实践形态》，载《清华社会学评论》，鹭江出版社 2000 年版，第 7—8 页。

第六章

“创造性转化”：过程哲学视域下的课程改革探索

在过程教育哲学中，创造、历险、享受和自由是密切相关、不可分割的。创造性教育的过程同时也是进行历险、增进享受和获得自由的过程。在怀特海看来，教育作为一种创造性活动，绝不是一个机械的、被动的、往行李箱里装物品的过程，它充满了历险、享受和自由。

——曲跃厚、王治河

教育改革的第一要务是，学校必须作为一个独立的单位，必须有自己的经过批准的课程，这些课程应该根据学校自身的需要由其自己的老师开发出来。如果我们不能确保这一点，那么我们就很容易从一种形式主义走向另一种形式主义，从一堆无用呆滞的思想走向另一堆无用呆滞的思想。

——怀特海

中国迫切需要在传统中国文化的提倡者与现代化的提倡者之间进行一种公开的相互作用。这涉及对话，但它应该超越对话。双方需要相互学习，需要被对方所转变。

——柯布

那是把一些中国文化传统中的符号与价值系统加以改造，使经过改造的符号与价值系统变成有利于变迁的种子，同时在变迁的过程中继续保持文化的认同。

——林毓生

当代过程哲学思潮对我国的基础教育课程改革产生了深刻影响，怀特海本人也被日本过程研究专家田中裕誉为一位“教育家立场的文明批评家”。[①] 2007年，朱小蔓教授在山东烟台举办的“过程思维与课程改革国际学术研讨会”上明确指出：“怀特海的哲学思想是所有外来哲学思想中离中国的课程改革主旨，也与我们中国深厚的传统文化意识最为契合的一朵浪花，或者说一种最可借鉴的思维方式。”[②] 由此，为深化新一轮的基础教育课程改革，我们有必要进一步汲取过程哲学中的教育智慧来推进我国课程实践创新。在本章中，我们尝试在梳理和阐释怀特海过程教育思想的基础上，探讨其对我国基础教育课程改革以及教学文化传统变革的启示性意义，以期引发大家的讨论和反思。

一　怀特海的过程教育思想及其实践诉求

怀特海不仅是现代西方享有盛誉的哲学家，还是一位颇有建树的教育学家，其过程教育思想集中体现在《教育的目的》一书中。英国教育家林塞认为此书“表达了一位伟人的观点。他那广博的知识涉及人类探索各个领域所取得的成就，加上他天赋特有的洞察力，使他的观点具有不同寻常的新意。……怀特海教授的这些论文充满了真正的智慧”。[③] 因此，解读与阐释其过程教育思想，进而与我国基础教育课程改革进行参照，具有重要的启发和借鉴意义。

（一）教育主题：回归“五彩缤纷的生活”

怀特海不仅因其作为过程哲学的创建者而闻名于世，还因其卓越的教育理论思辨力而在教育领域占有一席之地。在怀特海整个教育思想中，最令人称赞和反思的是他所提出的“教育只有一个主题，那就是五彩缤纷的生活”。[④] 这一教育命题。该命题不仅是对当时僵硬死板的知识教育的一种振聋发聩的反抗和控诉，而且也成为一种为后世不懈努力所追求的教育愿景和教育呐喊而不绝余响。怀特海之所以会提出这一颇

① ［日］田中裕：《怀特海有机哲学》，包国光译，河北教育出版社2001年版，第17页。

② 朱小蔓：《从过程哲学的角度透视当代中国的课程改革》，《世界文化论坛》2007年第9期。

③ ［英］怀特海：《教育的目的》，徐汝舟译，三联书店2002年版，第1—3页。

④ 同上书，第12页。

具影响力的教育命题，背后有其深厚坚实的过程哲学理论作为支撑。对怀特海来说，每个人就生活在一个有机世界中，每个人是这个世界构成的现实实有之一，每人的生活也是这个世界组成的现实实有之一，也即是每个人的生活事件本身就是这个有机世界实际的实在。而且这一生活事件本身是个不断发展和变化的过程，而非静态的物质或实体。过程哲学认为，这一生活事件并非静止不变恒常的存在，而是包含过去和将来的不断经历流变过程的连续体，也即是生活具有一定的延展性和动态性。“‘实际存在物’，也可以称之为‘实际机遇’，是构成这个世界的最终的实际事物。人们不可能在这些实际存在物背后找到任何更加真实的东西。……实际存在物就是最终的事实，一切概莫能外；而这些实际存在物就是经验的滴落物（drops），它们既复杂又相互依赖。”① 因而，生活事件本身是构成这个现实世界终极的实在之一，而这一实在又是一个变化发展的过程。教育就处在生活事件的过程之中，抑或是教育本身就是一种生活事件，所以，教育不得不与生活相联系。生活事件本身是富藏着丰富多彩的内容和包含着千变万化的发展过程，它不仅为每个学生的教育提供丰富多彩的主题，教育亦为每个学生提供五彩缤纷的生活。

怀特海提出“教育只有一个主题，那就是五彩缤纷的生活”的这一教育命题，还在于他对当时整个教育普遍沉浸在死板的知识传授和无活力的概念灌输现象深恶痛绝的领悟。在他看来，教育存在的最大问题就是在于学校因其分科造成的各学科之间的绝缘，而引发学生与教师、学科知识、生活缺乏有效联系，进而使学生逐渐沦为知识的奴隶和附庸，这种教育是一种成器而非成人的教育，缺乏人性的温暖和伦理的关照。因而，怀特海认为，要祛除死而无活力的知识教育风气，提升现代课程的生命力，那就需要五彩缤纷的教育主题。即教育旨在感受生活、理解生活、享用生活和创造生活，并非空洞枯燥的说教和乏善可陈的知识灌输。对此可作如下理解。首先，提倡五彩缤纷的生活作为教育的主题，并非对知识的全然抛弃和置之不理，而是把知识理解为一种不断变化、发展和更新的过程。也就是说，教育并不仅仅止于对这种知识简单的传

① ［英］A. N. 怀特海、艾彦：《怀特海过程哲学观概要》，《世界哲学》2003 年第 1 期。

授和机械的灌输，更是通过这种知识传授和学习而使学生获得理解、运用和创新这些知识的思维能力和生活品位，从而使这些知识在生活的理解和创造下获得新的生命力和新的价值存在。或者说，怀特海反对的是教育只着眼于文化知识的简单继承和传授，以及这种无意义的知识学习对学生创新、批判、究疑精神的无情禁锢，而没有将知识作为学生的一种生活事件或生活过程给予发展和创新。其次，生活是每个人正在面对的和经历的，教育不是为了知识而学习，而是为了生活而学习，也即是教育要注重知识在实际生活中的应用。因为“学科、知识无非是对现在生活方方面面的抽象，若将此看作教育的宗旨则是‘抽象误置为具体的谬误’”。[①] 在具体的学习实践中，学习了某个学科概念，就应该将这个概念应用到具体的生活情景中；学习了语文，就应让学生感受到语言的魅力和生活的温暖；学习了数学，就应让学生感受到数字的和谐与美好，并将其运用到生活之中进行历练；等等。“这样的学习，就能使抽象的概念得到一种现实感，学生就能‘对概念的力量、概念的优美和概念的结构有一种亲密的感觉’，教育也就能摆脱死的知识或无活力的概念的束缚。”[②] 再次，五彩缤纷的生活也意味着教育应该是一种富有人情味道和人性魅力的温暖生活。将学生作为一种“容器”，教师比作一种“教书匠”，学校比作一种“制造工厂”，已是教育领域的惯习，而现实中的教育活动确实也是这样一种吊诡现象。在这种教育生活中，学生长期生活在一种枯燥无味的知识海洋中与冰冷淡漠的世界中，造成的结果便是学生情感的压抑，学生对生活的感受力和参与度不断降低，学生最终成了一种冷漠的“器物”，生活也逐渐褪去了色彩。“生活与所有智力或情感认知能力的某种基本特点之间存在着关系，如果你不能展现这种关系，你就无法将生活融入任何普通教育的计划中。”[③] 因而，教育不仅止于以生活为主题，更要以五彩缤纷的生活为主题，这样的教育才是富有温暖和人性光辉的教育。最后，五彩缤纷的生活并不是被抛掷于教育之中而作为主题，而是学校要每个教育之中人的主动参与，尤

① 黄铭：《论怀特海的教育哲学》，《浙江大学学报》（人文社会科学版）2016 年第 2 期。

② 吴志宏：《怀特海教育思想述评》，《华东师范大学学报》（教育科学版）1985 年第 4 期。

③ ［英］怀特海：《教育的目的》，徐汝舟译，三联书店 2002 年版，第 14 页。

其是作为受教育者的学生的自主参与和主动参与。这是因为“每一个个体都体现一种生存的探险，生活的艺术便引导这种探险”。[①] 学生长期以来是作为知识的附庸或者客体而被动的存在，教育只将学生作为客体而一味地规训和灌输，学生的主体性被雪藏。久之，学生参与教育的主动性逐渐消退，参与生活的积极性也随之消减，学生的生活经验在教育中不断被忽视，死板而固化的书本知识成了每个学生的教育生活全部，学生群体也逐渐在这样一种教育中也走向了同质化和平庸化。如此，如果没有学生积极主动地参与生活，五彩缤纷生活的教育主题也未必能达到教育育人的应有之义。

（二）教育目的：“使人具有活跃的智慧”

怀特海曾言自己的哲学思想并非一种原创，而是对古希腊以来人们所忽视和丢弃的某些有价值思想主张的继承和发展。反映到教育领域则是其对教育目的的主张，他认为“教育的全部目的就是使人具有活跃的智慧”。[②]“在古代的学园中，哲学家们渴望传授智慧，而在今天的大学里，我们卑微的目的却是传授各种科目。从古人向往追求神圣的智慧，降低到现代人获得各个科目的书本知识，这标志着在漫长时间里教育的失败。”[③] 此外，“在怀特海的机体哲学中，‘人’被看作是一个极其复杂而巨大的有机系统，人是一个身心统一的有机整体；是一个创造性的动态发展过程；同时，人并非是独立于自然界这一客体之外的纯粹的主体，人与自然融为一体；人还是事实与价值的和谐统一”。[④] 无疑，怀特海的这种人论思想也为其教育目的回归智慧本性奠定了基础。

怀特海所追求的教育目的——使人具有活跃的智慧，并非对古希腊教育经典思想的简单继承，而是结合时代教育现状以及思虑未来教育走向所做的富有创新性发展。由此，对其教育目的的理解可从共时性和历时性的角度进行分析。在共时性层面，首先，教育目的的确立和践行要处理好知识与智慧的关系。怀特海认为任何教育都不可能绕过知识这一

① ［英］怀特海：《教育的目的》，徐汝舟译，三联书店 2002 年版，第 69 页。

② 同上书，第 66 页。

③ 同上书，第 52 页。

④ 阳黔花、杨芳：《怀特海论教育的目的》，《贵州师范大学学报》（社会科学版）2012 年第 1 期。

课程内容，知识是人们经验生活的基础，教育的功能之一就是文化继承和传递，这一功能实现的载体必然需要经过知识传授。“你不掌握某些基本知识就不可能聪明；但你可以很容易地获得知识却仍然没有智慧。”① 那么，智慧是什么呢？“智慧是掌握知识的方式。它涉及知识的处理，确定有关问题时知识的选择，以及运用知识使我们的直觉经验更有价值。这种对知识的掌握便是智慧，是可以获得的最本质的自由。”② 学生仅仅获得了对知识掌握和利用的艺术或自由就是智慧吗？怀特海并不止于对智慧的这种认识，他还认为智慧还包括一种对德性涵养和艺术价值审美的欣赏能力和追求能力。也就是说，在教育教学活动中，对学生进行专业教育和训练的同时，也要注重对学生进行普通教育，实现两者平衡发展，这样培育出的学生不仅获得了应有知识，而且也收获对世界真善美的感受力和向往度。其次，使人具有活跃的智慧还需处理好教育与生活之间的关系。这是因为活跃的智慧是在学生与教师、学生与知识、学生与生活等深度交往中体现的，而非简单的纸笔测验所能获得的。在师生教学生活的交往中，由于知识灌输和传授的单向互动，学生“逆来顺受”，在这种缺乏人情的来往中，学生不仅失去了活跃智慧的激情，也失去了智慧的生存空间，学生最终成了一种无智慧的容器。在学生与生活的交往中，由于经过教育的洗礼后学生大脑之中只存有一些荒芜杂乱的知识堆积，学生很难将之运用到生活之中，学生的知识与生活缺乏有效联系，学生与生活的断层也不断拉大。因而，使人具有活跃的智慧必须将教育与生活相联系，只有在生活之中，学生活跃的智慧才会有用武之地。在历时性层面，对使人具有活跃的智慧的理解可从过去、现在和未来三个视角进行剖析。其一，使人具有活跃的智慧是对古希腊经典教育思想的传承。以古希腊哲学三贤为代表的教育思想，认为教育就是主张通过与人进行知识的探讨和交流，运用不断活跃的思维去追求美好事物的应然和实然的无限接近，最终达到智慧的活跃力和美善德行的增长。在怀特海看来，真正的教育不过如此，然而当下的教育不但未能做到追求培养具有智慧的人，反而用知识的堆砌和控制的灌输限制和禁锢人的智慧成长与发展，相对于古希腊学园中所体现的教育智慧

① ［英］怀特海：《教育的目的》，徐汝舟译，三联书店 2002 年版，第 54 页。
② 同上书，第 54 页。

思想，这确是一种历史的“倒退”。其二，使人具有活跃的智慧就是在现在通过五彩缤纷的教育生活，来唤醒学生个体内心潜藏的美善种子和唤醒人类社会发展所沉淀的美好历史记忆，以此保持学生对美好教育和生活兴趣的积极性与自主性。“学生大体上理解某个模糊的题目，掌握相关的细节，最后按照相关的知识将整个科目归纳在一起。除非学生不断地为兴趣所激发，不断获得技能，不断为成功而兴奋，否则他们永远不能进步，而且注定会失去信心。”[①] 其三，使人具有活跃的智慧就是通过过去的教育思想积淀和现在的教育活动培养学生面对未来所需的理智、思维和美善力量，只有通过这种力量的感染和注入，学生才会在其心中根植一种对美善事物的追求，才会激发自身感受生活世界和体验美好世界的能力，才会在领悟生活内在活力的同时尽到应有的个人责任和社会义务，最终才会内生于自我智力、思维力、道德力、审美力的不断增长。如此，这样的教育不仅兼顾了教育的短期利益和学生理智能力的增长，而且也观照了教育的长远利益和学生美善价值智慧的生长，这样的教育才是一种使人具有活跃智慧的教育。

（三）教育过程：“充满活力的有节奏性的跃动”

怀特海认为任何现实存在都因其拥有内在活力而具有一定的生命意义，具体的现实存在通过自身的生命活力而生成着整体宇宙的生命活力，整体宇宙的生命活力又进而促进具体现实存在生命活力的更新与创造。因而，生命本质是一个不断生成、创新和再造的具有活力的跃动过程，即“生命充满活力的有节奏的跃动”。[②] 同时，怀特海认为人作为宇宙的组成部分之一，同宇宙万物一样都具有一定的周期性，因为生命的本质就是周期性。既然生命具有周期性，那生命就有其自然发展的规律可言，任何现实事物的发展都应该遵循生命周期性的变化规律。规律意味着有章可循、有法可依，生命周期性的发展规律循环往复呈现出一定的节奏性。教育是一种生命交往的活动，因生命的活力与周期性特点，教育过程理应是富有节奏性的跃动。由此，怀特海构建了其教育的节奏理论。在他看来，人的教育过程和学习过程具有周期性循环往复的

---

① ［英］怀特海：《教育的目的》，徐汝舟译，三联书店 2002 年版，第 68 页。

② 同上书，第 45 页。

节奏感，并提出受教育者的心智发展分为浪漫阶段、精确阶段和综合运用阶段，每三个阶段一个周期，个体的发展就是在这种节奏感的不断循环中持续进行的。“浪漫阶段是开始领悟的阶段。人们所讨论的题目具有新奇的活力；它自身包含未经探索的因果逻辑关系，也以丰富的内容为探索者提供了若隐若现的机会。在这个阶段，知识不受系统的程序支配。这种系统是为特定目的逐渐建立起来的。这时我们处于直接认识事实的阶段，只是偶尔对事实做系统的分析。从接触单纯的事实，到开始认识事实间未经探索的关系的重要意义，这种转变会引起某种兴奋，而浪漫的情感本质上就属于这样一种兴奋。”① 也就是说，这一阶段的学生缺乏系统的知识学习与训练，对生活的感知和经验的把握完全依靠自身的直觉感受和体验想象，学生在这一阶段拥有着对知识的渴望与好奇心，对生活具有丰富的感知力、想象力和参与力。“精确阶段也代表一种知识的增加和补充。在这个阶段，知识的广泛的关系居于次要地位，从属于系统阐述的精确性。这是文法规则的阶段，所谓文法，是指语言的文法和科学的基本原理。在这个发展阶段，要使学生一点一点地接受一种特定的分析事实的方法。”② 在这一阶段，学生对浪漫阶段的经验材料和知识有了精确的、条理的和逻辑的把握，并能对事物的结构和原理有所认知，学生在这一阶段主要获得的是学会学习的能力和获取知识的思维能力。“综合运用阶段相当于黑格尔的综合。这是补充了分类概念和有关的技能后重又回归浪漫。这是结果，是精确性训练始终追寻的目标。这是最后的成功。”③ 在这一阶段，学生成功地从认识知识到获得知识再到发展知识，从而使学生具备了运用知识处理生活世界中复杂问题的意识和能力，并引发学生再次感悟和想象新事物的兴趣。学生在这一综合运用阶段完成之后，就将进入新的浪漫阶段，从而开启下一个教育活动的历程，这一教育过程的综合运用阶段为下一个教育过程的浪漫阶段奠定学习基础，下一个教育过程实现着对这一教育过程的进步和发展，学生就是在不断循环上升的教育过程中获得了知识的进步、道德的增长和审美的发展。

① ［英］怀特海：《教育的目的》，徐汝舟译，三联书店 2002 年版，第 32—33 页。
② 同上书，第 34 页。
③ 同上书，第 35 页。

教育的过程是一种生命充满活力的有节奏的跃动，对此可作如下理解。其一，人的心智发展是由浪漫阶段、精确阶段和综合运用阶段所构成的一个完整周期的不断循环反复，每次的周期循环并不是一种简单的机械重复，而是在一种比前一周期更高水平的螺旋式上升的有节奏性的发展循环。“并没有一个唯一的由自由—纪律—自由构成的三重循环，而是整个智力发展是由多个这样的三重循环阶段交替构成。每个这样的循环是一个单独的细胞，或者可看作是一块砖；智力发展的整个过程是由众多这种细胞构成的有机体组织。在分析任何一个这样的细胞时，我称第一个自由阶段为‘浪漫阶段’，称中间的纪律阶段为‘精确阶段’，称最后的自由阶段为‘综合运用阶段’。”① 其二，在整个充满活力的有节奏性的教育过程中，始终应遵循儿童身心发展规律和生命成长的客观规律。“学生在各个不同时间的学习，应该恰当掌握并根据当时他们所达到的心理发展阶段的特点，采用不同的学习方式，学习不同的学科，是整个学习过程呈现周期性往复的节律感。”② 然而，现实中的教育却是一种不完整且缺乏节奏性的线性发展活动过程，缺乏浪漫阶段和综合运用阶段的教育，只剩知识灌输和传授的精确阶段。学生在未对知识进行感悟和体验的时候，教育就直接将知识注入学生大脑之中，还未等学生完全消化和运用知识的时候，教育又将学生带入下一个精确阶段，这样的直线上升式的教育不断扼杀学生对知识的热情和生命的感悟情怀，培养出的学生也成了一种呆板缺乏活力的单向度的人。其三，教育的过程是一种充满活力的有节奏性的跃动，它最终指向的是人的和谐发展。“在怀特海看来，如果说‘和谐’是自然界和人类存在的本体性基础，是确立世界之所以运动的法则和证明人类历史发展的根本性特征，那么，‘节奏’则是保证这种‘和谐’得以可能的逻辑前提和基本动因。”③ 当下的教育过程缺乏一定的节奏性，教育只是一直停留在精确阶段，人的发展全然被纷繁杂乱的知识所充斥和占据，进而导致了人的智力片面发展，而真正的教育在于促进人的德、智、体、美、劳的和谐

① ［英］怀特海：《教育的目的》，徐汝舟译，三联书店 2002 年版，第 55—56 页。

② 林红：《论怀特海的智育思想》，《首都师范大学学报》（社会科学版）2003 年第 1 期。

③ 刘晓波：《节奏与和谐：怀特海的审美教育思想研究》，《社会科学辑刊》2014 年第 4 期。

发展。怀特海所提出的教育节奏理论正是旨在解决教育过程只注重人的智力成长的弊端，使教育过程转向人的智力、道德、体力和美感等多方面的和谐发展。其四，教育的过程是一种充满活力的有节奏性的跃动，意味着这一教育过程是创新的、历险的和享受的。“在怀特海看来，每一种实际存在物都有其自身绝对的自我造就能力，因此在流动进程中会时时更新，其每一瞬间都具有以往瞬间所没有的新内容、新变化，是不断地演进、创新、完善的过程，整个宇宙就‘是一种面向新颖性的创造性进展’。”[①] 也就是说，人在这一充满活力的有节奏性跃动的教育过程中也是不断实现着自我创造和更新的，而教育过程的根本价值所在就是使人得到不断的创新发展，人也是在这种不断创新发展的教育过程中获得生命价值与意义的确认。教育过程本质上是创造和更新，创新又与历险紧密相连，人在教育过程中每一步的发展进步都有历险相伴相随。在怀特海的哲学与教育语境中，历险主要是指观念上的历险，这种历险对人和教育的创新发展具有积极作用，这是因为人的进化发展和教育的进步革新都需要某些先进的思想观念推动，而每次先进观念的更新都需要面临突破诸多方面因素的限制，同时其中也隐藏着诸多因素导致践行失败的风险，因而观念的更新意味着历险。教育的过程充满着思想观念的历险，同时在历险的过程中培养和锻炼人的批判反思、质疑探究和创新创造的能力和精神。教育过程充满活力的有节奏性的跃动不仅蕴含着创新的和历险的精神，而且还具有享受的价值特征。因为在怀特海看来，“过程的所有单位（无论是在人的层次上还是在电子的层次上）都是以享受为特征的，都具有内在的价值，因而是一种自在自为的实在。……而且，享受同时是一个丰富的意义母体，具有更广泛的意蕴，它乃是多种存在中的一种存在的自我享受，以及一种基于多种成分而长生的存在的自我享受”。[②] 教育的过程就是使人在充满活力且有节奏性跃动的创造和历险的教育进程中，享受着自我存在的意义和自我的发展价值。当然，这一享受并非低层次的享乐主义的享受，而是一种充满生命律动和审美旨趣的享受，即享受的过程就是审美的过程，教育的最高艺术就在

① 陈英敏、高峰强：《过程、整体与和谐——后现代语境中过程哲学与中国传统文化的碰撞及启示》，《华东师范大学学报》（教育科学版）2009 年第 3 期。

② 曲跃厚：《怀特海哲学若干术语简释》，《世界哲学》2003 年第 1 期。

于造就热衷于“审美享受”和乐于审美的人。

（四）教育风格：“智者的最高德性”

在怀特海看来，教育的最终目的是使人具有活跃的智慧，即是培养有智慧的智者，而智者应该达到的最高境界是具有一定的风格，唯有如此，教育才算做到最终的成功。“按风格最完美的意义，它是受教育的文化人最后学到的东西；它也是最有用的东西。风格无处不在。欣赏风格的管理人员讨厌浪费；欣赏风格的工程师会充分利用他的材料；欣赏风格的工匠喜欢精美的作品。”[①] 而教育就是要培养受教育者学会欣赏风格、形成风格。具体而言，风格具有一定的简约性、专业性和超越性特征。风格具有简约性是指风格是智者最高的德性的简约表达，这种表达将风格提升到了一种具有德性精神的高度。简约的风格是所有人所有精神活动中最简单朴素的特质，亦可作为一种鉴赏能力和审美能力，人一旦拥有这种能力。便会较为容易通过轻松或简约的方式达到预计的目标。大道至简，但越是简单的东西越包含复杂深刻多变的万事万物，教育就是培养人对这种简约的风格或“道”的把握和掌控力。风格具有专业性是指风格必须通过不断的专业知识学习和修炼作为风格的基础，是专家独享的特权。因为随着知识的不断丰富增长与人知识学习的局限性之间矛盾不断突出，专业化学习越来越重要，人只有在不断的专业学习中，才会掌握到这一专业的精髓所在，才会在处理该专业领域的问题变得游刃有余，并能使之形成专业风格而迁移至其他情境之中。“在怀特海看来，唯有术业有专攻，方可心有灵犀，心智方可敏锐，达到一种境界，方可形成自己的独特的风格感。一旦具有风格感，精神集中，志虑忠纯，就有很好的直觉，富于预见性、创造性，生命富于活力。”[②] 风格具有一定的超越性，是指风格并不止于专业性的知识获得与精通，它超越了专业知识而成为专业的灵魂所在。也就是说，教育并不仅教授学生掌握一堆知识概念，而是要将知识与生活事件相联系，将概念具体化到生活之中，并与自身复杂的情感、态度、德行等相联系，从而表现出对一门专业风格的热爱，因而风格也具有一定的超越性。

---

① ［英］怀特海：《教育的目的》，徐汝舟译，三联书店 2002 年版，第 22 页。

② 林红：《论怀特海的智育思想》，《首都师范大学学报》（社会科学版）2003 年第 1 期。

“风格是智者的最高德性。”① 教育所要达到的境界就是要培养具有一定风格感和风格力的人。对此可作如下理解。首先，风格是一种难能可贵的精神品质，是每个人所应追求的最高境界，亦可作“风格即人”理解。风格之所以难能可贵就是在于它一定程度上表征着人的个性化存在和发展，是人与人在存在和发展上区分的根本标志。但是风格的品质并不在于简单对人做出区分，而是为了使每个人都能得到适合自己的发展之路，并能乐于自信、乐于成功地立足于社会某片领域之地。“风格即人”意味着风格的生成是人的内在主观因素和外在客观内容的相互作用和相互统一。其中，外在客观内容对每个人来说具有较强的客观一致性存在，每个人的风格形成必经这些外在客观内容的锤炼，但经过锤炼后也并不一定能具备风格的品质，即它是每个人形成风格的必要条件，而不是充分条件。而内在的主观因素对每个人而言具有较大的主观差异性存在，每个人在专业的客观内容教育基础上积极发挥个人主观条件的作用将会形成风格或具备风格的品质，而每个人风格的形成必然意味着个人主观因素的能动性发挥，即它才是形成每个人形成风格的充分必要条件。换言之，具备风格的品质必然需要通过不断的专业知识学习、专业技能训练、专业方法的操练等这些外在的客观内容而才有达成的可能，然而，仅仅有了这一系列的专业教育内容和过程并非一定能形成风格，形成风格最为重要的条件是人的情感、态度以及价值观的深度参与和认同自身的专业教育，这样的风格教育和教育风格才更具有生命活力，也更符合怀特海的过程哲学和教育哲学思想。其次，风格是一种审美特质，具有实现和约束的两种力量。怀特海认为：“艺术中的风格，文学中的风格，科学中的风格，逻辑中的风格，实际做某件事的风格，从根本上说，都具有相同的审美性质，即实现和约束。”② 同样，在教育领域中，受教育者一旦形成一定的风格便也具有实现和约束的审美特质。实现是指受教育者在风格的引领下能够较为直接、轻松、积极地完成一定的教育教学目标，同时受教育者也知悉根据自身需要和专业兴趣确立明确的发展方向，并不断用力鞭策实现。“风格帮助你直接达到目

① ［英］怀特海：《教育的目的》，徐汝舟译，三联书店 2002 年版，第 22 页。

② 同上。

标，使你避开无关的问题，而不会引出令人讨厌的东西。有了风格，你可以实现你的目标。”① 而约束则是指受教育者在风格的引领下明确地知道在教育之中有所为有所不为，在教育过程中，每个人都会遇见和面临诸多的利益诱惑和困难枷锁，但是具有风格的受教育者则不会在这些方面给予较多的理会和着力，而是保持一种志虑忠纯之心，克制无关自我发展的情欲之心，从而达到为学与做人的最高境界，也即是达到智者的最高德性。实现与约束的教育风格思想与我国《学记》中的教育评价思想相近。“一年视离经辨志，三年视敬业乐群，五年视博习亲师，七年视论学取友，谓之小成；九年知类通达，强立而不反，谓之大成。”② 从中可以发现风格的形成不仅需要“离经辨志”的专业学习，而且还需要“敬业乐群”的品质，“博习亲师”的德行，“论学取友”的操守，以及“知类通达，强立而不反”的能力与信念，由此，人才可以有所大成。不仅如此，人在形成风格的同时也不断地在实现着有所大成的目标，并在实现大成目标的同时，也在约束着与达到大成目标无关的一些事物参与，克制着限制达成大成目标的无关情欲之心。只是与怀特海所言形成风格的形式有所不同，《学记》中所暗含的“实现与约束”更多的是靠外在评价力量来规约与引导，而怀特海所言的“实现和约束”更多的是靠人的内在主观条件进行保障和导引。其实，风格的形成与其所蕴含的“实现和约束”之审美特质的实现不仅需要人的内在主观因素的积极参与提供内在动力，而且也需要借助外在力量来进行规约和调节。只有这样，才尽可能地使每个人都能获得一定的风格，从而达致智者的最高德性。

二　基于过程哲学思想的基础教育课程改革

当代过程哲学思想具有丰富的内涵和张力，它对在新时期我国进一步深化基础教育课程改革可提供新的理论视角和思想资源。在本节中，我们尝试从课程改革理论基础、学校课程供给、学生课程学习力以及教学文化传统的角度来作一粗浅探析。

---

① ［英］怀特海：《教育的目的》，徐汝舟译，三联书店2002年版，第23页。

② 胡平生、陈美兰：《中华经典藏书——礼记孝经》，中华书局2012年版，第115页。

（一）“过程中创生”：课程改革理论基础的反思

理论基础是课程改革在理论上的基本依据、来源和重要支撑，是关系到课程改革的基本立场、方向、前景与成败的根本性问题。在学术界，关于课程改革理论基础议题的探讨一直不绝如缕，但始终未达成某种程度上的共识和“最终结论”。在我们看来，与其“孤注一掷”地探寻哪种理论可作为“基础”，倒不如借用怀特海“过程中创生”的哲学观念，来形成对此议题的一种新认识和新视点，即在课程改革过程中实现课程理论创生。基于此思考路径，我们有必要首先回顾一下学界关于课程改革理论基础议题的讨论与争鸣。

（1）关于理论基础讨论中的几种观点

我们认为，科学、扎实、明确、清晰、可靠的理论基础能有效地促进课程改革理论体系的构建，并积极为改革行为进行合理性辩护，进而对课程改革的深入推进发挥重要作用。而模糊、隐晦、凌乱、匮乏的理论基础则只能阻碍课程改革的顺利实施。所以，鉴于此议题的重要性，我们需要从学理上将课程改革的理论基础议题进行全面、系统、完整与深入的探讨和阐述。事实上，早在新课程改革启动之初，就有学者提出要深化课程改革的理论基础了。2001 年 10 月，吕达在《深化课程改革的理论基础》一文中指出：“我们不应割断历史，而应立足现实，继往开来；我们不应照搬外国，而应立足本国，洋为中用。对历史的东西、对外国的东西，我们应分析它的背景和条件，找出历史与现实、外国与本国的联结点，而不是一切推倒重来，重新开始。”① 此观点为我们探寻课程改革的理论基础确立了总的方法论原则。随着新课程改革的持续推进与深化，人们对此议题产生了浓厚的兴趣。自 2005 年以来，以《中国教育报》为主要平台，学者们展开了对新课程改革理论基础议题的大讨论。关于新一轮基础教育课程改革的理论基础是什么，大概有以下观点。

第一种观点，认为马克思主义认识论和全面发展学说应是课程改革的理论依据。此观点的代表人物有靳玉乐等。2005 年 5 月，靳玉乐、

① 吕达：《深化课程改革的理论基础》，《中国教育报》2001 年 10 月 20 日。

艾兴在发表的《新课程改革的理论基础是什么》一文中指出：“我们并不赞同以理论的多元性来模糊新课程改革的理论基础，必须旗帜鲜明地提出新课程改革的理论基础。我们认为：在课程改革中，必须坚定不移地以马克思主义作为我们的指导思想和理论基础。具体说来，要以马克思主义认识论和全面发展学说作为我们进行课程改革的理论依据。”①此文一出，即引起了学者们的广泛关注。有学者针对此文观点，提出了不同的看法，认为“将马克思主义认识论作为课程改革的主要理论基础，从学理上来说似乎背离了课程理论研究的范围。中国的课程理论要发展，应该在课程哲学上多做些具体和深入的探讨。为此，在讲课程的理论基础时，不能够泛泛搬用马克思的认识论”。② 由此看来，学者们在是否将马克思主义认识论作为新课程改革的理论基础的观点并不一致。

第二种观点，认为现代课程论、建构主义、多元智能理论以及一些后现代课程思想等是新课改的理论基础。此观点的代表人物有吴永军、邓志伟等。吴永军认为：“现代课程论（结构课程论、掌握学习理论等）、现代教育论（素质教育思想、人本主义教育思想等）以及一些后现代课程思想等是新课改的理论基础。”③ 邓志伟认为：“课程改革必然要依托多样化的当代教育（课程）哲学思想。建构主义、后现代主义、多元智能理论、人本主义以及整体主义等教育思潮既是对发展的马克思主义教育学说的极大丰富，又为新课程改革提供了科学的、丰富的理论基础。”④ 在他们看来，新课程改革的理论基础是清晰的、明确的，具有完整的理论支撑。事实上，此次新课程改革的确广泛吸纳了现代课程理论发展所取得的最新研究成果，在课程改革的一些政策性、指导性和解读性文本中都或明或暗地反映了这些观点，将其作为新课改的理论基础，确有合理之处。但如若深究下去，可以发现，课程改革的设计者和推行者并没有直言宣称这些理论是新课程的理论基础，也没有凭依这些

① 靳玉乐、艾兴：《新课程改革的理论基础是什么》，《中国教育报》2005 年 5 月 28 日。

② 高天明：《应从哲学层面探讨》，《中国教育报》2005 年 8 月 13 日。

③ 吴永军：《正确认识新课程改革的理论基础及其价值取向》，《教育科学研究》2010 年第 8 期。

④ 邓志伟：《论发展的马克思主义是课程改革的指导思想——兼谈新课程的理论基础》，《全球教育展望》2006 年第 6 期。

理论为新课程辩护。并且，仅从现代课程论、后现代课程思想等理论自身来看，它们是一个庞大而不统一的范畴，其内部构成具有很大的不确定性。例如后现代课程思想流派众多、观点纷呈，其核心思想和基本观点并没有得到统一，将其作为新课改的理论基础显然是不合适的。针对这种状况，有学者提出了严肃的批评："建构主义和多元智能理论是有启发的，但仅靠它们来支撑中国21世纪的基础教育课程改革，实在是太单薄了……课程改革的理论建设问题，是一个非常综合的工程，如果没有对教育学诸多学科研究成果的系统整理和吸纳，最好不要老把科学真理、先进理念之类的漂亮词汇挂在嘴上。"①

第三种观点，认为此次基础教育课程改革的理论基础是"含混不清""隐晦""凌乱"的。如在陈培瑞看来，"这次新课改的理论支撑到底是什么?""实在是看不出"，只是"隐约觉察到这次新课改的理论支撑相当匮乏和凌乱"。② 但这一略带情绪化的表述受到了诸多学者的批评。作为一项具有重大社会变革性质的课程改革活动，它不可能没有理论的指导和引领。邓志伟认为："反观我国这次以多元化理论为新课程改革的理论基础，既坚持了马克思主义关于人的全面发展学说，又广泛吸收了当今世界先进的教育理论研究成果，这次新课程改革的理论基础是鲜活、清晰的，是先进的，既有理论的前瞻性，又有很强的实践可操作性。"③ 由此可见，在新课程改革是否具有理论基础这一根本性问题上，学者们的意见也存有分歧与争议。由于对这个前提性问题缺乏统一的认识和判断，并难以作出明确的回答，也就必然会导致改革实践的混乱、盲从与"不知所措"。

综合上述观点，可以看出，在新课程改革的理论基础议题上，学者们并没有取得一致的看法与结论。更为严重的是，"理论基础的隐晦不但导致了新课改理论体系不完善，说服力不强，还导致新课改实践操作的偏离和失范，同时导致了新课改面对各种争论和挑战时理论辩护和实

---

① 王本陆：《论中国国情与课程改革》，《北京师范大学学报》（社会科学版）2006年第4期。

② 陈培瑞：《基础教育新课改：反观与前瞻后的沉思》，《江西教育科研》2004年第1—2期。

③ 邓志伟：《论发展的马克思主义是课程改革的指导思想——兼谈新课程的理论基础》，《全球教育展望》2006年第6期。

践辩护乏力”。[①] 因此，我们只有进一步明确、澄清课程改革的理论基础议题，课程改革才能扎实有效的推进和深化。在我们看来，对课程改革理论基础议题的讨论，需着力于以下两个方面。第一，厘清“指导思想”和“理论基础”概念的区别。结合我国的特殊国情和具体的课程改革实践状况，我们认为，新课程改革的理论基础应包括宏观的指导思想层面和中观或微观的具体指导的理论依据层面。其中，指导思想和理论基础是两个概念，既彼此区别，又相互联系。和学新认为，指导思想是对某一事物或事件的发展或运行起指示教导、指点引导的思想。理论基础是指某一事物或事件发展或运行所依赖、依靠的理论，或者指某一事物或事件存在的理论前提。“指导思想”更多是从事物或事件发展或运行的宏观层面来使用，指事物或事件发展或运行要遵循的原理、原则或方法论层面的东西，“理论基础”更多是从事物或事件发展或运行的中观或微观层面来使用，一般指具体的理论依据。[②] 可以看出，指导思想和理论基础具有层次上的区别。以此来检讨在课程改革理论基础探讨与争鸣中的相关观点，可以发现，存在着将指导思想和理论基础概念相混淆或混用等现象。如在相关文献中，“在课程改革中，必须坚定不移地以马克思主义作为我们的指导思想和理论基础”。可见，该文明显将两者等同而用，没有作相对严格、详细的区分，由于混用了这两个概念，也就导致学界所言观点的杂乱和歧义。我们认为，在新课程改革中，马克思主义认识论或马克思关于人的全面发展学说、毛泽东思想、邓小平同志“三个面向”和江泽民同志“三个代表”的重要思想是新课程改革的宏观指导思想，也可以说是最根本、最重要的理论基础，这一点是毋庸置疑的。所以，我们要坚定不移地以马克思主义等学说为思想起点和理论基石，来指导我们的改革行动。第二，在中观或微观层面，我们应积极吸收和统合各家理论之所长，进而形成某种综合化的课程理论体系来作为课程改革的理论依据。张华教授等指出：“课程改革必须以一定的理论为指导。没有理论指导或没有理念支撑的改革是盲目

① 龙安邦、范蔚：《试论课程改革的理论基础——兼论我国十年新课改的理论基础及其论争》，《河北师范大学学报》（教育科学版）2012 年第 4 期。

② 和学新：《科学把握新课程改革的理论基础的两个方法论问题》，《当代教育论坛》2006 年第 9 期。

的，而盲目的改革势必会引起混乱。”① 因此，任何一次课程改革都要建立在一定的具有理论解释力和实践指导力的理论基础之上。以美国为例，美国在20世纪经历的三次重要的课程改革都有较为明确的理论基础：20世纪二三十年代的改革，是以杜威的实用主义理论为主要理论基础的；六七十年代的改革是以布鲁纳的结构主义为主要理论基础的；20世纪末的改革，是以新兴的建构主义为其理论基础的。可以说，课程改革肯定是要有理论根基的，也是必须要有理论背景作为支撑，这是无可辩驳的。但是，这里需要我们加以注意的是，这种具有重大指导价值或具有某种“意识形态”意义的“理论基础”，并不等同于某一种具有时代色彩的时髦理论。如果只是这样简单化定性定位理论基础，则不免太过偏颇、狭隘和片面了。在近代史上，其他国家所推行的课程改革也大都是因为这种固执一端或偏执一方的选择和喜好而导致了课程改革的失败。还以美国为例，它就是在学科结构、社会发展以及以学生为中心这三者的关系中过度突出、强调某一点而遗弃了其他，也就在很大程度上直接导致了美国课程改革过程中的顾此失彼和单向度的价值取向。所以，对于我国当下基础教育课程改革理论依据的选择问题上，我们就不能偏狭地囿于某一种或某一家的理论学说，或抓阄式的选择一种而放弃另一种，而应当突破这种“二元对立”“非此即彼”的思维方式，充分汲取、整合各理论学说的有益观念和智慧，使其为我所用，并汇集于课程改革的实践之中。②

（2）“新课程”理念即为课程改革的“理论支撑”

尽管此次课程改革并没有明确指出哪一种理论就是“基础”，但我们所倡导、建构的新的课程理念亦可看作一种“理论支撑”或“理论引领”。诚如有学者所指出的那样：“虽然此次课程改革现在还没有提出一个明确的什么主义作为其理论基础，但是我们已经有一套新的理念，并且有完整的课程框架作为新课程实践的支撑，只要我们把现在的理念实践好了，把现在的课程框架实施好了，我们的基础教育改革就有

① 张华等：《课程流派研究》，山东教育出版社2000年版，第536页。

② 王洪席、郝德永：《经典管理定律对新课程改革的启示》，《教育发展研究》2007年第18期。

了保障，我们的理论探索也有了保障。”① 具体而微，这种新的课程理念包括课程目标、课程结构、课程内容、课程实施、课程评价等维度。

①改变课程过于注重知识传授的倾向，强调形成积极主动的学习态度，使获得基础知识与基本技能的过程同时成为学会学习和形成正确价值观的过程。

受知识本位主义价值观的影响，我国传统课程在功能上过多注重于对知识的传承和授受。这种倾向意味着在课堂教学中，它关注的是学生对机械、僵死知识的记忆和背诵，对其学习成效的评价也只是看其能否完整地复述。无疑，这种课程观过于注重了对知识的传授，而没有考虑到学生在学习过程中所需的学习态度、情感和价值观问题。

新课程提出要转变课程功能，“强调形成积极主动的学习态度，使获得基础知识与基本技能的过程同时成为学会学习和形成正确价值观的过程”。首先，新课程注重引导学生主动性学习。长期以来，我们在对学习的态度上，总是恪守“学海无涯苦作舟”的人生信条，认为学习是艰苦的、劳累的、疲倦的，只有通过“头悬梁锥刺股”的方式才能达到真理的彼岸。事实上，这种观念并不“健康”。它只能使学生在学习面前感到紧张、恐惧和害怕，从而丧失对学习的兴趣。新课程提出要积极主动地学习、快乐地学习，使学习成为一个获取知识、感受生命的愉悦过程。这种理念无疑能激发学生的学习兴趣和能动性。其次，新课程积极促进学生学会学习。在这个知识大爆炸的时代，如何加快学习步伐，提高学习效率，成了摆在每个人面前的重大课题。在此时代背景下，新课程提出要使学生学会学习，就是要让学生掌握必要的学习方法和学习技能，进而来达致学习效率的最大化。最后，新课程强调学生形成正确的价值观。单一的知识教学并不能从根本上促进学生形成正确的世界观、人生观和价值观。为了使课程功能得到切实转变，新课程提出要重视学生的情感、态度和价值观培养。事实上，传统教学由于对这些因素的忽视，使学生只是具备了知识，却丧失了情感和社会责任感，从而沦为了马尔库塞所谓的“单向度”的人。总之，此次新课程提出的将知识与技能、过程与方法、情感态度与价值观三个维度进行有机联结

① 郑绍红：《要在过程中实现课程理论创生》，《中国教育报》2005 年 11 月 28 日。

和统整的做法，体现了新课程的根本旨趣和价值追求，对于全面落实素质教育理念、促进学生的全面发展，具有重要的意义。

②改变课程结构过于强调学科本位、科目过多和缺乏整合的现状，整体设置九年一贯的课程门类和课时比例，并设置综合课程，以适应不同地区和学生发展的需求，体现课程结构的均衡性、综合性和选择性。

受制于实体主义思维方式的宰制和驱动，我国传统课程结构是以某种学科为基础的。它由于过于强调学科的系统性、逻辑性、序列性和严密性，导致了此学科与其他学科的相互隔绝状态。怀特海极力主张“要根除各科目之间那种致命的分离状况，因为它扼杀了现代课程的生命力”。[①] 无疑，这种学科分化让“现代人”完整的生活经验图景日益支离破碎。

为了克服上述的流弊和困境，新课程改革强调课程结构的均衡性、综合性和选择性。所谓课程结构的均衡性是指从整体、宏观的角度来设置学校课程体系，使各种课程类型、具体课程科目、各门课程的课时总数等之间保持合理、适切的比例。如在课程类型上，倡导实施综合课程、综合实践活动课程等，以弥补学科类课程的不足。鼓励开发地方性课程和校本课程，以打破国家课程在整个学校课程体系中的绝对地位。在课时数的调整上，新课程改革改变了以往语文、数学、外语等学科在学校课程体系中的比重，增加了一些艺术类课程、实践性课程的课时数等。课程结构的综合性就是要破除学科间的壁垒和障碍，设置多学科内容交叉与互融的综合性课程。这是因为，现实生活世界的统一、多元与丰富必然要求学校课程结构呈现出学科间的统整、融合及相互渗透。事实上，在新课程改革中，“一个核心的课题是，如何打破学科之间的界限，在问题语境中以主题导入的方式让学生获得对意义世界的整体性认识、解决问题的能力以及整体人格的健全发展”。[②] 基于此，新课程改革开设了一门崭新的跨学科课程——综合实践活动课程。同时，在小学阶段，开设了品德与生活、思想品德与社会等综合性课程。在初中阶段，开设了历史与社会、体育与健康等综合性课程。课程结构的选择性就是要改变以往以必修课为主的课程结构，增设选修类课程。这种做法

---

① ［英］怀特海：《教育的目的》，徐汝舟译，三联书店 2002 年版，第 12 页。

② 钟启泉：《课程改革：新视点与生长点》，《中国教育学刊》2005 年第 8 期。

在高中阶段比较明显。即是由校方按照教育部高中课程计划的要求开足开齐课程，以供学生依凭自己的特长、兴趣、倾向、需要来选择相应的课程进行学习。这些选修课可以不列为高考的统一考试内容，却可以成为高校自主招生的重要参考与依据。这样，既有利于打破学科之间的硬性阻隔与机械分离，激发学生的学习热情和兴趣，满足不同学生的个性需要与求知欲。同时，也不至于增加学生的学习负担，使学生乐于学习，乐于求知。选修课的高质量和多样性是高中课程改革的重点与难点，其目的是使学校课程更具丰富性和选择性，以充分调动学生学习的积极性、能动性与主动性。例如，可以开设文科课程、理科课程、文理综合课程，也可以充分利用当地的社会资源，开设地方课程、校本课程等。

③改变课程内容“难、繁、偏、旧”和过于注重书本知识的现状，加强课程内容与学生生活以及现代社会和科技发展的联系，关注学生的学习兴趣和经验，精选终身学习必备的基础知识和技能。

受应试教育思想和片面追求升学率等不良风气的影响，我国基础教育课程内容一直存在着过难、过繁、过偏、过旧等问题。在课堂教学中，我们偏狭地注重对受教育者进行抽象知识、符号知识和理性知识的灌输与浇筑，把其看作被动地接受知识的容器，而遗忘了对其生活趣味、情感体验、态度与价值观的关照和呵护，导致教育教学活动游离于学生的内心诉求和真实感受之外，体会不到美好生活的情趣与快乐。怀特海曾指出：“一个人可以理解所有关于太阳的知识，所有关于空气的知识和所有关于地球旋转的知识，但却看不到日落的光辉。”显然，这种状况加重了学生的学业负担，不利于发展学生的独特个性，不利于其身心的健康发展。

新课程提出要增强课程内容与学生生活以及现代社会和科技发展的联系，从而使课程更具有时代性、生活性和适切性。因此，关注学生的生活世界，让学生回归生活世界，注重学生精神生活的重构，是此次课程改革的核心价值取向。生活世界是人类能安身立命的物质家园。有学者指出，“生活世界是建立在日常交往基础之上的、由主体与主体之间所结成的、丰富生动的、日常生活构成的世界，它是一个直观的、人的世界，是由人构成的关系世界，也是一个人在其中的现实世界。它具有复杂性、原初性、直观性、基础性等基本特征”。[①] 也有学者认为，“生活世界是物质生活与精神生活、日常生活与非日常生活的统一说明，生活世界是一个关系世界，是一个各种生活形式相互交织、水乳交融的世界，是一个共在的或‘大写的主体’的世界，是一个总体性世界”。[②] 可见，生活世界蕴含着无限的价值和张力，它是教育世界得以滋养与丰盈的现实基底和意义源泉。教育世界只有扎根与深植于鲜活、丰厚的生活世界这一有机土壤中，才能绽放和吹奏出生命的异彩与华章。因此，课程改革应该积极关注受教育者的生活世界，要把原本封闭、单一、狭隘的教育教学活动延伸、扩展、融汇到日常的生活情境中去，从而更好地体验和感悟生活的价值与意义，进而焕发出生命的朝气、生机与活力。

④改变课程实施过于强调接受学习、死记硬背、机械训练的现状，倡导学生主动参与、乐于探究、勤于动手，培养学生收集和处理信息的能力、获取新知识的能力、分析和解决问题的能力以及交流与合作的能力。

新课程倡导自主性学习、探究性学习、合作性学习、研究性学习，强调学生学习方式的多样化和多元化。事实上，学生学习方式的变革是此次基础教育课程改革的一项重要内容，也是推进课改向纵深发展最为关键的环节。甚至从某种程度上来说，没有学生学习方式的变革、转换与创新，课程改革就难免丢弃了精神而流于形式与表面化。我们之所以如此强调学生的自主学习、合作学习和探究学习，就在于此类学习方式有利于学生学习潜能的唤醒与激发，有利于使学生在自觉探究的过程中掌握系统的科学文化知识，进而形成主动参与、乐于学习、勤于动手的意识与能力，促进学生的全面、自主、独特和可持续发展。同时，需要指出的是，学生学习方式的变革离不开教师教学方式的转变。它是课程改革系统建设工程中的重要组成部分，不可或缺。在传统的课程实施中，以知识的机械传授与硬性灌输为基本特征的注入式、填鸭式教学方式，已越发显现出其固有的疾患和症结，存在着诸多的弊端与不足。因

① 郭元祥：《论“生活世界”的教育——兼论教育中的生活问题》，《教育研究与实验》2000年第5期。

② 李文阁：《回归现实生活世界》，中国社会科学出版社2002年版，第232页。

此，在新时期中，采用彰显时代特色和教育发展特点，并与新课程改革相适应的新的教学方式已是大势所趋。在这种背景下，探究性教学、反思性教学、讨论式教学、合作性教学迅速发展起来，受到了人们的关注与重视。

⑤改变课程评价过分强调甄别与选拔的功能，发挥评价促进学生发展、教师提高和改进教学实践的功能。

受传统教育思想的影响，我国的课程评价存在着诸多问题，严重影响了学生的全面发展。在传统的课程评价中，我们的出发点在于评估受教育者对预设目标的达成度，进而将考试分数作为唯一的评价指标，从而将富有朝气与生命力的儿童替换为了一个个抽象、苍白的数字符号。这样，课程评价更多表现出来的是一种甄别式、淘汰式和终结性评价，重结果轻过程，无力对受教育者的成长、发展与变化过程作出判断和评定，没有发挥出评价促进学生发展的功能。另外，课程评价主体和指标单一、评价方法简单、评价技术落后等，都已严重制约了基础教育的健康发展。

新课程倡导面向未来的、以学生全面发展为根本目的的评价观，提出要发挥评价促进学生发展、教师专业技能提高和改进教学实践的功能。因此，新的课程评价体系也就在以下三个方面具有优势。第一，促进学生的全面发展。学生的全面发展是德、智、体、美、劳的全面发展。因此，课程评价就不能仅关注其中的某一项，或学业成就，或能力提升，而是要综合评价学生的认知、情感、价值观、创新精神和实践能力等，并通过评价的“力量”而使学生多方面的潜能得以挖掘和发展。第二，促进教师的专业化发展。通过课程评价，能使教师获得更多的反馈信息，从而引发教师教学反思，进而使其得以更新专业结构、提升专业水准、获得专业成长。第三，改进教学实践。通过课程评价，可以对课程实施过程中存在的问题与不足，作出科学的诊断和评估，从而为课程方案的进一步修正与完善提供参照和依据。

⑥改变课程管理过于集中的状况，实行国家、地方、学校三级课程管理，增强课程对地方、学校及学生的适应性。

长期以来，我国一直沿袭的是苏联中央集权的课程管理模式。这种管理模式的最主要特征就是高度集中、高度统一。即由中央对全国的课程教材进行统一管理，全国实行统一的教学计划、教学大纲和教材。无疑，这种集中统一的课程管理模式有其优势和现实意义，如利于管理、组织高效等。但其弊端和不足也是显而易见的，这主要是因为我国是一个经济、文化、教育发展极不平衡的国家，各个地区的差异巨大。因此，高度统一的课程管理模式也就与复杂多样的国情极不适应，更不利于各级地方教育行政部门的创造性发挥，现已很难满足当前教育教学活动的需要。

新一轮基础教育课程改革在课程管理方面的重要举措就是重新划分了国家、地方、学校的职责分工和管理权限，建立国家、地方、学校三级的课程管理体系，明确了国家、地方、学校三级的课程管理职责，即由原来的集权制过渡到了分权制，克服了以往课程权力过于集中的流弊，提高了课程的适应性，推动了课程管理体制的民主化、科学化进程。它是我国在课程管理政策上的重大转型，即从“控权”走向了“赋权”。其中，国家教育部的职责在于总体规划基础教育课程发展蓝图，确定国家课程门类和课时，制定国家课程标准，积极试行新的课程制度；省级教育行政的职责在于根据国家课程管理政策和当地政治、经济、文化等的实际情况和发展需要，实事求是、因地制宜地制定出符合本地区的课程实施方案，开发地方课程；并且，经教育部批准，省级教育行政部门可单独制订本省（自治区、直辖市）范围内使用的课程计划和课程标准。在学校层面，除了要贯彻执行国家课程和地方课程之外，还要结合自身的特点和优势，开发或选用适合本校特点的课程，也就是所谓的校本课程。可见，学校已具有了一定的课程权利。可以看出，新课程改革打破了传统国家课程在整个课程计划中的绝对垄断地位，加大了对地方课程和学校课程的开发力度，使课程更加适切地方和学校的具体教育教学情境，提升了课程的丰富性和多样性，调动了地方和学校开发课程的积极性和创造性。

（3）在课程改革过程中“创生”理论基础

与诸多学者要寻找某种课程改革的理论基础思路略有不同的是，有学者提出了“要在过程中实现课程理论创生”的新思考。此观点对于我们重新审视课程改革的理论基础议题提供了新的思路和方向。如在郑绍红看来，在百家争鸣的炽热讨论中，似乎有“有一个隐含前提：应该先有新课程的理论基础，再进行新课程的改革实践。按照这一思路，此次新课程改革应该是一个由课程基础理论到课程改革实践的实施过程，遵循的是演绎的逻辑”。[①] 但事实上，课程改革实践的复杂性、混沌性和不确定性，并不一定只是遵循着这种从理论到实践的演绎逻辑。在很多情况下，课程改革理论的构建是在复杂的课程实践过程中才得以逐步形成的。所以，基于此认识，郑绍红指出，“与其把此次改革视为按照课程基础理论施工的工艺学过程，倒不如把新课程改革本身只当作是一个在一定的课程理念与课程框架体系基础上的理论探索的过程，是进行课程理论创生的一次实践尝试，实践的目的之一就是在实践中寻找到适宜于我们国家现状和教育需要的，包括了知识观、课程观、教学观等内容的课程理论体系，即我们的课程哲学”。[②] 无疑，这种观点打破了以往将理论基础视为“先验性存在”的局囿，认为不必拘泥于预设好的理论学说，而应在课程改革的实施过程中“实现课程理论的创生”，颇具创新和启发性意义。

在我们看来，此思路符合怀特海的创造性原理。创造性原理是过程哲学范畴中的一个重要原理，按照杨富斌等的解释，“怀特海是在哲学本体论意义上使用‘创造性’概念的，并赋予其特殊的含义，用以说明现实存在自我发生、自我组织、自我生成的内在机制和动力”。[③] 换言之，每一个现实存在都并不是一个静态的实体性存在，而是一个始终面向诸多新颖性与可能性敞开的创生性过程。自然，课程改革并非一个线性的、简单的、机械地执行、照搬新课程计划的过程，而是一个充满创新的动态过程，它需要课程改革者以理想创新的意念为指引，充分发挥想象力和创造力，从而实现勾画的课程理想。所以，任何课程改革都不是一个静态的文本，都需要实施者对其内在精神和核心旨趣加以解读和体悟。这样，课程实施者不再是被动地忠实执行新课程计划，而是结合具体的教学实践情境灵活地加以调整、修正、补充和变通，从而为学生提供出更好的教育性经验。“这种变革取向所赞同的是一种由个体及

---

① 郑绍红：《要在过程中实现课程理论创生》，《中国教育报》2005 年 11 月 28 日。

② 同上。

③ 杨富斌、[美] 杰伊·麦克丹尼尔：《怀特海过程哲学研究》，中国人民大学出版社 2018 年版，第 312 页。

其信念和态度所开启的过程。人们是在把个人对现实的建构同其所信奉的生活态度和价值结合起来的基础上去作出判断。"① 由此，课程理论的创生也就会在此复杂的课程改革实践中得以萌芽和涌现了。同时，也有学者认为，我们"不必纠缠一些理论的'出生地'。不论出自何方的理论、经验，只要确实能被我们成功地灵活运用，并取得实效，为什么不能'拿来'?"同时，在我们灵活运用这些'拿来'的理论的过程中，应积极关注的是"为我们所借鉴的某种理论本身的真理性、可行性，具体问题具体分析"。② 上述观点亦应引起我们的重视和反思。

（二）秉承"过程性思维"：实施渐进式的课程改革模式

过程性思维是怀特海过程哲学中的主导性思维方式。在他看来，"现实世界是一个过程，这个过程就是现实实有的生成（becoming）"。③ 也就是说，世界上的万事万物都是以一种过程的形式存在，过程性即是其实在性。"每一种实际存在物本身只能被描述为一种有机过程。它在微观世界中重复着宏观世界中的宇宙。它是从一种状态到另一种状态的过程，每一种状态都是其后继者向有关事物的完成继续前进的实在基础。"④ 因此，将此思维方式运用到对课程改革过程的认识与理解上，可以看出，课程改革并不是一项简单化、机械化、单向度的"课程任务"，而是一项长期的、复杂性的、历史性的系统化工程。"过程性思维将课程改革视为一种非直线的、复杂的、充满不确定性的过程而不是一项简单的、一次性的、确定性的、具体的事件或任务。也就是说，课程改革不是一种短期性、局部性、自上而下的、可轻而易举完成的任务，而是一项长期性、全局性、全员性的探索过程。"⑤ 正是基于对课程改革内在长期性、复杂性、历史性等品质与逻辑的考量，我们应尽力规避采用"突变式"或激进式的课程改革模式，而应理性地选择、推行和实施

---

① ［美］艾伦·C. 奥恩斯坦、［美］费朗西斯·P. 汉金斯：《课程：基础、原理和问题》（第三版），柯森主译，江苏教育出版社2002年版，第317页。

② 应学俊：《也论"中国国情与课程改革"——兼与王本陆同志商榷》，《全球教育展望》2007年第1期。

③ Whitehead, Process and Reality, New York: Macmillan, 1929: 30.

④ ［英］怀特海：《过程与实在》，杨富斌译，中国城市出版社2003年版，第392页。

⑤ 郝德永：《课程改革：愿景与可能》，《高等教育研究》2009年第8期。

“渐进式”的课程改革模式。

课程改革总是具有强烈目的性、指向性、针对性和现实性的社会化实践活动。它反映了我们对于课程时代性、生成性、变革性、超越性等品质的把握程度和自觉意识。因此，任何一个国家在对改革方法、方式的选择上都绝非纯粹主观、随意为之的，而是“各自的历史文化背景在社会大系统核心部位的深层次发挥着作用的结果”。[①] 在我国，选择渐进式课程改革模式无疑具有某种历史的必然性。具体而言，它具有以下内在依据。

第一，文化传统与民族心理的积淀。在以儒家文化为核心的中国传统文化中，崇尚“中庸”、追求和谐、拒斥“过”与“不及”已融入了中华民族的精神骨髓里。所谓中庸，孔子认为：“中庸之为德也，其至矣乎！民鲜久矣。”（《论语·雍也》）宋代朱熹援引程子的解释，认为：“不偏之谓中，不易之谓庸。中者，天下之正道；庸者，天下之定理。”（《中庸》）究其意蕴，就是要求人们在为人处世时始终保持不偏不倚，永远执中协同。也就是说，我们在处理事情或解决问题时，既要反对不顾现实条件的制约与局限而急速冒进，又要反对囿于传统而消极保守、不思改变的做法与倾向，从而做到“执两用中”、无过也无不及。因此，在“中庸”精神统摄下的课程改革，必然是一个超越激进主义与保守主义，而走渐进式改革道路的过程。同时，以往的教育实践也证明，改革的成功也必然取决于两种相斥、对立力量的和解、妥协与让步，进而形成一种合力，共同作用于课程改革。正如有学者所指出的：“教育问题是如此复杂，以至它容不得半点简单化和僵化。……内容改革的成功在很大程度上取决于能否把一些看起来相互对立的品质辩证地结合起来。”[②]

第二，非均衡性教育结构的掣肘。我国是一个社会政治、经济、文化发展极不平衡的国家，各地区之间呈现出明显的层次性和差异性。相对于东部沿海相对发达的地区而言，我国中西部地区的教育资源更加稀

---

① 李晓华：《中国采取“渐进式”经济体制改革原因简析》，《甘肃高师学报》2009 年第 4 期。

② ［伊朗］S. 拉塞克、［罗马尼亚］G. 维迪努：《从现在到 2000 年——教育内容发展的全球展望》，马胜利译，教育科学出版社 1996 年版，第 248—249 页。

缺与贫困。尤其在义务教育发展阶段，尽管国家在经费投入等多个方面加大了扶持力度，但由于历史积淀、地理条件、师资配置等多方面因素，东西部地区之间、城乡之间义务教育发展水平差距仍然较大。所以，在这个极其特殊而又复杂的现实背景下，如果忽视或无视各个地区的显著差异而搞“一刀切”“统一模式”，就只能导致改革方案、实施策略和操作方式缺少应有的针对性、灵活性和应用性，势必激起人们的逆反和厌恶，从而在很大程度上阻碍新课程改革的顺利进行。因此，我国教育发展中的这种非均衡性结构，也就决定了课程改革必然要充分考虑各地区之间的差异性和不同的利益诉求，进而采用阶段性、局部性、渐进性的方式来实施与推动变革。这样，深入调查和掌握各地方教育发展现状与区域特点，进而具体问题具体分析，并尝试建立一种渐进式的区域性变革模式，已成为我们进行课程改革的重大课题与使命。

第三，改革的不确定性所决定。我国新一轮基础教育课程改革是以全面推进素质教育为目的的课程文化再造活动。其作为一项浩大的系统工程，它的诞生绝不是一时兴起或意气所致，而是经过了严格的科学论证、精心调研及全面均衡等一系列程序。“它是教育部组织专家队伍进行大量的调查研究，广泛听取家长和社会各方面的意见，并对 20 多个国家与地区的课程改革情况进行研究和借鉴的成果；是 1000 多位专家参与国家课程标准的研制工作，200 多位专家院士审议各种课程标准，并对历史、地理、思想政治课程与意识形态关系较为密切的课程标准报请中宣部、外交部审议的结果。”① 因此，可以合理地得出结论，此次新课改是一次有计划、有组织、有目的的理性变革，具有较强的指导性、适切性和实践性。然而，就是这样一个经过周密筹备、科学计划、合理安排的课程改革，在其启动与推行时，仍要面临许多意想不到的困难与阻力。“教育改革过程的复杂程度要远远超出我们所预期的，即使是那些显著的成就也存在基本的缺陷。”② 所以，面对如此复杂和充满不确定性的课程改革，企图在较短时间内使各项措施一步到位，就只能使改革走向机械、刻板与僵化。课程改革必然是一个极其复杂、艰难和阻力重重的探索过程。这样，课程改革的复杂性、波动性与不确定性也

① 钟启泉：《课程人的社会责任何在》，《全球教育展望》2006 年第 9 期。

② ［加］富兰：《教育变革新意义》，赵中建等译，教育科学出版社 2005 年版，第 18 页。

就决定了其在推进方式上的渐进性、探索性和持续性特征。正如有学者所指出的，“改革不是‘改变’学校的制度和实践，而是不慌不忙地以一种文化代替另一种——与转移墓地的工作没什么两样。学校改革的特点是不慌不忙和持续改革，而不是突然改变”。[①]

无疑，渐进式课程改革模式无疑是一条符合中国国情的改革道路，是中国基础教育改革路向的理性选择。在我们看来，渐进式改革是与突变式改革截然不同的改革方式，它“就是把整个改革在空间和时间上划分为若干个小单位，由局部到整体，有先有后，逐个推进，它是和推倒重建、全面推开、一步到位的激进改革不同的”，[②] 因而是具有高度探索性、灵活性、调适性、实验性的改革模式。这种改革模式为科学哲学家卡尔·波普尔（Karl Popper）所鼓吹。波普尔认为，任何大规模社会性工程变革在启动之初，都会面临着在理论知识储备不足和实践认识相对有限与贫乏等一系列问题。因此，试图一开始就全面完成对改革的“一揽子”设计，就只能是不切实际的幻想。所以，与设计出一个理想化、整体性、全面性的社会改革计划或蓝图相比，局部性、实验性、小规模性的渐进式改革更具有历史的合理性，也更适合于人类的认识发展实际。这种改革模式主张采用温和、渐进、“以时间换空间”的思路来实施变革，尤为重视改革过程的可控性、持续性和稳健性。由于其在改革的每一阶段上的“冲击力”相对较小，这对于有效缓和改革阻力、减少改革损耗、提高改革绩效都具有积极的意义。

（三）激发“边缘革命”：探寻课程改革的多元路径

作为一项复杂的社会系统工程，我国新一轮基础教育课程改革要想取得理想的改革成效或达致预期的改革愿景，实非易事。它需要满足一系列的历史与现实条件，如人们对课程改革的长期性、曲折性和不确定性是否形成某种深度认知，以及能否为课程改革开创出多元化的改革路径，并为其营造出一个自由、开放、包容且充满生命活力的思想空间，等等。在怀特海看来，学校较之于其他推动课程改革的力量，具有更为

---

① ［加］富兰等：《突破》，孙静萍、刘继安译，教育科学出版社 2009 年版，第 2 页。

② 刘要悟、曹俊军：《稳步渐进：基础教育课程改革的总体战略》，《大学教育科学》2009 年第 5 期。

关键的作用。“怀特海把学校的独立视为教育改革的第一要务。如果学校丧失独立性，再好的理念也会被精神阉割，只剩下围着应试成绩转。学校不应该沉浸在训练学生考试中来维持生存，应该可以无所顾虑地去抓住学校的机遇。”① 怀特海的这一真知灼见事实上已指明了推进课程改革的路径问题，即除了启动政府主导型课程改革之外，还要重视基础学校的自发式、能动性、创造性的课程改革探索，也就是科斯（Coase）等所谓的要激发“边缘革命”。② 唯有此，课程改革才能渐成星火燎原之势，并呈现百花争艳、百家争鸣的繁盛局面。

从课程改革的驱动源角度来看，其力量主要来自两个方面，即居于高位的政府和扎根教学一线的基础学校。前者我们可称之为政府主导型课程改革，后者可看作民众自发式课程改革，按照科斯的话说，就是其所言的边缘革命。这两种变革路径对于整体、深入推进我国基础教育课程改革而言，都具有不可或缺的重大价值和意义。然而，此两种变革路径在理论地位上的平等并不意味着会成为人们的现实选择。事实上，受制于时代的束缚与局限以及人们在认识上的浅薄和贫困，人们往往对政府权威主导下的课程改革寄予厚望，并过度依赖（认为只要政府拿出一个完美无瑕的课程改革方案，一线教师对其照章执行，教学实践就会得到根本性的改变）。而对处于主流教育体制外围，并自发创造出诸多崭新课程制度的边缘力量视而不见。这样，对民众自发式课程改革的漠视、忽略以及错误定位，也就使“跛足走路”成了当今世界大多数国家基础教育课程改革的一种常态形式。一方面，居于政府权威主导下的课程改革其有效性、价值性和进步性毋庸置疑。例如，此类课程改革能提供出较为科学、合理、完善的顶层制度设计，其实施和深化具有强大的智力支持和必要的后勤保障，等等；但另一方面，政府权威的控制性、统一性和强迫性特征与“脾气”，也使其难以从根本上破除、解决日益僵化、呆滞、机械的基础教育发展困境。相反，却因其内在的流弊、缺陷与症结而日陷泥潭且无力自拔。“政府部门对于学校的超强控

① 严中慧：《审美与理性的具体化——论怀特海有机课程思想》，硕士学位论文，哈尔滨师范大学，2017 年。

② ［英］科斯、王宁：《变革中国——市场经济的中国之路》，徐尧、李哲民译，中信出版社 2013 年版，第 213 页。

制，已成为妨碍教育改革深入推进的一个要害性问题。政府部门常常将教育改革的设计者、指导者、管理者、监督者、调控者及评价者等多种角色集于一身，导致学校难以真正成为教育改革的主体；不受限制的权力，是政府部门得以对学校超强控制的主要原因。”① 可见，单向度的课程改革路径难以驱动课程改革走向成功与深化。这就需要我们“正确认识中国改革中的二元结构”，② 积极探寻其他多元化的变革路径——激发边缘革命。

那么，什么是边缘革命呢？按照科斯等人的理解，所谓边缘革命，就是指处于政府体制之外，并由民间力量推动的自下而上式变革。因为它们大都在政府所掌控的范围之外爆发，因而可看作一种“边缘化”的草根式民间变革。这里，我们可以从以下三个方面来描述这种变革方式的特征。第一，从变革的性质上来说，边缘革命是一种从外围到中心的边缘突破；之所以称其为“边缘”，主要是在“政府—民间”这样的“二元结构”框架下所作的相对粗糙的区分，并不意味着参与变革的人都“处于社会的边缘”。此处的边缘并非贬义，相反，其在政府主导之外所发挥的作用是不可小觑的。第二，从变革的实践主体上来看，边缘革命主要是由民间力量促成的“创新性实践”；这种民间力量的核心组成是各基层学校、参与指导的精英课程学者，以及最为直接的利益相关者——家长和学生，等等。与政府主导型课程改革不同的是，边缘革命中的“民间力量”排除了政府行政部门的干预或干扰，不再为追求一时的“改革效应”而改革。显而易见，他们的变革目标更为明确，诉求更为一致，因而更具有专业性、协同性和持久性。第三，从变革的运行机制上来看，边缘革命更像是“一场静悄悄的革命”；因为政府主导型课程改革侧重绩效评价，强调规模和速度，不易被广大一线教师认同与接受。而边缘革命则顺势而为，潜移默化、润物无声。“学校改革不可能一蹴而就。因为，教育实践是一种文化，而文化变革越是缓慢，才

① 吴康宁：《政府部门超强控制：制约教育改革深入推进的一个要害性问题》，《南京师大学报》（社会科学版）2012 年第 5 期。

② ［英］科斯、王宁：《变革中国——市场经济的中国之路》，徐尧、李哲民译，中信出版社 2013 年版，第 214 页。

越能得到扎实的成果。”① 因此，较之政府主导型变革，边缘革命更易于触及改革的灵魂、根本与内核。这种边缘革命往往由几种“底层运动”推动，随之在更大范围上引发种种革命性转变，进而推动整体社会结构或体系的制度变迁和制度创新。具体而微，边缘革命对课程改革而言具有显著的教育学意义：

首先，边缘革命可以为大规模课程改革提供实践性知识。任何大规模课程改革都需要一定的课程理论或课程学说作为指导与引领。“课程改革必须以一定的理论为指导。没有理论指导或没有理念支撑的改革是盲目的，而盲目的改革势必会引起混乱。”② 然而，任何课程理论或学说都是课程学者们思辨的产物，尽管其在逻辑演绎层面具有无可挑剔的品质，但它未必涵括能解决现实课程问题的实践性知识和具体的、可行的操作性课程方案。这些无疑就构成了大规模课程改革所面临的知识困境与时代难题。而边缘革命的“引爆点”往往是问题取向的，他们是广大教师群体在一线的教育教学实践中，因为遭遇到了种种复杂无序的课程问题，才涌动而出的一种具有开拓性和创新性的课程改革行动。因此，这种变革更“接地气”，具有更为丰富的实践性知识，也就更易于取得令人满意的改革成效。

其次，边缘革命能促进政府主导型课程改革的自我调适。由边缘革命所激发的课程改革生机与活力，可以有效驱动政府权威改变自身机械、保守、僵化的课程信念以及课程思维方式，进而努力积累变革经验，调整变革态度，改造变革行为，最终形成“改革的自觉”。“政府主导的正式改革与民众自发推动的边缘革命之间，虽有重大区别，但两者之间也发生密切的互动关系。总体而言，边缘革命推动了党政权威的自我调整，它逐渐具有了改革的自觉，习得了改革的技艺，从而在很多时候有意愿也有能力主动地实施自上而下的正式改革。”③ 这样，通过汲取来自最底层的、草根式课程改革的经验与智慧，政府权威也就拥有了更大空间来调适、修正、完善相关课程政策，从而使课程改革方案更

① 钟启泉：《课堂改革：学校改革的中心——与日本佐藤学教授的对话》，《全球教育展望》2004 年第 3 期。

② 张华等：《课程流派研究》，山东教育出版社 2000 年版，第 536 页。

③ 姚中秋：《中国何以发生边缘革命》，《学术界》2014 年第 1 期。

具有弹性、灵活性和适切性。

再次，边缘革命有利于引领课程改革进程中的制度创新。由于身处传统体制之外而受制的规约和束缚较少，那些处于边缘的变革力量也就具有了足够多的缝隙和空间得以成长、壮大，从而也就更易于为课程改革实践提供不同的制度安排与创新。“那些处于边缘的力量则能够为变革提供不同的激励机制、新技术以及全新的视角和关键要素。”[①] 这种制度创新，有学者称之为“违法性创新”。“大多数这类制度创新是民众的‘违法性创新’。民众深感现有制度不合理，并自发地突破不合理的制度，实施一种新制度。这些普通民众就是‘立法企业家’。此制度显然是不合法的，直接侵蚀、瓦解正式制度。”[②] 这种说法实意味着此种制度创新虽尚未得到体制上的承认，但显而易见的是，它自身具有对现存“正式制度”产生革命性影响的潜在力量。这样，由民众自发创造出来的种种崭新课程制度就为课程改革者提供了相当丰富的制度选项，进而有利于促进中国基础教育课程改革展开积极、持续且充满“正能量”的制度化变革。

以此边缘革命视角来厘析、检讨自新中国成立以来所肇始的基础教育课程改革运动，除了由政府权威主导下的八次基础教育课程改革之外，[③] 是否还存在某种具有边缘化和草根式特征的民众自发变革呢？在笔者看来，我国基础教育课程改革中的“边缘”力量一直存在，并声势浩大。例如叶澜教授主持的“新基础教育”理论与实践研究，创建了影响深远的“生命·实践教育学派”，其“让课堂焕发出生命活力”的教育理念已成了当下基础教育研究领域中的思想共识。裴娣娜教授领衔的主体教育实验，探索了中国教育的现代化发展问题，并为如何提升现代中国人的综合素质水平积累了丰富的经验和智慧。著名特级教师李

① ［英］科斯、王宁：《变革中国——市场经济的中国之路》，徐尧、李哲民译，中信出版社 2013 年版，第 97 页。

② 姚中秋：《中国何以发生边缘革命》，《学术界》2014 年第 1 期。

③ 也有学者从学理的层面指出，判断在学校教育中发生的改革是不是“课程改革”，一要看改革的是不是“课程”，二要看是不是有“除旧布新”的“改革”存在。并认为自新中国成立以来的历次教育改革中，算得上真正意义的“课程改革”的只有五次。这里，我们仍采用官方的说法，即共发生了八次基础教育课程改革。参阅谢翌、马云鹏、张治平《新中国真的发生了八次课程改革吗？》，《教育研究》2013 年第 2 期。

吉林开创的闻名中外的情境教育研究与实验，极大丰富了我国当代教育教学的理论建构与实践探索，对当下的基础教育课程改革产生了深远影响。……无疑，它们都可视为中国基础教育课程改革中的“边缘”力量，并在课程改革实践中发挥了重要的先锋性、引领性和突破性作用。因此，在当下，这种由民间自发的课程改革诉求与行动，不应被排斥在政府主导型课程改革之外，而应给予一种“体制上的支持”，进而积极吸纳他们的独特性经验和开创性智慧。

这里，也就进一步引发了一个需要我们加以辨析、澄清的问题便是，政府主导型变革与边缘革命这两种具有不同性质、根源、结构的改革路径或模式应形成一种什么样的关系，才能相得益彰、共奏和谐呢？对此，我们的意见是，我们在旗帜鲜明地坚持推进政府主导型课程改革的同时，还应将边缘革命视为整个系统、综合变革的一个不可或缺的重要组成部分。只有这样，底层、草根的课程改革智慧才能够得以保存与彰显，由此而涌动的边缘革命，才可以得到迅速地发展和壮大，以至于如百川入海，渐成星火燎原之势。随之，两种变革路径在彼此交会融合后，“形成上下互动的格局”，进而共同推动中国基础教育课程改革的进步与提升。事实上，回溯历史，近百年的教育改革早已明示了这样的真知灼见，恰如有学者所说的那样：“百年教育改革告诉我们，教育改革要想取得良好的效果，最有效的途径是由政府主导，民间积极参与，形成上下互动的格局。因为只有政府官员对教育改革充满热情，并全身心投入到改革大潮当中，才可能做出科学的改革决策，进而将改革导向成功；只有将广大民众的积极性调动起来，使得民间积极参与，改革才能落到实处，取得实效。”①

（四）恪守“自主性原则”：深化学校课程的有效性供给

怀特海认为，学校作为一个“完完全全”的“教育单位”，应当根据自身的实际情况与特殊需要来设计和制定课程，本校教师应在这种课程开发中享有充足的主体地位。“教育改革的第一要务是，学校必须作为一个独立的单位，必须有自己的经过批准的课程，这些课程应该根据

① 周洪宇：《百年教育改革的启示》，《教育研究》2013 年第 4 期。

学校自身的需要由其自己的老师开发出来。如果我们不能确保这一点，那么我们就很容易从一种形式主义走向另一种形式主义，从一堆无用呆滞的思想走向另一堆无用呆滞的思想。”① 针对传统学校教育受制于某种僵化管理体制的规约与束缚，进而强行接受某一种刻板、机械、雷同化课程的做法，怀特海认为这对教育来说无疑是“灾难性”的。“每所学校都必须有权考虑自身的特殊情况。为了某种目的把学校进行分类是可以的，但是绝对不要有僵硬的、未经学校自己的老师进行修正过的课程，同样的规则，经过适当修改，也完全适用于大学和技术学院。”② 由此可见，怀特海十分重视学校在课程开发、修正和完善中的重要作用，认为未经教师许可的课程原则上不能用于学校教学。怀特海的这一课程思想对于我们重新审视学校课程的有效性供给提供了新的理论资源和有益启示。我们认为，在赋予、强化学生选择权的时代背景下，学校课程供给需要打破以往的同质化、标准化、单一性的流弊与症结，进而增强其“可选择性”和“适切性”，以满足不同学生发展的内在诉求与基本需要。这既是落实、彰显“把选择权还给学生”之教育理念的重要举措，同时，也是促进基础学校“课程意识”觉醒的根本推动力。

（1）新课程改革赋予学生选择权的时代意蕴

《国家中长期教育改革和发展规划纲要（2010—2020年）》明确提出，要“尊重教育规律和学生身心发展规律，为每个学生提供适合的教育”。顾明远先生认为：“教育应该为不同的儿童提供最适合的学习条件和环境，这就是我经常说的，为每个学生提供适合的教育就是最好的教育、最公平的教育。……给每个学生提供适合的教育，把选择权还给学生，是我国教育摆脱困境的出路。”③ 可见，在新课程改革语境下，“提供适合的教育”，进而赋予学生选择权得到了进一步的确认和彰显。选择是人类特有的一种存在方式与生活方式。正是因为选择，人类才真正体现和彰显了自身的主体性、能动性、自觉性与创造性。“无论是从人类的生存意义上说，还是从人类交往意义上说，或者是从人类认识和

① ［英］怀特海：《教育的目的》，庄莲平、王立中译，文汇出版社2012年版，第20页。

② 同上书，第21页。

③ 顾明远：《把学习的选择权还给学生》，《河北师范大学学报》（教育科学版）2012年第1期。

实践的意义上说，都无法摆脱自我选择。”[①] 因此，从某种程度上来说，选择是人类的一种“现实性权利”。尤其在当今社会，人类将不可避免地遭遇来自诸多方面与不同渠道的资讯和信息，自然也就面临着各式各样的选择。“选择是指主体自主地在多样的事物或状态中作出的选定。主体被动地选择对主体而言是‘服从’，而不是‘选择’。只有主体自主地选定才具有认识论意义上的主观能动性特征。”[②] 正是在各种不断选择的过程中，人类才真正学会了取舍、权衡以及判断。无疑，懂得选择、主动选择，并善于选择是人类主体地位、自由意志和超越精神的充分体现与表征。

在学校教育教学中，学生是具有自主性、能动性和创造性的独特个体，享有凭依自身学科兴趣、专业性向与个性潜能选择相关课程学习的权利。学生能够充分自由选择性的学习，不仅有利于培养学生良好的个性品质，实现学生的个性成长和全面发展，而且也有利于祛除“教育选择学生”的流弊与困境，进而形成“适合的教育”。因此，在教育教学领域，打造、创建、构筑富有选择性的教育是深化基础教育改革，落实素质教育理念的必然“选择”。2001 年，《基础教育课程改革纲要（试行）》指出：“普通高中课程标准应在坚持使学生普遍达到基本要求的前提下，有一定的层次性和选择性，并开设选修课程，以利于学生获得更多的选择和发展的机会。”“改变课程结构过于强调学科本位、科目过多和缺乏整合的现状，……以适应不同地区和学生发展的需求，体现课程结构的均衡性、综合性和选择性。”可见，给予学生选择机会，并确立具有选择性、综合性、多样性的课程结构成为了第八次课程改革的重要目标之一。而在新高考改革语境下，进一步尊重与彰显学生的学习选择权，进而促进学生的全面发展与个性化成长，已成为时下教育公共政策的重要价值取向，[③] 成了此次新高考改革的“最强音”。2014 年，《教育部关于普通高中学业水平考试的实施意见》明确提出：要“坚持自主选择，为每个学生提供更多的选择机会，促进学生发展学科兴趣与

① 周书俊：《选择论》，中央编译出版社 2006 年版，第 1 页。

② 陈宁军：《论学生选择能力的培养》，《中国教育学刊》1999 年第 6 期。

③ 钟秉林：《尊重学生选择权成为教育决策价值取向》，《中国教育报》2015 年 12 月 11 日。

个性特长，……由学生根据报考高校要求和自身特长，在思想政治、历史、地理、物理、化学、生物等科目中自主选择”。这样，“6 选 3”的制度设计也就有了 20 种不同的课程组合（浙江增加了“技术”科目，如此就变成了“7 选 3”，共有 35 种不同的课程组合）。它一改长期以来“非文即理”的传统课程设置以及标准化、模式化的课程供给，而赋予了学生更多的课程学习选择权。近期，笔者跟随教育部哲学社会科学研究重大课题攻关项目“初高中学业水平考试和综合素质评价改革研究”课题组在上海调研时，有位校长提出“选择即公平”的教育理念，笔者深为赞同。可以说，正是因为选择，学生的需要与诉求才真正受到关切和重视。正是源于选择，学生的个性与潜能才切实得以彰显和挖掘。无疑，打造与实施富有选择性的教育，是对学生选择权的充分尊重、关照与呵护，学生可在自我选择、自我调控、自我完善的历程中实现其个性的和谐发展、素养的全面提升和人格的不断完善，由此使学生能够根据自身的兴趣、爱好和需要开展最具个性化的课程学习，而因具有浓厚的教育学价值与意蕴。

首先，赋予学生选择权能够促进学生的个性化成长。由于每个学生的资质、禀赋、特长、潜能各不相同，因而其对未来的规划、期望、需求也必有所差异，而教育就应顺承此种差异与不同，培养出具有鲜明个性品质的独特的、不可替代的学生个体。新一轮课程改革通过赋予学生选择权，努力让学生在选择中寻觅到与自身潜能、禀赋等相适切的学习、生活及发展路径，进而实现自身的完美蜕变与“野蛮生长”。“选择本身就是一种动力，它促使学生对自己未来的方向和生涯做出思考和规划。……选择既是一种实践行为，也是一种多次探索的过程，很多学生是在选择中，逐渐找到了自己稳定的兴趣爱好，把自己隐藏的潜能发掘出来；也有的学生在选择中发现原本以为自己喜欢的行业，并不是自己的真爱。多样化的课程，增加了选择的机会，让学生有可能通过多次的选择、尝试，明晰自己的发展方向。”[①] 这样，当学生能够根据自身的兴趣爱好、需要以及能力选择课程学习时（比如依据自身实际决定学习课程的类型、学习的形式、学习的方式方法以及学习时间等），不仅

---

① 李希贵、秦建云、郭学军：《构建可供学生选择的普通高中学校课程体系的实践研究》，《教育学报》2014 年第 1 期。

能调动学生学习积极性，使学生积极主动地参与到学习过程中，也能唤醒学生的个体潜能，提高学生的学习效率，真正实现学生的个性成长和全面发展。

其次，赋予学生选择权能够提升学生的学业成就。在现行的“文理分科”框架下，假如学生不擅长文（理）科中的某一门学科（如政史地三科，学生的地理科可能会很不突出），但僵化、机械、死板的课程设置却只能使其“取长补短”，而不能“扬长避短”，从而造成其学习兴趣的丧失以及学业成就的下降。而学习选择权的赋予则使学生可以根据自身爱好、能力、认识水平等，选择其能够适应并能得到提升与发展的课程内容及学习层次，从而能以最佳的学习状态寻求最大限度地发展，进而实现学习效果的最优化以及学业成就的最大化。诚如有学者所指出的那样：“只有学生在符合自己潜能、感兴趣的领域里学习，才可能真正保证教学质量。换言之，同样的课程对不同的学生，是不容易真正保证质量的。对数理逻辑倾向性的学生有质量保证的课程，对那些语言艺术倾向性的学生就不一定具有质量保证，齐头并进的课程要求不可能适应所有学生，只有选择性的课程结构，才能适应不同学生的要求，才能保证教学质量。”①

最后，赋予学生选择权能够增强学生的责任意识。选择即意味着责任。雅斯贝尔斯曾言：“学生的选择是以每个人对自己负责的行动为前提，他所负的责任也包括了到头来一无所成、一无所能之冒险。在学校里让学生在精神上做这样的选择是最严肃的事情。”② 学生在作出某种选择的同时，也就意味着其要承担相应的责任和义务。长期以来，学生的学习选择权处于虚无与消散状态，由于不是自己真实地所做出的选择，也就无所谓要承担选择后的结果，自然也就逃避了责任和担当。而赋予了学生选择权后，“学生有了选课的自由，随即就有了思考自己选择的依据、完成自己选择的计划、承担自己选择带来的结果、对自己未来人生负责的责任。就是说，与学习知识技能一样重要的是学生必须逐

① 石鸥：《让学生在选择中学会选择——欧洲三国高中课程改革对我们的启示》，《湖南师范大学教育科学学报》2002 年第 4 期。

② ［德］雅斯贝尔斯：《什么是教育》，邹进译，三联书店 1991 年版，第 147 页。

渐承担选择学习模式、生活模式和工作模式的责任”。[①] 可见，选择使学生进一步找准了目标，明确了责任，并使其在不断选择的过程中逐渐学会自我负责、自我承担以及自我成长。

（2）学校课程供给的贫困造成学生选择权缺失

赋予学生选择权无疑具有丰富的教育学价值与意蕴，然而其实现却离不开高中学校充足、多元和特色化的课程供给，它是确保学生选择权得以实现的重要基础与必要条件。“学生的个性发展差异需求是课程建构的出发点。学生的需求不同，教育的供给也应该不同，作为学校教育服务的最重要的产品——课程，就应该是多样的、可以选择的。”[②] 但是，令人遗憾的是，由于诸多内外部因素的制约、牵扯与羁绊，我国学校课程供给严重不足，进而也就使学生长期处于“不能选”“不会选”“不愿选”的无奈窘境之中。“没有选择权和从来不作选择的人是不可能具有自主选择意识和科学选择能力的，这不能不说是教育的一种重大缺失。……时至今日，缺乏自主性，以致对自我选择冲动的麻木，仍是当代青少年综合素质的一个不容忽视的弱项。”[③] 其具体表现为以下几个方面。

首先，“高度统一型”的课程结构严重挤压了学生能选择的空间。我国传统课程结构是学科本位的，较多强调课程设置的模式化、标准化和统一化。也就是说，在学校教育中，学校开展什么样的教育教学活动，学生学习什么样的课程内容等，事实上均早已被“预设”与安排“妥当”。学生只需按照统一的要求来学习即可，而无法作出任何的选择。这种课程结构固然可以在最大程度上保证学生获得最基本的知识和技能，进而为学生奠定共同的科学文化基础。但其“大一统”的课程供给，完全不顾及万千学生各类个性、爱好、兴趣、潜质等方面的差异与不同，只是硬性、机械地要求学生“按部就班”“亦步亦趋”学习“同样的课程”的做法，亦饱受诘难和诟病。“这种课程虽然精致，但

① 石鸥：《让学生在选择中学会选择——欧洲三国高中课程改革对我们的启示》，《湖南师范大学教育科学学报》2002 年第 4 期。

② 李希贵、秦建云、郭学军：《构建可供学生选择的普通高中学校课程体系的实践研究》，《教育学报》2014 年第 1 期。

③ 陈宁军：《论学生选择能力的培养》，《中国教育学刊》1999 年第 6 期。

学生的个性却被粗野地扼杀了——课程像典型的过滤器，使我们的孩子标准化、同一化，它的背后是相当一批学生的失败。拥有这种课程的学校成了一个富有个性的、活灵灵的孩子走进去，然后毫无特色地走出来的地方。……同一型的课程结构最终只能造出无个性的群体的人：不会自主选择，不会随机应变，不能自主地活动。”① 无疑，这种单向度、“高度统一型”的课程结构，未能合理解决其内在的均衡性、多样性和选择性问题，学生不能选择，或者没有更多选择的机会与余地也就在情理之中了。

其次，“精确计划性”的课程组织方式严重束缚了学生自主选择的可能。在传统的计划经济管理体制下，社会生产生活资料的供给以及人们所获得的公共产品都是既定的、已分配好的，不存在所谓的自主选择性问题。这种社会运行思路与实践反映在教育教学领域，也就表现为一系列的“教育发展计划”“课程计划”“教学计划”“课时计划”“单元计划”等。这样，在这种沿袭已久的教育教学实践中，我们的课程表基本上是标准化、单一化、固定性的，每一位同学都按照已设计、规定、预设好的学习路径前行，没有自主安排学习时间、内容、节奏、步骤的机会与可能。“过去，我国的教育就像计划经济一样，全国一套教学计划。一套教学大纲、一套教科书，学校、教师、学生都没有选择的余地。”② 这样，学校课程的供给、安排以及实施也就被种种“计划”所加以框定与规约，学生只能按照已铺就好的“轨道”和“线路”开展学习，而不能有任何的拖延、“快进”或“越雷池一步”。即使学生在学习活动中，出现了这样或那样的“波动”、问题和矛盾，也无法对学习的课程作出相应的调整、更换或再选择，而只能另辟路径及时“补课”以便赶上“计划”。无疑，在这种高度机械、僵化、呆滞的课程“计划体制”下，学生的学习严重缺乏选择性，只能遵循指令而行。学生被束缚、限制在一张张早已规制好的“课程计划”中，只能在一条既定的轨道上前行，由此学生自主选择的可能与诉求也就渐趋虚化和消

① 石鸥：《选择一种课程就是选择一种未来——关于高中多样化、选择性课程结构的几点认识》，《中国教育学刊》2003 年第 2 期。

② 顾明远：《把学习的选择权还给学生》，《河北师范大学学报》（教育科学版）2012 年第 1 期。

散了。

再次，“绝对权威性”的教师教学权力以及“职业生涯类”课程的缺席严重弱化了学生自主选择的能力。在我国根深蒂固的“师道尊严”教学文化传统中，教师被视为知识的权威与课堂教学的主宰，学生作为“受教育者”只能被动地机械接受、服从教师的“教诲”和“安排”，而丝毫没有更多“说话”、争辩、质疑的权利与机会。所以，在此师生关系严重失调与不和谐的课堂教学环境中，学生的学习选择权似乎是“无足轻重”的，随之也就被进一步地淡化、虚化和“搁置”，从而沦为了一种“被教育”“被选择”“被应试”的机械式存在。除此之外，学生选择能力的弱化与丧失，也与我国沿袭已久的教学实践中并不重视学生选择能力的培养有着直接的关联。如以增强学生选择能力为主旨的“职业生涯类”课程的缺席，便使学生很难了解当今世界各行业的整体发展趋势，以及对自身职业倾向和发展潜能的深度认同，从而导致学生很难具有自主选择的能力。

最后，“唯分数论”的学生评价生态严重消解了学生自主选择的意愿。在应试教育的喧嚣与阴影之下，高中学校的优质课程供给更多集中在高考的必考（或必修）科目上，即使开设了相关选修类课程，由于其学习成绩不被纳入高校的选拔体系内，故出于功利的考量，大多数学生仍不愿选择相关选修课程进行学习。同时，在对学生的考核和评价上，我们往往只是偏重于其学业成就维度，而对其内在的道德品质、审美情趣、探究精神、社会责任、创新能力等则很少关注或涉及。换言之，只要是该生的“成绩好”，那其获得“三好”“优秀”评价等级的可能与机会就会非常大。正是建基于这种偏狭、单一性的学生评价机制，也就直接导致学生没有更为充分的热情、兴趣和动力来参与种种社会实践活动。自然，学生“不愿选择”“不想选择”也就成为了一种“常态”。

综上可知，学校课程供给的贫困与严重不足，致使学生的学习选择权长期处于虚化、离散和缺失的状态，最终导致学生学习的主动性、能动性与创造性得不到应有的激发、释放和彰显。事实上，正如有学者所指出的：“教育的过程本应该是个选择的过程，孩子的兴趣、潜质以及相关的能力，需要自身及他人的不断选择，才可能出现、形成和发展，学校和教师只有不断按照学生的选择性要求，开发开设出更多更丰富的课程，才可能逐步办出比较适合孩子的教育，尤其是适合每一个孩子的教育。”① 因此，在新时期，推进学校课程的有效性、丰富性、适切性供给，无疑是当下高中学校最应当引起关注和研究的根本性议题与时代性关切。

（3）学校课程有效性供给的达成路径

在当前，我国现行学校课程体系或结构较为单一、机械与同质化，在此供需呈现严重冲突、矛盾和不对称的现实际遇下，高中学校如何实现课程的丰富性、多元性、适切性供给也就成了其亟待解决的关键议题。在新一轮课程改革语境下，为了确保学生个性化发展以及学习自由选择权的实现，高中学校需进一步深化育人模式变革，积极加强丰富性、多样化、适切性的课程供给。对此，袁振国教授指出：“最好的课程体系什么样？其实并没有标准答案。适用、适应、适合的才是最好的。……从统一课程走向可选课程，课程的可选择性是课改的重要方向。任何一个国家、一个地区、一所学校，如何因时因地因人制宜，选择自己的课程内容和方式，这就是课改的方向。”② 李希贵校长等也指出：“通过建构多样化、可供选择的课程体系，发现和尊重每一位学生的不同，唤醒每一位学生的潜能，启动每一位学生自主发展的内动力便成为现代普通高中学校的责任担当和价值追求。”③ 针对高中学校而言，到底该如何作为呢？在我们看来，为实现多样化、适切性、“可选择性”的课程供给，高中学校应着力于以下达成路径。

第一，推进特色化的学校课程开发。高中学校是承担多样化、丰富性、适切性课程供给的责任主体。强化高中学校的课程供给，在本质上它不仅是学校自身课程建设的能力问题，在更深层次上，它更多的是一种对课程的理解、定位的观念性问题。“‘为了每一个孩子的发展’，就先要赋予他们选择自己课程的自由权利。而且这种选择，没有高低贵贱、主科副科之分，只有是否‘适合学生自己的课程’。选择适合自己的就是最好的，不适合自己的，就是再高级也没有任何实际价值。”④

① 刘希平：《把更多课程学习选择权交给学生》，《中国教育报》2012 年 7 月 14 日。

② 袁振国：《从统一课程走向可选课程》，《中国教师报》2015 年 11 月 11 日。

③ 李希贵、秦建云、郭学军：《构建可供学生选择的普通高中学校课程体系的实践研究》，《教育学报》2014 年第 1 期。

④ 荣维东：《美国教育制度的精髓与中国课程实施制度变革——兼论美国中学的“选课制”“学分制”“走班制”》，《全球教育展望》2015 年第 3 期。

所以，“从某种程度上讲，一所好的学校应该像一家大型的超市，学生就像顾客，能在其中各取所需。学校要做的，应该是尽己所能开发、提供多元、适合的课程产品吸引学生们选择”。[①] 因此，为加大课程供给力度，提升课程供给效能，高中学校应立足于自身的特色化育人理念、目标与定位，积极自主研发一批特色鲜明、风格迥异、品质卓越的校本课程群，以满足不同学生的个性化、多元化需求。这种极富特色化的校本课程开发，是高中学校自身教育价值观与办学旨趣的体现、彰显与外化，它更多指向的是学生选择权的实现以及个性化发展，其本质是对学生内在学习需要、渴望和探索欲的进一步关照与呵护。如浙江省鄞州高级中学，其立足于鄞州是“梁祝化蝶”这一美好传说发源地的独特历史底蕴和人文基因，开发了“一体四翼二角”的蝴蝶形课程体系，寓意学生经过学校课程的修习，自然生命更加健康、社会生命更加丰满、精神生命更加高贵，如蛹化成蝶，蜕变得更加完整、精彩。[②] 无疑，这种特色化的学校课程开发，不仅增强了学校课程供给能力，使学生具有更多的可选择性，同时，也让学校的教育文化传统得以延续与传承，使学生具有了深度的家校认同感、归属感和自豪感。

第二，构建面向个体的“课程分层”体系。在我国当前的教学改革实践中，实施“分层教学”制度已在诸多高中学校取得了基本共识，并形成了普遍做法。但若仅停滞、局限于此，而没有着力于实质性意义上的“课程分层”设计，则仍很难满足学生个性化学习的需要以及自由选择权的实现。针对于此，北京市十一学校为打破以往学科课程全校一面的刻板面孔，而构建的面向个体的“课程分层”体系，着实让人眼前一亮。以数学科为例，该校按照“发展方向+课程难度+学习方式”的原则，将其分为五个层次（如数学Ⅰ、数学Ⅱ、数学Ⅲ、数学Ⅳ、数

① 李斌：《好学校应该给学生选择的自由》，《中国青年报》2013年12月20日。

② 注：“一体”的基础课程，是指为培养学生的基本素养服务的课程群，包括国家必修课程和校本必修的德育课程；“四翼”指基础类课程的拓展，即拓展课程，包括部分群体学生选修的国家限定性选修课程和校本研发的选修课程。这两个层次的课程旨在实现身心健康、学力扎实的培养目标。“蝴蝶”的“二角”课程为提升学生精神生命的高度服务，是面向个体学生的特色选修课程，为个别在某方面有特长的学生而准备，帮助学生不断超越自己、超越他人，发挥自身特长和生命潜能，多为特长类、学术类选修课程。详见《蛹化成蝶，成就生命——宁波市鄞州高级中学课程建设方案》，http：//www.nbyg.net/nbygv1/guest/info_content.php？id=36404。

学Ⅴ等）进行设计，以适用于不同发展需求的学生群体。同时，针对那些更具潜质和学有余力的学生，该数学科会向上拓展、延伸出微积分、线性代数等大学先修课程、高端项目研究课程。而向下则会延伸出援助课程等。[①] 无疑，这种面向学生个体的“课程分层”设计理念与思路，既强化了学生基础知识与基本技能的掌握，也很好地满足了学生高端发展的需要，真正实现了个性化、特色化、“特需性”的课程供给。

第三，实现多样化的学科课程再造。学校课程供给的变革并不一定非得要“无中生有”，从零基础、零起点处再开发一些课程，而需要转换供给的理念与思路，即可以从现有的学科课程建设中寻求新的突破和创新。关于此种尝试与改变，珠海市二十一小学的改革实践足以借鉴。为给课程供给输入新鲜血液，二十一小学从学生学科素养出发，并结合学生不同的个性需要和学习兴趣，对现行的学科课程进行了校本化改造。而今，该校的学科课程再造已形成多样化的态势：音乐学科再造了街舞课程，美术学科再造了树叶画课程，体育学科再造了 2+X 课程，语文学科再造了童话课程，英语学科再造了晨曦英语口语课程，数学学科再造了思维导图课程。[②] 无疑，这种课程再造变革形塑了学科课程的新样态，构筑了更为细化、更具特色的课程群，极大地满足了孩子们个性化的学习需求，进而从整体上提升了他们的综合素养。

第四，借助外脑打造“特供”类课程。高中学校的课程供给不能仅局限于从学校内部发力，而是要积极寻求外脑，盘活社会、高校、企业、社会文化机构等多种供给力量，并在结合自身实际情况的基础上，打造相关高端、“特供类”课程，进而提升有效供给能力。在我们看来，这类课程完全可以突破学校教育的范畴，引入与高中学生未来人生发展息息相关的各类教育资源，如人生信仰、社会变革、生死哲学、创新创业、环境保护等议题均可纳入。如北京市第三十五中学，为应对未来社会对科技人才的需求，积极与中科院联手创办了“科技创新人才培养班”。其中，为该班打造的“特供类”课程——“中科院课程”，颇具特色与创新。该课程通过邀请科学家讲解最新的科技前沿和热点问

① 赖配根：《寻找教育家办学的 DNA——北京市十一学校办学实践探访》，《未来教育家》2014 年第 10 期。

② 陈水夏：《办适合的教育：从课程供给的变革开始》，《中小学德育》2016 年第 10 期。

题，或通过走进中科院国家重点实验室参观实践，以及利用寒暑假参与国内外的科学考察活动等多种方式，开拓了学生的科学视野，调动了学生的科学兴趣。此种课程供给，无疑使校外力量成了学校课程供给的活水源头，进而真正实现了基础教育课程与科技教育课程的深度融合和创生。①

第五，精准适切学生内在的专业性向。深化普通高中课程改革的最突出特点是强调选择性，即要“把更多的课程学习选择权交给学生，把更多的课程开发选择权交给老师，把更多的课程设置选择权交给学校”。② 课程是学校特色化发展的重要载体与物质条件。没有了课程的特色化，也就无所谓学校办学理念、教育教学的特色化。为保证学生选择权的实现，学校须精准适切学生内在的专业性向，进而开设丰富多样的课程以供学生选择。这样，学校开发或选用适合本校学生的特色化课程的出现，也就极大充实了原有的学校课程体系。虽然学生的内在个性特点、专业性向和发展潜力总是外化于学生的行为表现，但深刻把握学生内在的专业性向，开发出契合学生内在专业性向的课程仍离不开学校、教师和学生个体的协同对话及共同努力。首先，教师和学校要扮演好促进者、帮助者、引导者和服务者的角色，在实际学习情境中给予学生更多选择的机会，从学生的实际发展需求出发，引导、激励、帮助学生进行课程选择，在参与学生选择的过程中进一步明晰学生内在的个性特征和专业性向，进而为适切性的课程管理与开发提供参考和依据。所以，无论是学校的课程设置还是教师的课程开发都要将学生需要与社会需要相结合，学校分层分类的课程供给更是要深刻把握学生内在的专业性向，唯有此，才能开发出适合学生并满足其个性化需求的课程类型，实现学校课程的适切性供给。其次，学生也要厘清其在课程学习中的主体性角色，强化自我的课程选择意识，树立起良好的价值取向，在课程选择和日常的学习活动中对自我的兴趣爱好、个性特长、发展潜力、发展方向及理想目标等形成清醒认识，在明晰自我专业性向的基础上进行课程选择，在实现自我发展的同时为教师和学校提供关于自我专业性向

① 朱建民：《深化课程改革　提供多元供给　奠基个性发展——北京市第三十五中学基于学生差异的课程改革实践》，《基础教育参考》2013 年第 1 期。

② 刘希平：《把更多课程学习选择权交给学生》，《中国教育报》2012 年 7 月 14 日。

的有效信息，进而实现学校课程的适切性供给。

第六，进一步提升教师的课程供给意识。任何课程改革目标的实现都需要教师的理解、参与和实践，没有教师的主动参与和深刻实践就没有真正意义上的课程改革与发展。所以，高中学校的课程供给，在根本上还在于教师要具有良好的课程供给意识以及卓越的课程开发能力。为避免教师的课程创生成为一个漂亮的口号或装饰性标签，就需要不断提升教师的课程供给理解力与洞察力，进而精准辨析、识别和判定不同学生群体的各类诉求与需要，从而使学校的课程建设真正做到“百花齐放”、有的放矢。同时，还要给予教师更多的教育资源支持，使教师在课堂教学、校本教研以及学生管理的过程中，持续强化课程供给的学理意识和价值意识，不断提升课程供给的精准性、针对性和匹配度，最终使学校课程的有效性、丰富性、适切性供给成为一种制度化、规范化、常态化的教育教学实践。

（五）确立“享受式”学习观：提升学生的课程学习力

学习是现代人求得生存进而谋取发展的根本路径和重要策略，尤其对于青少年来说，其决定性的价值与意义更是显而易见。因此，一个人是否具有发达、成熟、稳健的学习力已成为其能否适应当下社会生活，所不可或缺的核心素质、素养和品质。而学习作为一种独特的文化性实践活动，其学生学习力的提升、增强与振拔必然和关于学习的文化信念、价值观念与思维范型（即学习观）有着最为紧密的关联。基于此，笔者借用怀特海过程哲学中的“享受”（enjoyment）概念，分别探讨了苦楚式学习观和“享受式”学习观给学生的课程学习力带来的不同“学习效能”（learning effectiveness），并进而提出促进学生课程学习力提升的有效路径，希冀这些讨论能对当前的基础教育课程改革有所裨益。

（1）苦楚式学习观念下的学生课程学习力积弱

苦楚学习观念，又可被称为“苦行僧式的学习文化观”。在我们传统的思想观念和思维定式中，学习被定性定位为一种极为艰苦、辛酸、悲凄且困难重重的“劳作”过程。学习者要想达致学习的成功或追求最优化的学业成绩，不仅需要承受巨大的身体痛苦（即要“饿其体肤”

“空乏其身”，实在不行还要“废寝忘食”“头悬梁、锥刺股”），还要努力忍受沉重的心灵伤痛（即要“苦其心志”，要“吃苦耐劳”）。这样，学习者无不从内心深处遵循“苦战能过关”的学习信条，认为只要克己苦学，下尽“苦功”，吃尽“苦头”，就能在激烈的竞争中胜出。因为“不受苦中苦，难得甜中甜”，因为“宝剑锋从磨砺出，梅花香自苦寒来”。[①]

学习者对“苦学”信条的恪守与服膺，必然导致其对“苦学”路径的遵从和依赖。此两者相互“促进”、彼此“强化”，也就共同触动、诱发了学习者对学习的抵触和排斥情绪，从而造成学生学习意义的失落、扭曲与异化。这样，在学习过程中，学习者往往采用机械重复、死记硬背、题海战术的方式去占有尽可能多的知识，而不问这种知识对于我们自身而言究竟有什么样的教育学价值和意义。怀特海曾对这种现象作出严厉的批评，在他看来，学生可以“理解所有关于太阳的知识，所有关于空气的知识和所有关于地球旋转的知识”，但“看不到日落的光辉”。[②] 可见，“苦学”路径的铺设并没有为学习者带来理智上的自由、愉悦以及心灵上的安宁和慰藉，相反，却诱使其滑向了“应试教育”的困境与深渊。在此沉重的学习氛围中，学生普遍呈现出来的厌恶学习、害怕学习、逃避学习现象也就在情理之中了。更为可怕的是，我们对这种僵化、呆滞、垂死的“苦学”信条与路径不仅缺乏足量的批判精神和反思意识，相反，我们却像宗教徒崇拜自己心中的“上帝”那样对其深信不疑，认为唯有“寒窗苦读”“刻苦向学”才能苦尽甘来。由此，我们也就只能“青灯黄卷苦作伴”“学海无涯苦作舟”了。

那么，为什么会形成这种“苦学”信条，而非“乐学”精神呢？在我们看来，这在很大程度上源于我们受制于“心理主义的学习本质观”规约以及“功利主义的学习价值观”束缚所致。“学习的异化现象究其根源大致包括：一、心理主义的学习本质观：认为学习是受客观规律支配的心理现象，只要遵循心理学的教导，把学习变成一套技术操作程序或心智技能规则并遵循之，即可实现任何学习目的；二、功利主义

① 郝德永：《学习的快乐境界及其实现路径——评〈学习的快乐——走向对话〉》，《教育发展研究》2005 年第 15 期。

② ［美］多尔：《后现代课程观》，王红宇译，教育科学出版社 2000 年版，第 212 页。

的学习价值观：为考试而学，为社会升迁而学，至于学习的内在价值则无足轻重。”[①] 这里，除却张华教授的分析之外，我们亦可从我国根深蒂固的学习文化传统中寻得病灶所在。众所周知，我国曾是一个被专制王权统治数千年的封建国家，统治阶级为维护自身的统治需要，便不惜一切代价笼络天下英才为我所用，并许诺高官厚禄、金钱美女。所谓“书中自有黄金屋”“书中自有颜如玉”“书中自有千钟粟”便是明证。因此，为获得这种“奖励性回报”，莘莘学子无不趋之若鹜。即使面临再大的学习困难，遭受再大的学习痛苦，这些与光明的未来相比，又能算得了什么呢？正是基于对此“生计”原则的考量与选择，使得“苦学”信条得以迅速“深入人心”，成为人人“向学”的心理基础和精神支柱。事实上，这种对外在功利性目标的追逐与渴求并不能使学习者真正体悟进而感受到学习的内在价值、魅力和幸福。相反，它成了学习者内心无法摆脱的隐形枷锁。学习进程中的挫折、学习外在环境的恶化，以及学习者心态的失衡，都会诱使学习者丧失最基本的学习激情和使命感，进而“陷入最可怕的精神空虚的痛苦煎熬之中”，其学习力的贫困和积弱也就不言自明了。

在我们看来，人类的学习行为固然离不开勤奋、坚韧、刻苦、恒心、忍耐等学习品质与精神，但苦学绝非是学习的内在逻辑和法则。浸淫于此种苦楚式学习观念，学习变得十分的枯燥、无聊、乏味和机械，成了一种折磨、压抑、强迫、规训学习者的苦差事。美国学者霍尔对此苦楚学习文化观有着更为明确的描述：“学习就是人成长、成熟和进化的方式。不知怎么的，我们美国人把人类活动中最给人报偿的一种活动，变成了一种令人痛苦、使人生厌、枯燥无味、肢解割裂、精神萎靡、心灵萎缩的经验。”[②] 因此，在新时期，我们需对这种传统的苦楚式学习观发起最根本的冲击、解构和挑战，进而为人类的学习行为开辟新的“享受”、快乐境界。

（2）过程哲学的“享受”概念及“享受式”学习观

在过程哲学理论体系中，怀特海经常使用“享受”这个语词，并认为此语词比“过程”更具有启发性和生命力。“在过程教育哲学中，创

① 张华：《学习哲学论》，《全球教育展望》2010 年第 6 期。

② ［美］霍尔：《超越文化》，韩海深译，重庆出版社 1990 年版，第 258 页。

造、历险、享受和自由是密切相关、不可分割的。创造性教育的过程同时也是进行历险、增进享受和获得自由的过程。在怀特海看来，教育作为一种创造性活动，绝不是一个机械的、被动的、往行李箱里装物品的过程，它充满了历险、享受和自由。”① 在他看来，一切现实存在物都具有享受的内在秉性、特征与旨趣，其享受的过程即是一种审美、创造、历险的过程。过程的所有单位（无论是在人的层次上还是在电子的层次上）都是以享受为特征的，都具有内在的价值，因而是一种自在自为的实在。这是因为缺乏享受，乃是纯客体的标志。而所有的经验都是享受，成为现实的，同时也就是成为一种经验际遇，因而成为一种享受际遇。② 而对于活生生、有生命力的万事万物而言，享受更是具有本体论的意义。“生命概念蕴含着自我享受的某种确定的绝对性。……生命蕴含着由这个纳入过程产生的绝对的、个体的自我享受。”③ “生命的特征是绝对的自我享受、创造活动和目的。在此，‘目的’显然包含了接受纯粹理想的东西，使之成为创造过程的指导。享受也属于过程，而不是任何一种静止的结果的特征。目的就是达到属于这种过程的享受。”④ 自然，人类的教育教学活动、学习文化观念以及学生学习行为都应当成为一种享受、审美和探险。诚如有学者所指出的那样：“怀特海认为，人的生命不能解释为单纯的生存竞争，还应当包括日益强烈的感觉或自我享受。他主张并相信，通过审美添加和理智添加能够使人获得这种自我享受的更大自由。因为只有来自生命内在的情感动力才从根本上支持人完成学习过程的不断提升和整合。”⑤

根植于此种哲学理念，我们认为，“享受式”学习观即是认为学习的过程就是享受的过程，它不以外在的世俗功利价值为根本旨趣和追求，而是在充分感受学习魅力的同时，以对智慧的求索作为人生的最高慰藉。“人生活在现实世界中有许多事情可以做，在所能想到的事情当

---

① 曲跃厚、王治河：《走向一种后现代教育哲学——怀特海的过程教育哲学》，《哲学研究》2004 年第 5 期。

② 曲跃厚：《怀特海哲学若干术语简释》，《世界哲学》2003 年第 1 期。

③ ［英］怀特海：《思维方式》，刘放桐译，商务印书馆 2016 年版，第 138 页。

④ 同上书，第 140 页。

⑤ 朱小蔓：《整合教育学习模式：对教育的另一种理解》，《中国教育报》2005 年 9 月 23 日。

中，求知是最令人激动的，是一种比从政、经商或其他事情更能带来自由与幸福、更能展现人的创造力与人性品质的文化活动。这种学习文化无疑一直延续到了今天，在各种充满热情、兴趣及使命感的学习经验中依然可以看到它的精神火花，而且它仍将引导未来的学习者超越制度与功利的限制来建构自己的永无止境的学习生活，塑造一代又一代的‘爱智者’。”① 在此“享受式”学习观念的映照之下，人类的学习行为呈现出鲜明的内在满足性、精神超越性和自主反思性的品质、逻辑与旨趣。

第一，学习是一种“最高级的娱乐”。学习是一种内在满足。“享受式”的学习绝不是享乐，沉醉于声色犬马之中，而是一种遭遇到巨大困扰或困惑的心灵，经过思想与思想的沟通、交流和对话，而逐渐得以澄明与敞开的纯粹性内在满足。它不止于学习者习得某种实用性技能后的成就感，更为重要的是，它触动了学习者的心灵与情愫，使其感受到了理智思考的美好和超越，进而也就极大丰富与充实了学习者的精神世界。“学习的魅力足以使那些真正走进它的人把它看成是人类的文化活动，而且是一种最能给人带来快乐的文化活动，通过这种活动，学习者能够将自身的创造力与优秀品质尽情释放出来，成就一种其他活动难以获得的自由与幸福。”② 因此，学习对于真心向学、矢志探求真理的人来说，的确是一种莫大的享受。这里，学习成了一种“最高级的娱乐”，成了一种最为纯粹的精神快乐，成了一种人之为人最有价值、最值得过的生活方式。

第二，学习是一种精神性超越。受本质主义知识论的宰制与规约，我们往往将知识理解、定位为是一套等待传递、灌输的真理化的“符号体系”。教师的职业使命在于“传道、授业、解惑”，学生的作为在于要机械接受、硬性服膺现行的理论观点和解释框架，而不能有任何的发挥、想象与创造。“标准答案”早已被预设，且具有唯一性和“权威性”。与此不符，就只能被打上“错误”的标签，接受“理所当然”的惩罚。很明显，这种学习行为丧失了学习自身的超越性品性、旨趣与逻辑，不具有辩护性。在探寻真理、揭示世界奥秘的征途中，人类的学习行为充满了多种多样的可能性、随机性和不确定性。它之所以充满了迷

① 周勇：《学习文化研究与教师的专业生活挑战》，《全球教育展望》2006 年第 11 期。
② 同上。

人的魅力，是在于它不是在一次又一次地重复人类的探索之路，而在于凭借已有的探索基础和经验，并在融汇学习者个人智慧与想象力的基础上，进而生发出来的历险之旅和创造之花。“真正的学习，涉及人之所以为人此一意义的核心。透过学习，我们重新创造自我。透过学习，我们能够做到从未能做到的事情，重新认识这个世界及我们跟它的关系，以及扩展创造未来的能量。”[①] 因此，学习是一种智力突破和精神超越，学习之路就是学习者不断开拓、进取、变革与创新的拓荒之路。

第三，学习是一种自主性反思。在苦楚式学习观念中，学习等同于记忆、背诵、默写与复述。这其中没有学习者的思考、质疑、反问和批判，也就是说，“学习者只能认同、服从教育者信条，并按照教育者的要求进行学习。对于为什么学、学什么、怎么学等问题，学习者没有决定权，甚至没有发言权”。[②] 事实上，“学而不思则罔，思而不学则殆”，孔子早在两千多年前就明确指出了学习与思考之间的辩证关系。学习是思考的前提和基础，而思考对新一轮的学习催生新的动力。此两者彼此促进、相互支援。因此，若将学习看作一种对知识材料的机械加工与硬性记忆，也就严重消解和祛除了学习的反思性品质与逻辑，难入学习世界的堂奥了。

在此“享受式”学习观念的熏染下，学习者逐渐形成了一种“学习者精神”。即使学习者具有了虚心学习的意向、明确的志向与坚强的意志，以及诚、敬、专一的学习心态等精神品质。[③] 这样，学习者普遍“敏而好学”，并“学而不厌”，其学习力的丰富和充盈也就自然而然了。

（3）基于“享受式”学习观的学生课程学习力提升

既然学习是一种充满理智之乐的精神历险之旅，那么，基于此“享受式”学习观念，我们该如何提升学生的课程学习力，进而增强其学业成就呢？在我们看来，学生课程学习力的提升绝非是学习者一人之力所能为，而是需要借助各方力量来共同作用的结果。下面我们就分别从我国乐学思想生命力的释放、儿童兴趣取向课程教学观的构筑、教师专业引领作用的发挥、学生学习方式的转换等维度来探究学生课程学习力提

① ［美］彼得·圣吉：《第五项修炼——学习型组织的艺术与实务》，郭进隆译，上海三联书店1998年版，第14页。

② 郝德永：《快乐学习：愿景与路径》，《全球教育展望》2006年第7期。

③ 徐建培、王有升：《“学习者精神”的历史文化之维》，《教育研究》2009年第11期。

升的有效路径。

第一，释放我国乐学思想的生命力。提升学生学习力的认识论前提是合理确证学习概念的意蕴、内涵与张力。在传统的教育教学实践中，由于对学习概念的误读或误判，已造成学生学习行为的机械、无序和混乱。因此，立足于“享受”学习文化观视野，重建学习概念的快乐逻辑，是摆在我们面前的重大课题与使命。事实上，在我国悠久的学习文化传统中，除了存有苦楚式学习文化观之外，还有十分深厚、浓郁的乐学思想积淀。如在《论语》中有“学而时习之，不亦说乎”“知之者不如好之者，好之者不如乐之者”的乐学定位；在《学记》中有“不兴其艺，不能乐学”的乐学方法阐释；在明代王艮的《乐学歌》中，更是主张将学习与快乐“等价齐观”：“乐是乐此学，学是学此乐；不乐不是学，不学不是乐；乐便然后学，学便然后乐。乐是学，学是乐。呜呼！天下之乐，何如此学！天下之学，何如此乐！”（《王心斋语录》），将乐学思想发挥得淋漓尽致。综而论之，我国的乐学思想是建基于中国儒家学者“乐”的境界文化和人生哲学之上的，其“乐”是“著于心”的“内乐”或“本心之乐”，其“学”是基于“知之”“好之”上的“己有之物”“自得之学”。[①] 可见，古代中国很早就出现了快乐学习的思想萌芽，其之所以未能在中国教育场域中蓬勃发展，并形成一种广泛的学习思想共识和制度化的教育实践，实与学校教育所面临的极其残酷的外在竞争压力，以及学习者对种种功利性目标的迫切追逐相关。因此，在新时期，为合理确证学习概念的快乐意蕴、张力与逻辑，我们需进一步挖掘深藏于我们自身学习文化传统中的乐学思想，积极释放我国乐学思想的生命力和想象力，进而从享受、对话、探究、反思、关系、际遇的视角来体认、理解人类的学习本质，努力使学生在此乐学的文化氛围中涵濡浸渍，从而养成“趣学”“好学”“爱学”的行为习惯和精神品质，并为基础学校开展有针对性的、高效能的学习活动提供必要的知识基础和思想共识。

第二，构筑以儿童兴趣为取向的课程教学观。教育改革的根本任务和核心环节是课程与教学改革。如果我们在课程设置和教学实施等方面，没有充分考虑到学习者的学习兴趣、爱好、倾向、需要与诉求的

① 郭戈：《我国的乐学思想传统》，《课程·教材·教法》2014 年第 5 期。

话，那么，我们所期盼的提升学生学习力的愿景也就无法实现了。“兴趣是学生求知的内在动力和愉快学习的诱因，这种状态下教学效果最佳；兴趣是牢固掌握知识和提升学业成绩的保障，对智能发展作用巨大；兴趣维持长久注意，可促进学生努力训练；兴趣具有德育价值，是促进个性全面发展的要素；兴趣推动自我终身学习，对成功成才也具有特殊意义等。”① 因此，在新课程改革背景下，我们需构筑、确立以儿童兴趣为价值取向的课程与教学观念。首先，“加强课程内容与学生生活以及现代社会和科技发展的联系”，充分考量各种学习材料、实践活动的兴趣价值，进而把儿童兴趣作为课程知识选择和教材编撰的主要依据。这样也就祛除了传统学校课程严重脱离儿童日常生活世界与兴趣爱好的流弊和症结，具有显著的教育学价值与意义。其次，立足于“兴趣原则”开展教学活动。真正高效能的教学活动并不是教师线性、单向度地传递知识，进而让学生无休止地记忆和背诵，而是通过采取尽可能多的方式方法来充分调动学生学习的主动性、能动性和创造性，不断激发学生的学习兴趣与求知欲望，从而使学习成为学生内心畅快和愉悦的事。无疑，它对学生学习力提升的促进作用是不言而喻的。

第三，借助教师专业引领形成卓越学习力。学生学习力的提升离不开高水平教师的专业指导、帮助和引领。在当下的课程改革语境中，“繁、难、偏、旧”是我们对传统教育内容的官方化定性与判词。针对此症结，我们较多采取“回归基础”、削减教育内容、降低学术水准等作法来机械适应、迎合学生的学习力水平。这种改革思路固然无可厚非，且有其适存的合理性所在，但其无助于形成学生卓越学习力的缺陷与局限亦广遭诟病。对此，著名课程学者佐藤学指出：“‘学力’并不是靠单纯的累积形成的，而是借助高端引领才得以形成的。……‘学力’的形成并不是基于自己理解的水准，而是通过同教师与同学的沟通，认知自己当下的理解水准下并不理解的事物，并把它加以‘内化’的结果。在学习中需要的，并不是在儿童不理解的时候，先降低程度再自下而上地提升，而是通过伙伴与教师的帮助，模仿理解事物的方法并加以‘内化’。学习是需要‘冲刺’与‘挑战’的。”② 可见，卓越、

① 郭戈：《关于兴趣教学原则的若干思考》，《教育研究》2012 年第 3 期。

② ［日］佐藤学：《叩问“学力”》，《全球教育展望》2010 年第 6 期。

高品质学习力的形成非单纯降低教育内容“难度”所能为，而是需要借助教师的专业指导以及同学们之间的彼此帮助——即诉诸高端引领，才能得以实现与达成。因此，在具体的教学实践活动中，教师应适时给予学习者一定的“冲刺”与“挑战”，努力让其感受到理智上的“挑衅”以激发其学习斗志，进而为形成卓越学习力创造机缘与条件。

第四，促进学生建立协同性的学习方式。学生学习方式的转换与重建是学生学习力提升的根本路径之一。在传统的学习思想观念中，学生学习常恪守某种“个人主义”信条，排斥与他人的沟通、交流和对话。这其实是一种自我隔绝、自我封闭、自我孤立式的学习方式，从而造成学习活动的僵化、呆滞和单向度。在新时期，随着对人类学习行为认识的不断深化，人们的学习观念已发生了重大转换与嬗变。基于布鲁纳的文化心理学视野，“学习的最佳条件是有参与感、有前行经验引导、有社群性、协作性、以意义建构而非意义接收为目的——我们在这些学校中教自然科学、数学和语文等学科，甚至都会比传统的学校更为成功”。[①] 佐藤学更是将学习看作一种基于“享受原则”的对话性实践。“学习是相遇与对话，是与客观世界对话（文化性实践）、与他人对话（社会性实践）、与自我对话（反思性实践）的三位一体的活动。真正的学习是一种对话与修炼的过程。……学习是从已知世界出发，探索未知世界之旅；是超越既有的经验与能力，形成新的经验与能力的一种挑战。”[②] “学习是一种从已知世界到未知世界的旅程。在这个旅程中，学习者与新的世界、新的他人、新的自身相遇与对话。因此，学习成为了一种对话性实践。”[③] 可见，人类学习行为的内在逻辑已得以重塑或重构，真正高效能的学习方式应当是协同性、对话式、合作性的学习方式。因此，在新的时代背景下，为促进学生学习力的提升，我们需驱动学生完成学习方式的转换与重建，即要把学习中的“个人主义”给予“彻底的社会化”（布鲁纳语），进而建立开放、互助型的“学习共同

① ［美］布鲁纳：《布鲁纳教育文化观》，宋文里、黄小鹏译，首都师范大学出版社 2012 年版，第 205 页。

② 曾国华、于莉莉：《专访佐藤学：“学习是相遇与对话”》，《中小学管理》2013 年第 1 期。

③ ［日］佐藤学：《学习的快乐——走向对话》，钟启泉译，教育科学出版社 2004 年版，中译本序页。

体”，最终实现学业成就的增进与提高。

第五，形成认知与情意态度学习能力培养的有效整合。学生的学习探究、发现过程是一个复杂的社会文化实践。其中既有学生的主观认知投入，亦有学生内在的情感态度价值观渗透。因此，其学习力的提升不仅意味着是其认知学习能力的增进，而且意味着是其情意态度学习能力的全面提高。长期以来，由于受传统学习理论的影响和制约，我们“以往只重视培养认知学习的能力而忽视了情意态度学习能力的引导，因此，学习力的生成也往往只偏重于外在学习内容掌握的能力，而忽视了对影响学习内在过程的情意层面的作用。其实情感不仅对学习过程有重要的启发、激励、维持、调控的作用，而且与学习态度的形成、信仰的确立、个性的完善都息息相关。缺乏情感体验的融入，学习将无法在人的心灵中、在人生中留下震撼”。[①] 因此，在新时期，我们对学生学习力的培养与提升，需形成对其认知学习能力和情意态度学习能力培养的有效整合、链接与彼此交融。只有这样，才能规避过于偏重某一方面能力的培养而遗失对其他方面施以关怀的流弊与症结，进而促进学生身心的全面发展和进步。

三 “超越对话”理念下的中国教学文化传统之创造性转化[②]

在全球化的时代语境下，不同教学与课程文化传统的“邂逅”或相

① 吴也显、刁培萼：《课堂文化重建的研究重心：学习力生成的探索》，《课程·教材·教法》2005 年第 1 期。

② 本部分的标题无疑受到了当代美国著名过程哲学大师小约翰·B. 柯布所著《超越对话：走向佛教—基督教的相互转化》一书的强烈启发。在该书中，柯布认为：“在基督教和佛教的对话中，真正合适的关系是走向基督教和佛教的彼此转化。这种对话模式超越了传统的排他模式、兼容模式、多元模式，走向了一种比较模式。”该书已由黄铭译出，于 2008 年由浙江大学出版社出版。特此指出，以示感谢！另外，这里之所以借用林毓生的“创造性转化”（Creative Transformation），而非柯布的“相互转化”（Mutual Transformation）概念，实在于针对任何一种教育文化传统而言，其未来的生命成长必源自于对世界各国优秀教育文化传统之智慧和洞见的吸收与转化，而非局限于某一个国家或地区。若只是“相互用力”，其视野与思路必受其囿。因此，从某种程度上来说，这种创造性转化才是诸多文化传统重获生机与活力的必然归途和“回家之路”。具体请参阅林毓生《中国传统的创造性转化》（增订本），三联书店 2011 年版。另注：本节所说的柯布，也有学者翻译为“科布”，在此均指同一人。为保持文本写作的统一性，故仍采用柯布说法。

遇，以及进而引发的激烈冲突、对峙与分歧，成了束缚、禁锢各国基础教育课程改革持续深化、不断创新的深层焦虑和内在症结。其中，源远流长的中国教学文化传统与灿如夏花的英美课程文化传统的碰撞和交织，构成了当今世界教学与课程文化变革中的一大景观，并在中国这一特殊的教育改革场域中演绎出了两种迥然有异的历史命运。伴随着英美课程文化理念与精神的进一步彰显和强化，我国的教学文化传统不自觉地陷入种种困境与危机之中。那么，在新时期，该如何摆正、处理好两者之间的内在张力与关系？中国教学文化传统该如何作为与努力才能重构或重塑自我，进而不断激发自身的智慧、想象与潜能呢？进而，两种不同的文化传统是基于两者的异质性品质而“彼此排斥”，还是恪守多元论立场而“各自安好”，抑或是积极分享、吸纳双方最好的慧识与洞见而“相互转化”，对于我们而言，究竟选择哪一条进路，值得每一位教育研究者体察、深思和反省。借助著名过程哲学家柯布“超越对话”（Beyond Dialogue）的思想理念，在我们看来，中国教学文化传统应与涵括英美课程文化传统在内的，世界上所有优秀教育文化传统展开一种新型的平等开放的对话，并在超越对话的基础上实现自身的创造性转化。唯有此，中国教学文化传统才能真正促使自身不断改造与更新，实现“脱胎换骨”或“涅槃重生”，最终走向“文化自觉”意义上的自主、解放和新生。

（一）柯布“超越对话”理念的多重意义

超越对话理念的提出绝非空穴来风，它根植于当今世界两大宗教传统——佛教和基督教——所展开的深度对话实践中。其中，日本宗教领袖阿部正雄与过程哲学大师小约翰·柯布的对话特别引人注目。柯布认为，作为世上伟大精神力量代表的佛教和基督教，为规避自身的精神衰落以及扬弃种种偏颇、狭隘、顽固的思想观念，两者需进行真诚、坦荡、开放的沟通、协商、交流与对话。但停滞于对话仍是不够的，两者还需要超越对话，进而在相互学习、理解和借鉴中实现创造性的相互转化。那么，什么是超越对话呢？在柯布看来，超越对话具有以下多重意义。①

① 另请参阅黄铭《过程思想及其后现代效应——柯布神学思想研究》，宗教文化出版社2010年版，第134—140页。

第一，超越对话并非贬抑对话。对话是双方相互了解、彼此认识，进而互通有无、增强互信、共享真理与智慧的基本路径和必要手段。只有借助、凭依对话，而非相互排斥或敌视，才能使对话者真正体认、领悟到各自的思想观念、价值旨趣和学术洞察。它是我们实现超越对话愿景的根本前提与重要基础。“正是通过对话我们才能超越对话。但是，那种不想超越自身的对话会变得呆滞。通过对话，人们达到相互之间更好地理解，并学会更好地合作。在对话中，他们甚至可以互相了解彼此的观念和洞察，那将丰富他们各自的思想。”① 可见，超越对话是建立在对话者双方展开平等、友好、和谐对话基础之上的，它并没有贬抑、轻视或忽略对话的意思。相反，若没有此开诚布公、开放性的对话，也就无实质性意义上的超越对话。

第二，“对话必须将自身限制为一种交流”。对话不是说教、不是规训、不是让对方无原则地放弃自己的信仰、观念和立场，进而附庸或皈依自己。它是彼此拓展视野、增强认识、加深交流、共享体验和智慧的窗口，而非是“转变对方让其皈依”，在本质上这是一种关注、聆听与容纳，是对“他者”的敞开和接受，是对另类话语的欣赏与拥抱。“对话首要条件之……是承诺其他人信仰的必要性。要不是我们被对话伙伴所持的信仰立场认真地加以试验并受其挑战和诱惑，那么对话就没涌现出其他有意义的东西。”② 因此，如果说参与对话，就是为了让对方无条件地服膺“我的”观点或主张，且不能加以质疑、反驳和批判的话，那么，这种对话也就只能是一种形式上的对话，或者说是一种“霸权式”对话，也就失去其适存的必要与空间了。所以，超越对话意在规避对话沦为一种盲从和皈依。正如柯布所说：“对话必须将自身限制为一种交流，而非试图去实现自己更深的目的！正确地说，这正是我们必须超越对话的理由”。③

第三，真正的对话是“活生生的个体相遇”。在柯布看来，传统思想家的对话实质上是一种“文本”对话。因为他们过多倚重的研究对

---

① ［美］柯布：《超越对话：走向佛教—基督教的相互转化》，黄铭译，浙江大学出版社2008年版，“前言”第2页。

② 同上书，第27页。

③ 同上书，“前言”第2页。

象是文本，而文本是静止的、僵死的，缺乏流动性和鲜活性。因此，真正有意义与富有成效的对话必然是超越了这种“文本”对话，是对话者“活生生的个体相遇”，是他们在探寻真理的道路上，不断地审视、体悟、学习其他道路上探险者的社会经验与生存智慧，而渐走向“视域融合”的过程。“在一种重要的意义上，学者研究的文本是静止的，相反，在一次成功的对话中，对话的双方都在进行思想上的更新。由于更有效地参与对话的需要，因对话而激起的对传统的研究将会存在于当前的活动之中。”① 所以，在有效消解“文本”对话的封闭和局囿方面，我们必须超越对话。

第四，超越对话是促使双方相互转变的过程。如果说对话是一种交流、分享与互动，那么超越对话就是一种促使双方摒弃自身的狭隘、武断与偏见，而努力相互转变或转化的有机过程。“真正的对话定会引起双方的相互转变。因为一方从对方那里听到了自己所缺乏的真理，而这种真理有可能为自身摆脱困境打开了一个新的空间。当然，发现这种真理并化为己有只有通过真诚对话达到深度理解之后才有可能。”② 通过深度对话，我们必然能发现蕴藏在其他文化传统中的智慧与洞见，而它们无疑能拓宽我们的学术视野，加深我们对事物本质的认识。这样，通过汲取、融汇、整合他们的智慧、成就与洞察，我们优化了知识结构，增进了学术积累，进而也就转变或改造了我们自身。从某种程度上来说，它是对长期束缚、禁锢着我们思想观念之“教条的态度”的拒斥和反叛。“教条的态度预先拒绝了审查或证明与其所持信仰有关的东西。无论在什么观点上，教条的态度都阻碍了对话。确切地说，它反映了自身缺乏真实的信念，并被权威主义体系所代替。”③ 因此，超越对话的目的在于引发双方的思想嬗变与更新，其终极关怀是为了转变和成长。所以，我们要在努力促成人们平等、坦率、真诚、开放、对话的基础上实现超越对话，并完成一种既摒弃绝对主义、独断主义、霸权主义，又规避某种相对主义的相互转化。

---

① ［美］柯布：《超越对话：走向佛教—基督教的相互转化》，黄铭译，浙江大学出版社2008年版，“前言”第4页。

② 同上书，译后记。

③ 同上书，第43页。

综上可见，所谓的超越对话，其实是一种“转化式”对话，抑或说是一种“摄入式”（prehension）对话。它不是让对话者双方仅去“见证”彼此的真理与智慧，而是要通过借力这种真理与智慧来为“我”所用，增益“我”所不能，进而转变我们自身。所以，“最好的对话发生在对话伙伴内心深处确信了许多事物的时候。对真理最好的探讨不是通过去除信念而是让强烈的信念接受批评之光的照耀。当一个人达到真正的确信时，他并不害怕这样的批评，并预期这些批评将很大地改变其所持的信仰”。[①] 针对当下的中国教学文化传统变革而言，这一哲学理念能给我们带来哪些思考、助益与启示呢？在我们看来，它可以有效解决在全球化语境下，中国教学文化传统与其他教育文化传统之间的存在张力以及未来发展问题。诚如钟启泉、张华教授在第一次世界课程大会上所问：“我们如何在东方课程智慧和西方课程理论之间创造出对话的可能性，并且形成一种富有活力的关系？”[②] 那么，其可能的出路之一便是，在世界诸多教育文化传统日趋交会和融合的现时代，我们应在澄清、厘定中国教学文化传统之内在流弊和症结的思想前提下，通过展开平等对话，并实现超越对话的基础上，最终完成自身的创造性转化，进而迈向更圆融、更美好的未来。[③]

（二）中国教学文化传统的内在流弊及表征

一个国家或民族是形成某种教学文化传统还是课程文化传统，或者说形成什么样的教学文化传统和课程文化传统，实与其绵延百代的哲学理念、文化信仰、社会制度、思维范型以及行为方式密切相关。针对我

---

① ［美］柯布：《超越对话：走向佛教—基督教的相互转化》，黄铭译，浙江大学出版社2008年版，第43页。

② ［美］派纳：《构建连接中国和北美课程研究的桥梁》，《全球教育展望》2004年第1期。

③ 注：这里，我们还需澄清“传统教育”与“教育传统”这两个不同的概念。有学者认为，“传统教育”是指过去历史上流传过的、在当时占统治地位的教育。如按人类的文明进程来分，它可分为原始时期的教育、古代时期的教育和近代时期的教育。而“教育传统”则是指从过去教育上流传下来的并在现实的教育中还有影响的某种教育理论、观点、方法、制度等。它既有正面因素，也有负面因素。因此，我们所要做的就是要切实克服负面因素，批判地吸收、利用正面因素。所以，针对“保传统”与“反传统”的看法都是片面的，我们应该提“化传统”。这就是创造性地转化传统，以满足当下教育发展的现实需要和多元诉求。这亦是本文的基本观点与学术态度。具体请参阅李兆良《浅谈传统教育与教育传统》，《河南师范大学》（哲学社会科学版）1988年第3期。

国教育文化实践而言，我们形成的是教学文化传统而非课程文化传统。如在杨启亮看来，“我们之所以拥有教学传统而不是课程传统，是因为我们有过漫长的封建制时期和超稳定的制度化课程，而我国的古代课程多数是圣人编撰的经典，还具有深在的国家权力控制特征，由此就积淀成了中国教师以传道授业解惑为本分的尊课程重教学的传统”。[①] 根据他的分析，我国教学文化传统是“以儒学为主导主流，它对中国教学的影响已经形成深厚的文化积淀，成为中国教学的一种不以个人意志为转移的内在精神，这种精神主要表现为重视教学目的论的社会价值、重视直观理性的思维方式、重视教学目标的具体化如规范、知识、技能等。……这种精神体现于制度化教学、规范性知识技能教学、教学之微观技艺与方法中也会有鲜活的生命力”。[②] 杨启亮先生对我国教学文化传统的肯定、拥护与褒扬是溢于言表的，但他也同时指出，“在自然科学教学、在科学技术创新与素质教育中，这种传统的局限性必然体现出来”。我们认为，我国教学文化传统的这种“局限性”与症结正是需要创造性转化的地方，[③] 它具体表现在以下几个方面。

第一，圣经式尊崇课程传统的内在封闭。诚如杨启亮先生所分析的那样，我国所形成的制度化的课程系统具有超强的稳定性特征和深度的控制性逻辑，由此积淀而成的是一种圣经式尊崇课程的教学文化传统。如孔子所整理、编撰的《诗》《书》《礼》《易》《乐》《春秋》等课程，就长期垄断着学校教育的核心资源，进而被历代统治者视为全天下学子所必须研习的经典，它成了唯一的、不容置疑的官方性知识和“法定文化”的忠实象征，因而具有绝对的权威性和“至上性”。这样，在我国的教学文化传统中，也就只有“法定课程”“官方课程”和“制度化课程”，而没有“师定课程”“校本课程”与“非制度化课程”的存在土壤和空间了。事实上，这种“集权”的课程早已蜕变成了统治阶

① 杨启亮：《守护家园：课程与教学变革的本土化》，《教育研究》2007 年第 9 期。

② 杨启亮：《儒、墨、道教学传统比较及其对现代教学的启示》，《南京师大学报》（社会科学版）2002 年第 4 期。

③ 注：这里，需要明确的是，我国的教学文化传统源远流长、博大精深，具有不可估量的教育学价值与意义。但正如任何一种教育文化传统都有其难以规避的流弊和症结一样，我国的教学文化传统亦存在诸多历史的局限与不足。限于本文主旨和篇幅，这里只阐述其有待转化、改造或提升之处，而对其特征、意蕴与价值的诠释则另文评析。一孔之见，以求教于方家。

级推行教化、实施控制、奴役民众的有效工具和手段了。无疑，这种对官方指定课程的绝对化的圣经式尊崇，也就导致了教师课程开发权利的丧失以及创生意识的弱化，严重摧毁、扼杀了其批判精神和创造能力。此时，教师因被排斥在课程范畴之外而进一步沦为了课程的附庸，其教学实践也无非对课程方案的忠实、线性贯彻和执行，从而消弭了其应有的丰富性、多元性和异质性。对此，杨启亮先生极为敏锐地指出：“中国教师习惯于执行课程，而不是创生课程。这是需要改造的传统”。①

第二，“师道尊严”思想传统中的教师权威。在我国教学文化传统中，教师被视为“道”的重要载体，有着极高的社会地位和无上的权威。《尚书》云：“天佑下民，作之君，作之师”，将君师并称，可见教师受人之尊。荀子说：“言而不称师，谓之畔；教而不称师，谓之倍。倍畔之人，明君不内，朝士大夫遇诸涂不与言”，主张师云亦云，强调学生对教师的绝对服从。以至自汉代以降，“师为上，学为下；师为主，学为从；师为尊，学为卑”的教师观念得以进一步扩散与盛行，并最终确立了我国根深蒂固的“师道尊严”思想传统，形成了教师即为权威者的一种机械和刻板形象。在这种“师道尊严”思想传统中，教师被认为是真理和知识的占有者与传递者，学生只能无条件地服膺于教师的指导或教导，而没有发表自己看法或观点的权利与空间。无疑，这种极度僵化、失衡、扭曲、专制色彩异常浓厚的师生关系严重阻碍了他们在心灵和精神上的交流与对话，也使学生的独立人格无法得以培养，致使其身心的全面发展陷入种种困境之中。对此，胡金平极为深刻地指出：“尊师重教一向被认为是中国教育的传统，但是古代的尊师并不是建立在真正对教师从事的事业尊崇的基础之上的，而是基于‘重道’或报恩的缘故。而且其尊师的要求乃是主张教师对学生拥有绝对的权威，这显然与今天所要求的民主平等的师生观是格格不入的。”②

第三，“考试—选拔”教学评价传统的淘汰逻辑。在我国教育教学实践中，通过考试，进而充分发挥其甄别、分层、选拔与淘汰功能是我国课程与教学评价的根本传统。“以选拔为宗旨的考试则是课程与教学

① 杨启亮：《课程与教学变革中的继承与借鉴》，《教育研究与实验》2007 年第 6 期。

② 胡金平：《教育传统：教育现代化无法割断的联系》，《华东师范大学学报》（教育科学版）2001 年第 2 期。

评价的传统，这种传统贯穿教育全系统，也沉淀于社会、学校、家庭乃至教育的管理者、教师、家长、学生的意识和潜意识之中，新课程改革中的课程评价理论与方法遭遇到的正是这样的传统。"[①] 如果仅从人才流动制度设计的向度来审视此教学评价传统，其尚无可厚非，并有其适存的必要性与合理性。但若从学校教育的终极关怀而言，此"考试—选拔"的教学评价传统也就严重丧失了其应有的教育学价值与意义。在学校教育教学中，诸多被官方认可的法定的、制度化的、学科化的知识通过机械的考试，而被强行填塞、灌输到每一位学生的心灵世界之中，"在强迫性的规训中，学生被权力纳入其许可的知识范围，而其所理解的知识也在他的心头建构了一种控制他的心灵和智慧的权力。对我来说，考试之于学术史来说特别重要的是，当这种知识通过考试和此后的教育不断在人们精神与心智上皴染积淀后，它就成了将来学术研究的基础，使得学术也纳入了统一的框架，被切得方方正正，连一点棱角和毛刺都没有"。[②] 更为严重的是，针对某一重大历史事件，我们的考试不是侧重于考察、分析该事件的前因后果，而是重在"验证"学生是否"回忆"出了早在教科书中给出的标准解释。也就是说，针对某一历史事件，我们早有定论，并且是唯一的、权威的、合法化的解释。任何不同于此种解释的观点都是谬误的。这样，它也就在"不同程度地在代替学生作价值的判断和性质的解释。问题是，判断的标准和解释的依据常常是主流的意识形态，而意识形态偏偏是有时间和空间局限的，当时过境迁，它就不再是知识。"[③] 在此传统中，它视考试为教育教学质量的根本保证，视选拔为最核心的利益诉求，两者"琴瑟和鸣"，彼此强化，以致"成为一种历史的凝结成的稳固的生存方式"，而"不断固化着应试的教育"。正如美国教育学家布卢姆（B. S. Bloom）所说："许多世纪以来，世界各地的教育强调了一种选拔功能，教师与行政人员的许多精力都用于确定在教育计划的每个重要阶段应淘汰的学生。公共教育体系的顶峰被认为是进入或完成大学学程。因此，在 100 个接受正规教育的学生中，只有约 10%的学生被认为是由于天资或教养而能适合高等

① 杨启亮：《制约课程评价改革的几个因素》，《课程·教材·教法》2004 年第 12 期。
② 葛兆光：《画眉深浅入时无——从日本的高考试卷说起》，《读书》1998 年第 11 期。
③ 同上。

教育的严格要求。教育工作者对于教育体系不同阶段所淘汰的90%的学生兴趣极微。”① 无疑，这种“近乎僵化的尖子主义的竞争性的考选文化系统”（杨启亮语）构成了当代诸次课程改革难以取得成功的深层桎梏。“以故，若学校教育改革未能改变考试作为一种生存方式的稳固状态，未能扭转根深蒂固的价值观念与行为方式，未能从根本上变革社会制度，亦即，当教育改革没有触及考试文化这个深藏的暗礁，没有跨越考试文化这道深层的文化桎梏之时，任何改革都难以走出应试教育的怪圈，难以称之为是真正的文化变革”。②

（三）创造性转化的丰富蕴涵及其基点澄清

何谓文化传统的“创造性转化”（creative transformation）？不同的学者有不同的看法、理解和回答。基于此，我们尝试对最具代表性的核心观点作一简要梳理与介绍，以期对此理念有一个相对全面、系统、完整的了解和认识。

根据过程哲学家亨利·尼尔森·魏曼（Henry Nelson Wieman）的说法，创造性转化包含以下几个方面：对大千世界的明确意识；对新旧理念、知识和价值的整合；对世界的理解和鉴赏的扩展；深化创造性转化的共同体内部的关联。③ 尽管此论述并没有明确地指出所谓的创造性转化具体是什么，但从中我们亦可以感受到其对事物与事物之间相互影响、彼此关联之内在本质的强调。美国麦斯里教授借用此理念，阐述了过程哲学思想在课程设置以及课堂教学中的具体运用问题。在他看来，创造性转化是过程哲学的基础，它要求我们开放地倾听他人讲话，逐渐从中获得自己对他们的理念、观点和价值的意识。而以过程哲学为基础的过程教育相信真正的善来自深度的互动，因此，它致力于在教师、学生和教育活动的相关性中进行创造性转化。这一过程是螺旋式的，它包

① ［美］布卢姆等：《教育评价》，邱渊等译，华东师范大学出版社1987年版，第1页。

② 王中男：《考试文化：课程评价改革的深层桎梏》，《华东师范大学学报》（教育科学版）2013年第1期。

③ 鲍伯·麦斯里、尹航：《创造性转化：过程哲学在课程和课堂教学中的运用》，《现代教育管理》2013年第1期。

括了呈现、整合、扩展和深化。[①] 麦斯里教授的这一论述对于我们恰切地理解创造性转化的真谛，以及探寻如何将某种卓越的教育哲学理念转化为具体可操作性的路径，带来了某种积极而有价值的启示。

文化学者林毓生针对“五四”时代激进的反传统文化思潮，提出了“创造性转化”这一概念。在他看来，“那是把一些中国文化传统中的符号与价值系统加以改造，使经过改造的符号与价值系统变成有利于变迁的种子，同时在变迁的过程中继续保持文化的认同”。[②] 针对此命题，有两个基本出发点：“（1）要对中国传统文化做深切的了解，而非教条式的认识。（2）必须深刻明了西方文化的精神及其复杂性。唯有跳出‘误解’的旋涡，才能真正体认到中国新文化的相貌，才可以看出中国新文化的方向。”[③] 由此可见，所谓的创造性转化不是违逆、背叛于对自身文化传统的认同，而是通过对自身文化传统之“真实面相”作最清醒的认识和判断，并对其中的符号与价值系统加以改造之后而形成的

---

① 鲍伯·麦斯里、尹航：《创造性转化：过程哲学在课程和课堂教学中的运用》，《现代教育管理》2013 年第 1 期。

② ［美］林毓生：《中国传统的创造性转化》（增订本），三联书店 2011 年版，第 364 页。另：林毓生先生对此“创造性转化”理念作过多处大体一致的解释和说明。与此类似的表述还有：“一个传统若有很大的转变潜能，在有利的历史适然条件下，传统的符号及价值系统经过重新的解释与建构，会成为有利于变迁的‘种子’，同时在变迁的过程中仍可维持文化的认同。在这种情形下，文化传统中的某些成分不但无损于创建一个富有活力的现代社会，反而会对这种现代社会的创建提供有利的条件”；“使用多元的思想模式将一些中国传统中的符号、思想、价值与行为模式加以重组与/或改造，使经过重组与/或改造的符号、思想、价值与行为模式变成有利于变革的资源，同时在变革中得以继续保持文化的认同。”具体请参阅林毓生《中国传统的创造性转化》（增订本），三联书店 2011 年版，第 190—191 页；林毓生《热烈与冷静》，上海文艺出版社 1998 年版，第 26 页。

③ ［美］林毓生：《中国传统的创造性转化》（增订本），三联书店 2011 年版，第 266 页。另需要说明的是，此观点与费孝通先生的“文化自觉”理论有异曲同工之妙。费孝通认为：“文化自觉只是指生活在一定文化中的人对其文化有‘自知之明’，明白它的来历，形成过程，所具的特色和它发展的趋向，不带任何‘文化回归’的意思，不是要‘复旧’，同时也不主张‘全盘西化’或‘全盘他化’。自知之明是为了加强对文化转型的自主能力，取得决定适应新环境、新时代时文化选择的自主地位。……文化自觉是一个艰巨的过程，首先要认识自己的文化，理解所接触到的多种文化，才有条件在这个已经在形成中的多元文化的世界里确立自己的位置，经过自主的适应，和其他文化一起，取长补短，共同建立一个有共同认可的基本秩序和一套各种文化能和平共处，各舒所长，联手发展的共处守则。”也就是说，任何一种文化传统要想在多元文化世界中赢得地位与尊重，必须对自身的所短所长具有最为彻底的洞察和反省意识。同时，通过对其他文化传统的体认与理解，进而建构起彼此“取长补短”“各抒所长”的有效机制，才能实现自身发展的主动、能动与自觉。具体请参阅费孝通《反思·对话·文化自觉》，《北京大学学报》（哲学社会科学版）1997 年第 3 期。

一种“文化自觉”。这种转化在本质上其实是一种文化传统的自我反思、自我觉醒、自我调适和自我创生。

与林毓生的问题意识较为一致，针对当时思想界中的“反传统”倾向，李泽厚提出了“转换性的创造”概念。在他看来，一味重复“五四”时期那种激烈的批判和全盘西化并不能解决现实的问题，所以，在当下，必然要使传统作某种转换性的创造。[①] 综合李泽厚的相关论述，我们可以形成以下两种认识。第一，对传统要作“具体历史的分析”。在他看来，真正的传统是“活的现实存在”，它已自觉不自觉地融入了我们的日常生活世界之中，并成了我们民族心理性格的重要构成。所以，它如影相随，人们既不能抛弃之，亦不能无视或忽视它的活生生的存在。因此，对待传统不能一股脑式地全面否弃，更为重要的是，要从中“发现自己、认识自己从而改变自己”。因此，对于传统而言，由于诸多历史因素的交织与杂糅，其本身总是精华与糟粕并存的。而对于现时期的社会经济发展而言，有些传统因素必然会因为历史环境的变迁而显得有些不合时宜了。所以，必须要加以批判性地扬弃。而这就需要具体问题具体分析，而不是全面的解构与颠覆。“传统常常是集好坏于一身，优劣点很难截然分割。这就不是片面的批判和笼统的反对所能解决，而首先是要有具体历史的分析。只有将集优劣于一身、合强弱为一体的传统本身加以多方面的解剖和了解，取得一种‘清醒的自我觉识’，以图进行某种转换性的创造，才真正是当务之急。”[②] 第二，“转化”即是要“创造”新形式。李泽厚指出，他之所以提出“转换性的创造”概念，而非林毓生先生的“创造性的转化”，实在于后者容易被人理解为要“创造性地”“转化”到某种西方既定或已知的形式、标准、模态之中。因此，较之于“转化”，我们需要更加注重“创造”，即“建设性地创造出现代化在中国各种必需的形式”。诚如李泽厚所指出的那样：“关键在于创造形式。……可以根据中国自己的历史情况和现实情况创造出一些新的形式、模态来。……强调‘创造’新形式，而不是‘转化’到西方的既定形式这一基本思路，我是赞成的。……因为它是在寻找一些最适合中国情况的模态和形式，如果能够找到，就

① 李泽厚：《中国现代思想史论》，三联书店2017年版，第39—40页。

② 同上书，第40页。

会发展得更好更顺利更健康。”①

在新时期，我国高度重视传统文化的创造性转化、现代化发展问题。2013 年，习近平在主持十八届中央政治局第十二次集体学习时指出，要“实现中华传统美德的创造性转化、创新性发展”。此论述成为我们正确看待传统文化之现代化发展的重要思想指导。2014 年，习近平指出，弘扬中华优秀传统文化，“要处理好继承和创造性发展的关系，重点做好创造性转化和创新性发展”。创造性转化，就是要按照时代特点和要求，对那些至今仍有借鉴价值的内涵和陈旧的表现形式加以改造，赋予其新的时代内涵和现代表达形式，激活其生命力。此思想就为我们全面审视、继承和发展我国的传统文化指明了前行方向。2017 年，党的十九大报告中指出：“要坚持为人民服务、为社会主义服务，坚持百花齐放、百家争鸣，坚持创造性转化、创新性发展，不断铸就中华文化新辉煌。”要“深入挖掘中华优秀传统文化蕴含的思想观念、人文精神、道德规范，结合时代要求继承创新，让中华文化展现出永久魅力和时代风采”。这些卓越的阐述与论断，明确了在新的时代背景下，我们合理继承中华传统文化之“有借鉴价值内涵”的必要性和重要性，阐明了正确处理优秀传统文化与新时期文化之内在关系的基本思路，因而具有重要的理论价值和鲜明的现实指导意义。

依据以上分析，并根植于此哲学理念，我们可以澄清以下事实，即中国教学文化传统的创造性转化需从以下几点“出发”。

第一，对中国教学文化传统的整体认识要有“自知之明”。针对一种教育文化传统而言，若仅仅只是通过外在的“鉴赏式的理解”或“相互影响”力量来形成自身的转化或转变，而非源自内在的自主转型能力和自主适应能力，则这种转化就会容易流于形式、表面或虚化，其禀赋的文化品格和精神气质也就不会得到根本性的转型与蜕变。因此，超越对话后的我国教学文化传统之重建或重构，就需具有“自知之明”，这就意味着对自身文化传统的了解和体悟要客观与全面。既不能因是“自家遗产”而一味守护和歌颂，亦不能因其显得“过时陈旧”而一味抵触与排斥。对此，我们要明其道、析其理、扬其长、弃其短，

① 李泽厚：《中国现代思想史论》，三联书店 2017 年版，第 380—381 页。

并通过增强自主转型能力，确立自主地位，进而与时俱进，实现“文化自觉”。对此，顾明远先生明确指出：“文化传统在它形成的初期是当时的新文化，代表着当时社会发展的方向，而对现代社会来说，它又是旧文化，虽然它的内容不断在发展，不断增加新内容，但从总体上来说总有一部分属于旧文化。因此国家在实现现代化的过程中，总要对旧的文化传统加以批判和否定。这种批判和否定并非抛弃传统中的一切东西，而是要加以鉴别、选择和改造，使它符合时代的要求，改造成为现代化的教育传统”。[①]

第二，对中国教学文化传统的创造性转化要有“双重的开放心灵”。除了对中国教学文化传统的认识具有“自知之明”外，还要形成对其转化的开放意识。“我们对传统之复杂性与独特性要有开放心灵的了解，对西方文化之复杂性与独特性也要有开放心灵的真实的了解，这样才能建立中国的新的文化。”[②] 这种开放，就是要打破禁锢、束缚自身发展的种种条条框框和陈规陋俗，进而充分汲收其他文化传统的营养与洞见，从而不断增强自身的丰富性、鲜活性和时代性。事实上，在当下，我国的教学文化传统与英美的课程文化传统之间并没有形成有效的对话格局，所谓的“创造性转化”之路更是荆棘丛生、曲折反复，这也就在一定程度上暗示了两者的未来发展均迷失了方向，失去了指引。因此，中国的基础教育课程改革目前迫切需要在中国教学文化传统的守护者与英美课程文化传统的拥护者之间展开一次建设性的对话、交流和相互作用，进而力争在自己委身的文化传统之外的另一条道路上，发现“他者”对世界的洞察和智慧，以及分享彼此理解世界的不同方式与路径，以促使自己的深度转变或转化。诚如柯布所指出的那样：“中国迫切需要在传统中国文化的提倡者与现代化的提倡者之间进行一种公开的相互作用。这涉及对话，但它应该超越对话。双方需要相互学习，需要被对方所转变。……并且，传统中国文化的提倡者也应承认，为了迎合一个世界的真实需要，传统中国文化同样必须被转变，而这个世界已深

① 顾明远：《民族文化传统与教育的现代转化》，《杭州师范学院学报》（人文社会科学版）2001 年第 6 期。

② ［美］林毓生：《中国传统的创造性转化》（增订本），三联书店 2011 年版，第 267 页。

刻地不同于这种文化曾经出现于其中的那个世界了。”①

第三，创造性转化要形成新的“教学文化形式”。也就是说，对于沿袭已久的教学传统而言，需要结合新的时代需要，并创造出新的变革形式，来使之具有新的时代内涵，从而重新绽放出自身的魅力和光彩。以教学方法变革为例，后现代课程学者多尔教授作了十分精彩的分析。在他看来，传统教学方法侧重程序性、确定性和精致性，强调外在教学目标或标准的预设性与先验性，由此，“在该过程中，教学逐渐具有了从未有过的教养色彩，并失去了探险、刺激、对话性或实验性。其造成的冲击是教科书式的学校材料大量出现，它用于以有效的方式提供给 8 到 16 岁的儿童并让其掌握。这就是我们从先辈们那里所继承的传统的教学”。② 而随着时代的发展以及人们教学观念的历险与进步，这种教学方法需要赋予新的“教学形式”。在后现代的教育教学语境下，多尔称教学应成为一种“审美与精神的探求”，需要在更加复杂的教学情境中寻找更多的丰富性和可能性。基于此，对传统教学方法的创造性转化需要汲取杜威的智慧。“杜威把方法看作是转变（transformation）而不是传递（transmission）。因此，他认为学习者的经验并非从建立在强迫教学基础之上的‘逻辑’知识开始。对杜威来说，教学并非强迫性的说教，而是集体性的发展。未成年人的经验通过与同伴和成年人的互动而发展、生长和转变。”③ 由此可见，传统僵化、机械、线性、单向度的教学方法也就具有了新的“形式”或“模态”。总之，对于任何文化传统的创造性转化而言，“历史的解释者自身应站在现时代的基地上意识到自身的历史性，突破陈旧传统的束缚，搬进来或创造出新的语言、词汇、概念、思维模式、表达方法、怀疑精神、批判态度，来‘重新估定一切价值’，只有这样，才可能真正去继承、解释、批判和发展传统”。④

① ［美］柯布：《超越对话：走向佛教—基督教的相互转化》，黄铭译，浙江大学出版社 2008 年版，中文版序言。

② ［美］多尔：《超越方法：教学即审美与精神的探求》，《华东师范大学学报》（教育科学版）2003 年第 1 期。

③ 同上。

④ 李泽厚：《中国现代思想史论》，三联书店 2017 年版，第 45 页。

（四）中国教学文化传统实现创造性转化的路径

林毓生指出：“自由、理性、法治与民主不能经由打倒传统而获得，只能在传统经由创造的转化而逐渐建立起一个新的、有生机的传统的时候才能逐渐获得。这是中国知识分子当前最重大的课题。”① 基于此，中国教学文化传统的创造性转化也并非经由将其摧毁、颠覆和解构而获得。事实上，在任何一次大规模的课程变革实践中，试图祛除、遗弃我们前辈传承下来的教学文化传统都是有害的，或者说是不现实的。因为它们已深深地融入了我们的骨髓与血脉，已成为我们生命历程中不可或缺的一部分。祛除了它们，其实也就异化、否定了我们自身。既然祛除的道路不可走，那么，借助其他教育文化传统中的真理、洞见与智慧，并在持续性的检讨、批判与反思中，来完成我国教学文化传统的创造性转化、改造和重建，无疑是一项正本清源的工作，具有重要的意义。在我们看来，我国教学文化传统的创造性转化应着力于以下几方面。②

第一，从圣经式尊崇课程传统向文本式理解课程转化。打破、消解对课程的圣经式尊崇，进而开放性地理解课程，积极释放教师对课程的理解力和想象力，或可为此传统的转化与改造带来新的生命和活力。在英美的课程文化传统中，人们对课程的定性定位从传统的“学校材料”（school materials）置换为一种文本式的“符号表征”（symbolic representation），现已成为当下西方课程研究之范式转换背景下的思想共识。“把课程理解为一种符号表征是指那些制度性和推论性实践、结构、形象和经验能够以不同的方式被确认和分析，这些方式包括：政治的、种

① ［美］林毓生：《中国传统的创造性转化》（增订本），三联书店 2011 年版，第 6 页。

② 注：英美等国的文化传统和哲学理念同样深刻地影响了其教育文化传统。具体在教育实践情境中，它们形成的是课程文化传统而非教学文化传统。“英美文化连同其哲学观养育了对课程的关注，它们以变革不居的发展为特征的文化，重视教学什么胜过重视如何教学，所以有重视课程的传统。”（杨启亮：《基础教育课程与教学变革的实践问题》，《教育研究与实验》2008 年第 5 期。）但这种课程文化传统亦有其难以祛除的症结、流弊以及历史限度。因此，为适应更加丰富而多元的现实诉求，此课程文化传统需要发掘、借用东方教育传统中的教学文化资源予以调剂、补充、整合和互动，进而规避被边缘化的境地。从某种程度上来说，这是一种恰切、必然、紧迫的文化选择，毕竟，孕育其生命、赋予其活力的那个传统世界早已荡然消逝，不复存在了。事实上，任何一种文化传统将自身定性定位为一种“至上性的信仰”都必然会受到某种侵蚀。因此，我们必须对其他的文化传统保持开放，并立足于自身的文化脉络提出“置身在地”的追寻和叩问，进而在此基础上进行一种“鉴赏式理解”和“批判性反思”。

族的、自传的、现象学的、神学的、国际的、性别的和解构的。我们可以说把课程理解为符号表征的努力，在相当程度上确定了当代课程领域。"[①] 这样，课程就被理解为一种政治文本、种族文本、自传文本、现象学文本、神学文本、国际文本、自传性/传记性文本、解构主义文本等，课程由此具有了更为丰富的意蕴、内涵与张力。基于对课程的文本式理解，师生对课程的圣经式尊崇、膜拜和依赖得以扬弃与重构，进而可以立足于自己的视野、经验和智慧来体认、感悟"课程符号"所承载的复杂的教育学意义与旨趣。理解意味着对话、意味着对课程文本的建构、缔造和创生，"理解是个体对事物的体验与感悟，是不能替代的，对课程的理解过程就是教学文化的价值吸纳过程。教师要让自己融入课程之中，在理解中研究课程，在研究中理解课程，广泛地积累课程的滋养，使自己真正地拥有课程"。[②] 通过理解课程，进而"还课程以文化品质，即关注学生的知识建构与多元理解，关注学生之间、师生之间的'精神的引出'，而不是制度化、客观化的知识的接受。这是新课程教学改革首先要解决的问题"。[③]

第二，从"师道尊严"思想传统向"平等中的首席"理念转化。在新时期，如何将"平等""民主""关爱""尊重""自由对话"等理念注入我国"师道尊严"的思想传统和文化结构中，是摆在我们面前无可逃避的课题与使命。在我们看来，英美课程文化传统中的"平等者中的首席"（first among equals）理念或可为此传统的创造性转化提供新的滋养与启示。如在美国著名后现代课程学者多尔看来，教师不仅是学习者团体中的一个平等成员，而且是"平等者中的首席"。而"作为平等者中的首席，教师的作用没有被抛弃；而是得以重新构建，从外在于学生情境转化为与这一情境共存。权威也转入情境之中。……在情境性框架之中，教师是内在于情境的领导者，而不是外在的专制者（无论多么仁慈）。发展这种新角色是教师和教师教育计划必需面临的一个挑战"。[④] 由此可见，该理念既在认同教师是"学习共同体"中一个平等

① ［美］派纳等：《理解课程：历史与当代课程话语研究导论》（上），张华等译，教育科学出版社 2003 年版，第 16 页。

② 曾令格：《在文化整合中走向课程理解》，《中国教育报》2007 年 1 月 20 日。

③ 同上。

④ ［美］多尔：《后现代课程观》，王红宇译，教育科学出版社 2000 年版，第 238 页。

成员的同时，又真正凸显了教师在具体教学情境中的“权威”地位与领导者作用。教师的这种“权威”，不再是外在的、异化的、被强迫赋予的，而成了一种深植于复杂情境之中的、共享的、对话性的存在。在此教学场域中，传统教师的“真理代言人”“先知者”角色和形象得以祛除与解构，学生的主体地位、能动精神和创造欲望得到最大程度上的保护、尊重与彰显。

作为一种后现代主义的教学信条：“教师不要求学生接受教师的权威，相反，教师要求学生延缓对那一权威的不信任，与教师共同参与探究，探究那些学生所正在体验的一切。教师同意帮助学生理解所给建议的意义，乐于面对学生提出的质疑，并与学生一起共同反思每个人所获得的心照不宣的理解。”[①] 无疑，这种平等和谐且充分彰显教师领导者作用的师生关系，对于打破教师的绝对权威形象，避免学生囿于对学术权威的盲目崇拜而丧失应有的质疑精神和探究勇气，进而促进师生间真正的思想沟通、情感交流和生命融合是大有裨益的。在具体的课堂教学设计上，教师作为整个教学活动的组织者与引领者，其职责更多的是搭建、构筑一种“学习共同体”，进而努力营构出师生可以和谐相处的宽松、融洽氛围，并通过实施我们可称之为“苏格拉底式”的教学方式，从而使师生之间的平等对话与交流成为可能。它是指教师通过预先设计教学情境，学生经过课堂上的讨论、交流、对话、争辩而形成的主动探究真知的教学思路。由于此课堂教学更多吸纳、聆听了来自学生的声音与回响，因而，教师与学生便可在这种持续不断的互动交流中实现知识的共享与流通。从某种程度上来说，教育教学意蕴的生成是教学主体（教师与学生）之间在平等、民主、公正、对话的基础上双向建构、息息相通的结果。它通过心与心之间的交流和碰撞，从而达到心灵上的契合与愉悦。在本质上，它是对物化了的世界的精神提升和内在超越，是对人之为人存在意识的彰显和在体悟意义上的不断觉醒。

第三，从“考试—选拔”教学评价传统向发展性课程评价转化。我国“考试—选拔”教学评价传统该如何转化才能实现其促进受教育者身心全面发展的重要功能与作用呢？在我们看来，英美课程文化传统中

① ［美］多尔：《后现代课程观》，王红宇译，教育科学出版社 2000 年版，第 227 页。

的发展性课程评价理念或可为此传统的创造性转化提供新的思路和契机。针对泰勒将课程评价看作对目标达成度的评估这一观点的不满，自20世纪60年代以降，英美国家的课程评价理念渐发生了巨大转变。如美国著名评价专家斯塔弗尔比姆（D. L. Stumebeam）认为："评价最重要的意图不是为了证明（prove），而是为了改进（improve）。"① 因此，评价的根本目的不是甄别和淘汰学生，而是为了促进学生的全面发展和成长。为扬弃过往课程评价过多侧重于测评或测量的做法，多尔在他的《后现代课程观》一书中指出："从本质上说，评价应成为共同背景之中以转变为目的的协调过程。……评价应是共同进行的、相互作用的。应将其作为一种反馈，作为做—批评—做—批评这一循环过程的组成部分。"② 由此，我们可以发现，无论是将评价视为一种改进，或是一种反馈，其背后实质上彰显的是一种发展性的课程评价观，亦可称之为一种形成性的或过程性的课程评价观。一言以蔽之，这种课程评价方式实现了从过去偏重选拔和淘汰向全面促进学生发展的根本转向与嬗变。具体而微，它包括以下几个方面：（1）从注重习得能力（learned ability）的评价转向重学习能力（learning ability）的评价；（2）从注重学习效果的评价转向注重达到结果过程的评价；（3）从面向学生的过去的评价转向面向学生的现在和未来的评价；（4）从注重学生单一学科的掌握转向注重跨学科知识的运用；（5）从注重认知领域的评价转向注重对认知领域和情意领域的综合评价。③ 无疑，发展性课程评价是我们转化传统"考试—选拔"教学评价传统的核心理念与营养基，亦是我国当前基础教育课程改革最为根本的时代精神和文化诉求。

基于对话，并在超越对话的思想前提下，我国的教学文化传统因"学会一些其他传统所具有的理解事物意义的智慧"④ 而创造性地转化了自身，进而增强了其异质性、多元性和丰富性。事实上，在以往的理论研究中，我们对传统教学文化传统之创造性转化的努力，只是运用一些西方的话语体系进行某种新的解说与阐释，但对其核心价值体系并没

① 陈玉琨：《中国高等教育评价论》，广东高等教育出版社1993年版，第18页。

② ［美］多尔：《后现代课程观》，王红宇译，教育科学出版社2000年版，第247页。

③ 刘志军：《论发展性课程评价的基本理念》，《学科教育》2003年第1期。

④ ［美］柯布：《超越对话：走向佛教—基督教的相互转化》，黄铭译，浙江大学出版社2008年版，"前言"第5页。

有展开应有的质疑和批判。尽管这种努力具有合理性与必要性，但在遭遇当下剧烈的社会变革面前，根植于古典文化脉络的这种传统必然会遭遇诸多困境和诘难，进而与当代的教育教学变革实践产生种种冲突与矛盾。所以，在新时期，这种创造性转化的努力需要“创造性的思想”，并在基本思想观念、思维方式和价值取向上进行一种结构性、整体性的转化。“把根本上新颖的元素引入一种旧的传统中也需要创造性的思想。在一个有那么多的作用力和反作用力都在起作用的世界中，沿着这些力线的思考是极为必要的。”① 唯有此，这种创造性转化才会获得显著的成功或成效。当然，这种超越对话后的创造性转化，不是让我国的教学文化传统皈依、臣服于其他的某一种教育文化传统，而是通过获取这种“具有高度内聚力的精神能量”而使其拥有了更具普遍性的价值与意义。正如林毓生所说的那样：“‘创造的转化’是一个过程；在这个过程中，新的东西是经由对传统里的健康、有生机的质素加以改造，而与我们选择的西方观念与价值相融会而产生的。在这种有所根据的创造过程中，传统得以转化。这种转化因为不是要在全盘否定传统中进行，而是与传统中健康、有生机的质素衔接而进行，所以一方面能使传统因获得新的意义而复苏，另一方面因的确有了新的答案而能使我们的问题得以解决。”②

① ［美］柯布：《超越对话：走向佛教—基督教的相互转化》，黄铭译，浙江大学出版社2008年版，“中文版序言”第3页。

② ［美］林毓生：《中国传统的创造性转化》（增订本），三联书店2011年版，第435页。

参考文献

一　中文著作类（以作者首字母升序排列，下同）

A. N. 怀特海：《观念的冒险》，周邦宪译，译林出版社 2012 年版。

A. N. 怀特海：《过程与实在》，李步楼译，商务印书馆 2011 年版。

A. N. 怀特海：《过程与实在》，周邦宪译，北京联合出版公司 2014 年版。

A. N. 怀特海：《怀特海文录》，王维贤等译，浙江文艺出版社 1999 年版。

A. N. 怀特海：《教育的目的》，徐汝舟译，三联书店 2014 年版。

A. N. 怀特海：《教育的目的》，庄莲平、王立中译，文汇出版社 2012 年版。

A. N. 怀特海：《教育与科学·理性的功能》，黄铭译，大象出版社 2010 年版。

A. N. 怀特海：《科学与近代世界》，何钦译，商务印书馆 2012 年版。

A. N. 怀特海：《思维方式》，刘放桐译，商务印书馆 2011 年版。

A. N. 怀特海：《自然的概念》，张桂权译，译林出版社 2000 年版。

A. N. 怀特海：《宗教的形成·符号的意义及效果》，周邦宪译，译林出版社 2012 年版。

陈奎德：《怀特海哲学演化概论》，上海人民出版社 1988 年版。

大卫·格里芬：《后现代科学——科学魅力的再现》，马季方译，中央编译出版社 2004 年版。

大卫·格里芬：《怀特海的另类后现代哲学》，北京大学出版社

2013 年版。

大卫·格里芬:《后现代精神》，王成兵译，中央编译出版社 1998 年版。

但昭明:《从实体到机体——怀特海本体论研究》，人民出版社 2015 年版。

菲利浦·罗斯:《怀特海》，李超杰译，中华书局 2014 年版。

罗伯特·梅斯勒:《过程—关系哲学——浅释怀特海》，周邦宪译，贵州人民出版社 2009 年版。

唐君毅:《哲学概论》，中国社会科学出版社 2005 年版。

田中裕:《怀特海——有机哲学》，包国光译，河北教育出版社 2011 年版。

王策三:《教学论稿》，人民教育出版社 2005 年版。

王治河、霍桂桓、谢文郁主编:《中国过程研究》，中国社会科学出版社 2004 年版。

王治河:《后现代哲学思潮研究》（增补本），北京大学出版社 2006 年版。

杨丽:《教学理论发展的另一种可能》，黑龙江教育出版社 2015 年版。

俞懿娴:《怀特海自然哲学——机体哲学初探》，北京大学出版社 2012 年版。

朱建民:《怀德海：现代形上学的祭酒》，允晨文化出版社 1982 年版。

二　中文期刊类

A. N. 怀特海、艾彦:《怀特海过程哲学观概要》，《世界哲学》2003 年第 1 期。

本刊编辑部:《“过程哲学与价值哲学”国际学术研讨会在北师大召开》，《北京教育》（高教版）2002 年第 7 期。

蔡仲:《科学、宗教与科学危机——过程哲学视野中的融合》，《江苏社会科学》2006 年第 4 期。

曹静：《论怀特海过程哲学的生态伦理意义》，《中州学刊》2010 年第 6 期。

陈少武：《过程哲学视野下课程生命力展望》，《关东学刊》2016 年第 4 期。

陈伟功：《怀特海的价值论》，《求是学刊》2013 年第 5 期。

陈英敏、高峰强：《过程、整体与和谐——后现代语境中过程哲学与中国传统文化的碰撞及启示》，《华东师范大学学报》（教育科学版）2009 年第 3 期。

大卫 · R. 格里芬、蔡仲：《新千年的怀特海、中国及全球民主》，《求是学刊》2002 年第 5 期。

大卫 · R. 格里芬、曲跃厚：《怀特海的道德哲学》，《求是学刊》2007 年第 4 期。

大卫 · 格里芬、周邦宪：《怀特海哲学后现代性探源》，《唐都学刊》2014 年第 3 期。

但昭明：《怀特海的"因果效验"及其存在论底蕴》，《自然辩证法研究》2008 年第 11 期。

董立河：《怀特海价值理论初探》，《天津社会科学》2003 年第 6 期。

费劳德、李大强：《一种怀特海主义的教育理论——兼论中国教育改革》，《华中科技大学学报》（社会科学版）2005 年第 5 期。

费劳德、王治河、曲跃厚：《怀特海过程哲学及其当代意义》，《求是学刊》2002 年第 1 期。

费劳德、王治河、杨富斌：《马克思与怀特海：对中国和世界的意义》，《求是学刊》2004 年第 6 期。

高媛媛：《中国传统心性学说与过程哲学的比较研究》，《云南社会科学》2015 年第 4 期。

高云球：《过程哲学——作为建设性的后现代主义》，《求是学刊》2006 年第 2 期。

高云球：《过程哲学复活现代唯实论》，《北方论丛》2006 年第 3 期。

高云球：《过程哲学与社会存在本体论》，《北方论丛》2008 年第

2 期。

韩震:《冒险的价值——我读怀特海》,《学术研究》2002 年第 9 期。

黄铭:《怀特海的创造性哲学对观念创新的启示》,《自然辩证法研究》2010 年第 9 期。

黄铭:《怀特海的和谐范畴及其宇宙论根据》,《自然辩证法研究》2009 年第 6 期。

黄铭:《论怀特海的教育哲学》,《浙江大学学报》(人文社会科学版)2004 年第 2 期。

黄铭:《人类理性之“根”和“翼”——论怀特海理性观的两个维度》,《哲学研究》2012 年第 5 期。

黄瑞雄、罗永仕:《怀特海过程哲学新探——中美过程(后现代)哲学高级研讨班综述》,《广西师范大学学报》(哲学社会科学版)2007 年第 2 期。

霍桂桓:《一只正在蜕皮的蝉——作为西方哲学当前生长点之一的怀特海过程哲学》,《哲学研究》2003 年第 4 期。

J. B. 柯布、邵刚、杨金颖:《怀特海哲学和建设性的后现代主义》,《世界哲学》2003 年第 1 期。

杰伊·麦克丹尼尔、李斌玉:《为什么选择过程哲学》,《求是学刊》2007 年第 4 期。

寇东亮、郑伟:《“价值哲学与过程哲学国际学术研讨会”综述》,《哲学动态》2002 年第 8 期。

李海峰、郑敏希:《抽象性与具体性的统一——怀特海“事件”理论的哲学价值》,《吉林大学社会科学学报》2009 年第 3 期。

李海霞、石敏:《超越“传统本体论”立言“过程论”——论怀特海的过程思维方式》,《太原理工大学学报》(社会科学版)2017 年第 5 期。

李丽君、贺凯达:《从怀特海的过程哲学视角探索英语词汇学习方法》,《教学与管理》2013 年第 3 期。

李荔:《基于过程哲学的教学评价改革》,《教育与职业》2013 年第 32 期。

李辽宁:《德育现象探析——从过程哲学的视角》,《思想政治教育研究》2014 年第 4 期。

李萍:《怀特海过程哲学对高校心理教育的启示》,《盐城师范学院学报》(人文社会科学版) 2005 年第 2 期。

李世雁、曲跃厚:《论过程哲学》,《清华大学学报》(哲学社会科学版) 2004 年第 2 期。

李世雁、张建鑫:《从达尔文到怀特海的本体论逻辑进程》,《哈尔滨工业大学学报》(社会科学版) 2012 年第 4 期。

廖晓翔:《智慧教育:怀特海教育思想解读》,《教育导刊》2004 年第 5 期。

林红:《论怀特海的智育思想》,《首都师范大学学报》(社会科学版) 2003 年第 1 期。

刘白玫、胡方霞:《论过程哲学视野下的课程观》,《教育探索》2015 年第 6 期。

刘明:《怀特海与教育:实践和思想》,《中共浙江省委党校学报》2004 年第 3 期。

刘晓波:《节奏与和谐:怀特海的审美教育思想研究》,《社会科学辑刊》2014 年第 4 期。

刘晓波:《论怀特海的教育美学思想》,《湘潭大学学报》(哲学社会科学版) 2014 年第 4 期。

刘益宇:《个体性的创造:怀特海机体论自然主义解释探析》,《科学与管理》2018 年第 1 期。

刘益宇:《后怀特海时代的科学与宗教关系研究的发展》,《自然辩证法研究》2011 年第 9 期。

罗跃军:《论柏格森“绵延”概念之内涵及其对过程哲学的影响》,《求是学刊》2011 年第 4 期。

马翠明:《城市与文明——基于过程哲学视角反思中国的城市化问题》,《经济研究导刊》2017 年第 9 期。

马晓峰:《怀特海过程哲学的现代教学论意义》,《北京化工大学学报》(社会科学版) 2007 年第 1 期。

孟建伟、彭彦:《科学与人文的互动——论怀特海的科学文化观》,

《北京行政学院学报》2010年第4期。

曲跃厚:《过程哲学:当代哲学发展的一个新生长点——柯布教授访谈录》,《哲学动态》2002年第8期。

曲跃厚:《过程哲学的硬核学说及其神学旨趣》,《求是学刊》2007年第4期。

曲跃厚:《怀特海哲学若干术语简释》,《世界哲学》2003年第1期。

曲跃厚、王治河:《走向一种后现代教育哲学——怀特海的过程教育哲学》,《哲学研究》2004年第5期。

桑国元:《对中国现代教育的理性思考——怀特海过程教育哲学的视角》,《当代教育科学》2006年第11期。

托马斯·里根、武云鹏、徐晶:《精神分析学家沙利文与哲学家怀特海的共通点》,《武汉理工大学学报》(社会科学版)2014年第1期。

汪文勇:《怀特海的泛经验主义及其生态意蕴》,《自然辩证法通讯》2017年第6期。

汪小刚:《教学设计应具有什么样的思维和态度——读怀特海和杜威的过程教育观的启示》,《开放教育研究》2007年第2期。

王洪席、刘志军:《从实体性到过程性:基于过程哲学视域下的我国课程语言变革》,《河南大学学报》(社会科学版)2018年第5期。

王锟:《张岱年对怀特海哲学的绍述及融会——兼论张岱年与怀特海哲学之异同》,《中国哲学史》2011年第3期。

王立志:《过程哲学与心灵生态国际学术研讨会综述》,《哲学动态》2011年第3期。

王立志:《怀特海的"摄入"概念》,《求是学刊》2013年第5期。

王立志:《怀特海的事件思维》,《光明日报》2014年5月14日。

王立志:《回到过程哲学的原点》,《光明日报》2012年4月10日。

王立志:《进化论与怀特海的机体宇宙观》,《自然辩证法研究》2013年第6期。

王立志、冯秀军:《过程哲学与大学之道》,《河北学刊》2006年第3期。

王世红:《怀特海过程哲学视野中的知识观》,《学术交流》2011年第 6 期。

王守昌：《过程哲学述评》，《教学与研究》1981 年第 4 期。

王耘：《论怀特海与生态哲学之关系》，《社会科学家》2007 年第 6 期。

王志德：《怀特海过程哲学的整体论视域》，《长春工业大学学报》（社会科学版）2012 年第 3 期。

王治河：《本期视点：过程哲学：一个有待发掘的思想宝库》，《求是学刊》2007 年第 4 期。

王治河：《民国时代的"怀特海热"》，《社会科学报》2015 年 12 月 3 日。

王治河、樊美筠：《过程哲学与时代的急难——第 8 届国际怀特海大会综述》，《自然辩证法研究》2012 年第 3 期。

王治河、吴兰丽：《华山并非自古一条道——过程哲学和建设性后现代主义给我们的启迪》，《华中科技大学学报》（社会科学版）2008 年第 5 期。

吴海龙：《怀特海的自然哲学》，《江淮论坛》2017 年第 1 期。

吴梅生：《提高高校思想政治教育效率的四个转变——基于过程哲学视角》，《长沙大学学报》2017 年第 4 期。

小约翰·B. 柯布、曲跃厚：《马克思与怀特海》，《求是学刊》2004 年第 6 期。

小约翰·B. 柯布、张学广：《怀特海的价值理论》，《天津社会科学》2002 年第 6 期。

小约翰·柯布、黄铭：《为什么信仰需要过程哲学》，《求是学刊》2008 年第 5 期。

谢江平：《过程哲学视阈中的思想品德教育探索——第二届"过程哲学与思想品德教育"国际学术研讨会综述》，《理论与现代化》2015 年第 2 期。

许锋华、岳伟：《浪漫、精确与综合——怀特海教育节奏思想探析》，《扬州大学学报》（高教研究版）2009 年第 5 期。

闫顺利、敦鹏：《存在过程论与过程哲学的对话——海德格尔和怀特海的过程观比较》，《昆明理工大学学报》（社会科学版）2009 年第

2 期。

颜峰、罗方禄：《论怀特海的过程哲学对人生命本质的诠释》，《中南大学学报》（社会科学版）2013 年第 1 期。

杨芳：《怀特海过程哲学中的人学思想评析》，《贵州师范大学学报》（社会科学版）2011 年第 3 期。

杨芳、阳黔花：《怀特海机体哲学的基本思想》，《重庆邮电大学学报》（社会科学版）2012 年第 5 期。

杨富斌：《过程哲学方法论探析》，《光明日报》2015 年 1 月 21 日。

杨富斌：《过程哲学视野下的博雅教育刍议》，《湛江师范学院学报》2011 年第 5 期。

杨富斌：《过程哲学视域中的身心关系》，《唐都学刊》2015 年第 1 期。

杨富斌：《过程哲学要义》，《光明日报》2011 年 7 月 5 日。

杨富斌：《怀特海的过程哲学与中国哲学：从过程视角看》，《黄山学院学报》2005 年第 2 期。

杨富斌：《怀特海过程哲学基本特征探析》，《求是学刊》2012 年第 5 期。

杨富斌：《怀特海过程哲学思想述评》，《国外社会科学》2003 年第 4 期。

杨富斌：《论怀特海的过程哲学观》，《求是学刊》2013 年第 5 期。

杨富斌、唐晓铮：《论过程哲学的方法论》，《求是学刊》2015 年第 2 期。

杨丽、李长吉：《论怀特海的课程思想》，《教育探索》2010 年第 1 期。

于宏英：《怀特海的整体有机哲学观及其生态美学意义》，《东方丛刊》2010 年第 3 期。

俞懿娴：《怀特海与后现代教育》，《唐都学刊》2014 年第 2 期。

宇杰：《记“价值哲学与过程哲学”国际学术研讨会》，《国外社会科学》2002 年第 5 期。

元永浩：《怀特海对传统形而上学的批判、修正和超越》，《江苏社会科学》2005 年第 4 期。

元永浩：《怀特海对传统主体性原理的反思和改造》，《吉林大学社会科学学报》2014 年第 5 期。

曾永成：《从怀特海看宗白华美学的世界性品格》，《河北学刊》2016 年第 4 期。

张登巧、但昭明：《事实与价值的“创造性”融合——怀特海宇宙论的整体性思维探讨》，《浙江社会科学》2009 年第 6 期。

张广斌：《怀特海的教育哲学思想及其当代价值》，《天津市教科院学报》2005 年第 6 期。

张菁：《基于过程哲学的教学论研究思维方式变革》，《中国教育学刊》2009 年第 8 期。

张妮妮：《敬意的自然观：怀特海和孔子的进路》，《自然辩证法研究》2007 年第 8 期。

张妮妮：《思辨的后现代主义——怀特海哲学》，《国外社会科学》1995 年第 10 期。

张青琳：《教育的唯一主题即生活——怀特海〈教育的目的〉解读》，《高校教育管理》2009 年第 5 期。

张旺植、季国清：《从怀特海的过程哲学看中国宗教的超越性问题》，《求是学刊》2003 年第 3 期。

张晓春、罗康隆：《医学人类学对过程哲学的阐释》，《吉首大学学报》（社会科学版）2005 年第 4 期。

张晓瑜：《想象 · 创造 · 责任——怀特海大学教育思想及其当代启示》，《高教探索》2010 年第 3 期。

张晓瑜、赵鹤龄：《“误置具体性谬误”与课程变革——基于过程哲学的分析》，《教育理论与实践》2011 年第 19 期。

张秀华：《从有机、有序到和谐与文明——怀特海与马克思的机体思想之比较》，《云南大学学报》（社会科学版）2017 年第 1 期。

张秀华：《马克思与怀特海的精神实践之比较》，《理论探讨》2017 年第 1 期。

赵玲、郑敏希：《过程哲学对传统实体概念的批判》，《山东社会科学》2011 年第 9 期。

赵玲、郑敏希：《近代哲学的怀疑精神与怀特海的对象理论》，《社会科学战线》2014 年第 7 期。

赵文平：《回归原创之思：过程哲学视野下的中国教学论研究转型》，《天津市教科院学报》2010 年第 6 期。

中国政法大学马克思主义学院马翠明：《怀特海的文明观及其局限》，《中国社会科学报》2017 年 11 月 30 日。

朱学军：《刍议怀特海过程哲学的本体论核心》，《河南科技大学学报》（社会科学版）2011 年第 2 期。

卓晓孟、段兆兵：《过程断裂与实践旨归：对话教学的过程哲学审思》，《教育理论与实践》2018 年第 19 期。

三　学位论文类

郭乾维：《过程哲学视野中的生态问题研究》，硕士学位论文，燕山大学，2012 年。

焦亭：《过程哲学与中国传统心理文化的关系研究》，硕士学位论文，山东师范大学，2009 年。

李春迪：《过程哲学视域中的教师专业发展研究》，硕士学位论文，曲阜师范大学，2009 年。

李双燕：《安乐哲过程哲学翻译研究》，硕士学位论文，河北师范大学，2010 年。

刘洪萍：《怀特海过程哲学视域下的师生关系研究》，硕士学位论文，哈尔滨师范大学，2018 年。

刘清华：《怀特海过程哲学的创造观研究》，硕士学位论文，东南大学，2017 年。

龙祥：《过程哲学视域下的教师教学智慧生成研究》，硕士学位论文，哈尔滨师范大学，2018 年。

卢琛琛：《怀特海过程哲学思想研究》，硕士学位论文，河北师范大学，2012 年。

陆薇：《过程哲学视域下的体验学习探究》，硕士学位论文，扬州大学，2014 年。

罗姝芬：《过程哲学视野下高校师范生教育智慧生成研究》，硕士学位论文，西南大学，2014 年。

蒙剑英：《过程哲学视域下特级教师的专业发展》，硕士学位论文，广西师范大学，2015 年。

裴晓敏：《创学视野下的创造过程哲学》，博士学位论文，中国科学技术大学，2013 年。

王伟：《怀特海过程哲学视野中的教学观》，硕士学位论文，哈尔滨师范大学，2011 年。

王银飞：《论过程哲学视野中的教学研究范式》，硕士学位论文，西南大学，2006 年。

魏善春：《过程哲学视域中的教学生活研究》，博士学位论文，南京师范大学，2015 年。

张建鑫：《过程哲学的逻辑进程——从达尔文到怀特海》，硕士学位论文，沈阳工业大学，2012 年。

张晓洁：《基于怀特海摄入理论的课堂教学研究》，硕士学位论文，苏州大学，2008 年。

赵秀文：《从实体思维到关系思维》，硕士学位论文，天津师范大学，2007 年。

郑波：《论课程的过程属性及其价值》，硕士学位论文，华中师范大学，2004 年。

郑晨：《怀特海过程哲学中的新形而上学》，硕士学位论文，山西大学，2007 年。

周应中：《怀特海自由教育思想研究》，硕士学位论文，浙江师范大学，2006 年。

四 外文类

Charles Hartshorne, Whitehead's Philosophy: Selected Essays, New York: Free Press, 1970.

Jorge Luis Nobo, Whitehead's Principle of Relativity, Process Studies, Vol. 8, Number 1, Spring, 1978.

Robert S. Brumbaugh, Why Whitehead? Process Studies, Vol. 20,

Number 2, Summer, 1991.

Whitehead, Alfred N. , Essays in Science and Philosophy, New York: Philosophical Library, 1947.

Whitehead, Alfred N. , Science and the Modern World, New York: Free Press, 1967.

Whitehead, Alfred N. , The Concept of Nature, Cambridge: The University Press, 1971.

Willliam Dean, Whitehead's Other Aesthetic, Process Studies, Vol. 13, Number 1, Spring, 1983.

后　记

这本著作的撰写颇为辛苦和艰难，有点像春蚕吐丝，一笔一画都浸透着思考的紧张以及笔触的反复推敲、斟酌、犹豫与迟疑。尽管对它还尚有些许的不满意之处，但我也知道，如果再不放手，那么这几年的“笔耕”就还将继续拖延下去，我所祈求的把诸多学术观点与研究心得贡献给学界的愿望也将渐行渐远。也好，那就让“心事”终结，再济沧海吧。

当代过程哲学思潮可谓一场非比寻常的哲学运动。它潜滋暗长、来势汹汹。它让罗素的心灵困惑、让柯布的志趣转向、让格里芬的视域敞开、让安乐哲的理智追寻，让有志于此的学者集聚。可以说，这里所提到的每一位人物都有一段“过程哲学”的故事。当下，国内对以怀特海为代表的当代过程哲学思潮的研究日趋炽热、深化，并获得了诸多富有重大学术影响力的研究成果。正是在这一良好发展趋势的激励下，我才决定冒险尝试凭依当代过程哲学思潮的理论资源和思维方式，来开启其与我国课程理论建构与改革实践创新的对话之旅。

自 21 世纪以降，我国启动了第八次基础教育课程改革。这次改革对我国基础教育的影响仍处于持续性的发酵、扩散之中，但显而易见的是，它为我国的课程研究提供了一个前所未有的蓬勃发展期。无论赞同与否，课程研究无疑已成为当代中国教育理论与实践研究中的显学。然而，梳理当代中国课程研究的思想状况，不禁使人内心深处涌现出一种莫名的失落和沉重感。这种沉重感既来自面对思想领域中的纷杂、无序状况却又难以挣脱与逃避的尴尬、无奈情绪，同时，也源自某种具有能够厘析、诠释以及解决当下课程改革现实困境的“知识体系”（郑永年语）缺失而所诱发的焦虑心结。无疑，这一“知识体系”的缺失致使我们既不能更好地“理论化”“概念化”我国课程变革实践的宝贵经验与成就，并亦使我们难以真正“看清”“弄懂”这一“伟大实践”所可能潜隐的风险、困难和阻碍。所以，在新时期，我国课程研究需努力构筑具有鲜活性与生命力的独特的课程“知识体系”，同时，还要进一步着力于实现自身的“智力突破”和思想创新。这一问题已不容回避，它是我们再出发的起点，也是我们重构课程愿景的肇始。

美国国家人文与科学院院士、过程哲学家柯布博士指出：“伟大的哲学家通常会要求我们以一种不同的方式观察世界。《过程与实在》就是这样一种要求。”而本书将过程哲学思想与我国课程理论建构以及实践变革所建立起的联结和融通，无疑也可看作以一种“不同的方式”来重新审视这一变动不居且生机勃勃的课程领域。所以，本书的学术努力与核心诉求，就是希望能为学界勾勒、描绘出一幅永恒处于动态生成、彼此关联且呈创造性和谐之态的课程图景，从而使我们能从一种新的理论视域和思想观念来体认、洞察课程“质的丰富性”（richness of its quality，多尔语），由此，我们或许可以收获别样的感知、洞见与智慧。

本课题研究得到了全国教育科学规划办的资助。在研究的过程中，我的硕士指导老师郝德永教授帮助我指明了写作的学理方向，博士指导老师靳玉乐教授提出了宝贵的修改意见，博士后合作导师刘志军教授更是给予了全方面的支持，在此深表谢意！同时，我的哥哥王宏伟博士协助我审校了全稿，我的爱人周佩灵博士协助我进一步厘清了行文思路，并替我承担了大部分的家务劳动，我的研究生胡杏培、陈析、王晓倩、王萌萌等同学协助我修订了部分参考文献等，在此一并致谢！若没有你们的支持，本书的写作是难以想象的。

走笔至此，忽然想起我国现代女作家丁玲提出过一个观点，即“一本书”。其大意是说一个作家要有一本足以支撑自己的书，要立得住、传得下去，不能只图数量而忽视了质量。我对此深为认同。那么，这本书尽管我已尽了很大的心血与努力，但它终究能否“立得住、传下去”，经得起时间的考验呢？还是由读者诸君加以审阅和批评吧！

王洪席

2019 年 6 月于河南大学